珞珈讲坛

韩德培 题

《珞珈讲坛》编委会编

【第二辑】

WUHAN UNIVERSITY PRESS
武汉大学出版社

卷 首 语

在科学与人文光辉的映照下，
讲坛，
是武汉大学最为别致、最为精彩、最为怡人的风景。
或黄钟大吕；
或大音希声；
或龙吟九天；
或凤鸣岐阜。
她是皇冠上的明珠，是宫廷里的宝藏；
她是饥饿时的醇馅，是焦渴中的甘洲；
她是展示才华的舞台，是产生大师的摇篮；
她是记忆和想象的延伸，是灵魂升华的神圣殿堂。
这知识之卷将燃起你的激情；
这智慧之书将摇紧你的双手；
这哲理之思将开启你的心智；
这科学之光将照亮你的双眸。
走进讲坛，
似春风和畅，如夏琼芬芳；
走进华章，
像秋雨滋润，若冬日煦阳。

LUOJIA JIANGTAN

目　　录

马克思主义中国化的可能性和必要性①

◎ 陶德麟

陶德麟，1931 年 10 月生，湖北武汉人，哲学家。武汉大学马克思主义哲学学科博士点和国家重点学科的创建人，被同行专家评价为"我国马克思主义研究领域最前沿的、最有影响的前辈学人之一"。1985 年起先后任国务院学位委员会哲学学科评议组成员和召集人，全国普通高校哲学教学指导委员会主任委员，全国博士后管理委员会专家组（哲学）召集人，国家社科"七五"、"八五"规划哲学组成员和"九五"、"十五"规划哲学组副组长，中国马克思主义研究基金会常务理事，教育部邓小平理论研究中心副主任，中国学位与研究生教育学会副会长，湖北省社会科学联合会主席，中国社会科学院马克思主义研究院顾问，教育部社会科学委员会委员，中央马克思主

---

① 本文是作者 2005 年 6 月 5 日在电子科技大学对 400 名干部、教师和研究生所做的学术报告。

义理论研究和建设工程哲学教材组主要成员和马克思主义基本
原理组首席专家，美国依阿华大学亚太研究中心国际顾问等兼
职。论文《逻辑证明与真理标准》获普通高等学校人文社会
科学研究成果奖一等奖；作为第一作者的《在实践中坚持和
发展马克思主义》获中宣部"五个一工程"奖；主编的《社
会稳定论》获中国图书奖。

　　马克思主义中国化是一个很大的题目，关系到对马克思主义怎
么看，对我们中国近百年的历史怎么看，对当前我们正在做的工作
怎么看，对我们的未来怎么看，跟我们每个人都有关系。我的学习
和研究很不深入，在一场报告里也不可能涉及过多的问题。我只打
算就马克思主义中国化中的一个问题谈谈个人的看法，希望得到大
家的批评指正。我谈的题目是"马克思主义中国化的可能性和必
要性"。

　　我为什么想到谈这个问题呢？主要是基于这样两个理由：

　　第一是理论上的理由。任何科学理论实际上都有前提性的问
题，也就是通常说的"元问题"（Meta-problems），这些问题是科
学理论的基础。前提性问题解决不好，科学理论的基础就不牢固，
就有被从根本上颠覆的可能。有些同志觉得，中国革命和建设的成
功就已经说明了马克思主义中国化的成功，这已经是一个事实，再
去讨论它的前提性问题似乎没有必要。我认为这种看法并不完全妥
当。事实的存在并不等于学理的成立，因为对事实可以作出各种各
样的解释。例如自然科学和数学的成功虽然也是事实，但康德去研
究它们如何可能并非多余之举，何况自然科学和数学的基础至今也
还是一个需要进一步研究的问题。马克思主义中国化的问题也不例
外。

　　第二是实践上的理由。我国理论界对马克思主义中国化问题的
研究已有大量成果，国外也有不少相关论著。然而在一些并非细节
的问题上还有不少的不同认识，甚至有很大的分歧。这些分歧的内
容是多种多样的，但是说到底都涉及马克思主义中国化的可能性和

必要性两大问题。我认为这就是前提性的问题。事实上，国内外都有学者以不同的方式否认马克思主义中国化的可能性和必要性。这种否认如果能够成立，那么我们今天讲的马克思主义中国化就只是一个幻影，根本没有那么一回事，而且今后也不可能有。这就从根本上否定了我们党八十多年的历史，也否定了我们今天正在进行的建设中国特色社会主义的合法性，问题就大了。因此，我们对这两个前提性问题作一些分析和澄清的工作就是非常必要的了。

今天我谈的就是这两个前提性问题。

一、马克思主义中国化的可能性问题

对马克思主义中国化的可能性持否定看法的人往往并不直接摆出结论，而是采取迂回的方式，让读者从他们提出的具体理由中得出他们希望得到的一般结论。这种具体理由很多，说法也不尽相同，但归结起来不外三条：第一是中国人理解的马克思主义不是"真正的"马克思主义；第二是中国人要想理解"真正的"马克思主义几乎不可能；第三是即使中国人理解了"真正的"马克思主义，要使它中国化也几乎不可能。

我想对这三条理由提出不同的看法。

（一）中国人理解的马克思主义不是"真正的"马克思主义吗？

有的论著在什么是"真正的"马克思主义这个问题上做了大量的文章，这种文章在国内外可以说得上汗牛充栋。概括起来无非是说，只有马克思本人亲笔写的论著才是马克思主义，其他统统不算，因为其他人的观点都不符合马克思本人的原意。按照他们的说法，恩格斯与马克思在根本理论观点上是有原则分歧的。以哲学为例，马克思是"实践本体论"，恩格斯是"物质本体论"；马克思是"人本主义"，而恩格斯是"物本主义"。至于恩格斯以外的人就更不用说了。列宁的哲学是"旧唯物主义"，是"机械反映论"。斯大林的哲学更与马克思主义不相干，根本就是赝品。而中国人的马克思主义是从苏俄学来的，早期的中国共产党人读的马克思主义书籍无非是苏俄的教科书，是宣传列宁思想特别是斯大林思想的东西。他们充其量也只读过恩格斯、列宁和斯大林的几本书,马克思本人的书读得很少很少,连马克思的《1844 年经济学哲学手稿》都还不知道。他们头脑里的马克思主义不仅少得可怜,而且是变形走样的"马克思主义",与"真正的"马克思主义相去甚远,简直就不是马克思主义。拿着这样的"马克思主义"来观察处理中国的问题,怎么谈得上马克思主义中国化?

我认为这些看法不能成立。

(1)只承认马克思一人写的论著是马克思主义理论,而把马克思的毕生合作者恩格斯的论著排除在外,制造马克思和恩格斯的"对立",甚至把恩格斯说成马克思思想的歪曲者和篡改者,这种文章在国外早已做得很多了,完全不是什么"新"观点,国内有些人不过是附和而已。但这种观点是对历史事实的无视。马克思和恩格斯在个人风格上当然有区别,他们的研究领域和战斗的具体任务有时也有必要的分工(恩格斯谦虚而又实事求是地称自己为"第二提琴手"),但他们自合作以来在理论原则的问题上从来没有分歧。1844 年 9~11 月写的以批判鲍威尔兄弟为主题的《神圣家族》(1845 年出版),1845 年 9 月至 1846 年夏写的《德意志意识形态》,1848 年写的《共产党宣言》,都是他们两人的合著。这些著作还算不算马克思主义?1845 年马克思写的《关于费尔巴哈的提纲》是由恩格斯在 1888 年首次发表的,并认为是"包含着新世界观的天才萌芽的第一个文件",恩格斯和马克思有什么"分歧"?有人把《反杜林论》和《自然辩证法》当成恩格斯与马克思"分歧"的"铁证"。然而《反杜林论》的全部原稿是念给马克思听过的,而且经济学那一编的第十章(《〈批判史〉论述》)就是由马克思写的。① 恩格斯指出,这部著作是"对马克思和我所主张的辩证方法和共产主义世界观的比较连贯的阐述"。② 马克思在 1880 年为《社会主义从空想到科学的发展》(即《反杜林论》的一部分)法文版写的前言中还高度赞扬《反杜林论》"在德国社会主义者中间

---

① 见《马克思恩格斯选集》第 3 卷,人民出版社 1995 年版,第 347 页。

② 见《马克思恩格斯选集》第 3 卷,人民出版社 1995 年版,第 347 页。

获得了巨大的成功"。① 哪里有什么"物质本体论"与"实践本体论"的"分歧","物本主义"与"人本主义"的"分歧"？在事关党的命运的严肃斗争中，在如此重大的理论问题上，如果马克思竟然赞同恩格斯发表歪曲自己思想的论著，还亲自参加写作，还给予高度评价，那不是天方夜谭吗？至于《自然辩证法》的写作，是恩格斯为了"确立辩证的同时又是唯物主义的自然观"而刻苦研究自然科学的结晶，是马克思主义哲学的不可缺少的组成部分。这部著作虽然在马克思和恩格斯生前没有发表，但恩格斯在1873年写信向马克思详细谈过它的计划和基本构思。在这里制造恩格斯与马克思的"分歧"也是毫无根据的。

（2）把列宁说成马克思的篡改者也毫无根据。这里且不说列宁在社会主义一国胜利的理论上对马克思主义的发展，只说哲学方面。有人对列宁的《唯物主义和经验批判主义》大加指责，并据此断言列宁的哲学思想是旧唯物主义，是机械的反映论，列宁的物质定义与马克思主义根本不相容。我认为此种批评忘记了（或者故意不提）列宁写这本书时的背景和任务。当时列宁面对的是斯托雷平反动年代泛滥成灾的主观唯心主义思潮，是连"地球在人类出现以前就存在"和"人是用头脑思想的"都不承认的荒谬理论，这种时髦的荒谬理论把矛头对准马克思主义的理论基础辩证唯物主义和历史唯物主义，已经成为反动势力向布尔什维克大举进攻的重要方面，党内一些大知识分子群起附和，危及党的生存。在那种情况下列宁理所当然地要突出强调坚持唯物主义的基本路线，在一定的场合肯定旧唯物主义的基本合理成分也是必要的（旧唯物主义也绝不是一切皆错，在肯定物质的本原性和意识的派生性这个基本出发点上就是正确的）。何况列宁对旧唯物主义合理成分的肯定也是有严格条件的。正是他非常清晰地划清了辩证唯物主义与旧唯物主义的界限，强调旧唯物主义因为形而上学的缺陷，在与唯心主义斗争中软弱无力。何尝有什么机械反映论？至于列宁在1895～1916年写的《哲学笔记》中那些充满辩证法的精彩分析和论断，

---

① 见《马克思恩格斯选集》第3卷，人民出版社1995年版，第689页。

例如关于辩证法、认识论和逻辑三者同一的思想，关于辩证法要素的思想，关于人的意识不仅反映世界而且创造世界的思想，关于"聪明的唯心主义"（指辩证的唯心主义）比"愚蠢的唯物主义"（指旧唯物主义）更接近于"聪明的唯物主义"（指辩证唯物主义）的思想，关于黑格尔《逻辑学》这部最唯心的著作中"唯心主义最少，唯物主义最多"的思想等，更充分说明了列宁的哲学思想与马克思哲学思想完全一致而又有所发展，与旧唯物主义根本不可同日而语。

（3）斯大林在实践上和理论上都有很多错误，这是事实。但把斯大林说成歪曲马克思主义的典型，错误的渊薮，而且祸延中国达数十年之久，也不是实事求是之论。我这里仍仅以哲学理论为例。斯大林的《论辩证唯物主义与历史唯物主义》现在被批判得体无完肤，几乎被说成了马克思主义哲学的赝品，有的论者还说中国的马克思主义哲学都直接间接地来自这本小册子，所以也一无是处。我只说三点看法：

第一，这本小册子是1838年出版的《苏联共产党（布）历史简明教程》的第四章第二节，是为了说明列宁的《唯物主义和经验批判主义》一书在斯托雷平反动时期为捍卫马克思主义政党的理论基础所起的巨大作用而写的，篇幅只有25页。它本来就不是马克思主义哲学的专著或专文，而只是党史教程中的一节，这个党史教程一共有12章，442页，这一节只有25页，只占整个篇幅的5.65%。它的目的是向党员简要介绍辩证唯物主义和历史唯物主义的基本观点，而不是全面系统地论述马克思主义哲学，也不可能把马克思主义哲学的丰富思想发挥得很充分。作为这种性质的小册子，应该说基本上是好的，绝不是一无是处，更不能说是马克思主义的赝品。当然，这本小册子也确有严重缺点，主要是简单化绝对化的东西太多，辩证法的精神薄弱，其中也有不符合马克思主义的东西。在苏联斯大林个人崇拜时期，这本小册子确实被捧到了不适当的高度，被说成了马克思主义哲学的典范，对苏联哲学界产生了很大的束缚作用，这是事实。但斯大林在晚年的《苏联社会主义经济问题》和《马克思主义和语言学问题》中提出的一些有创见的观点对马克思主义哲学还是有贡献的，不应该对他全盘否定。

第二，早在斯大林的"小册子"出版之前二十年，中国的先进分子就开始学习、宣传和运用马克思主义了。他们向国内介绍的马克思主义著作并非来自苏俄。以李达同志为例，他在1918年秋至1920年夏翻译、1921年由中华书局出版的三本介绍马克思主义的书都不是俄国人写的：《马克思经济学说》的作者是考茨基，《社会问题总览》的作者是日本人高畠素之（他是马克思《资本论》的日文译者），《唯物史观解说》的作者是荷兰社会民主党左派领袖格尔曼·果特（当时汉译名郭泰）。1921年中国共产党创立时成立的人民出版社计划出版的"马克思全书"15种，"列宁全书"14种绝大部分是马克思、恩格斯、列宁的原著，其中已出版的不少原件现在还陈列在"一大纪念馆"里。在斯大林的"小册子"发表前十多年，中国的唯物辩证法运动就蓬勃地发展起来了。例如李达1926年发表并再版达14次的《现代社会学》就是中国人自己写的联系中国实际系统阐述唯物史观点专著。1929～1930年李达翻译出版的穗积重远的《法理学大纲》、塔尔海马的《现代世界观》、杉山荣的《社会科学概论》、河上肇的《马克思主义经济学基础理论》（上篇为《马克思主义之哲学的基础》）等都不是苏联人的作品，只有卢波尔的《理论与实践的社会科学理论》（1930年10月出版）、西洛可夫等的《辩证法唯物论教程》（1932年9月出版）是苏联人写的，但这些书有各自的体系，都与以后发表的斯大林的"小册子"并无关系。至于李达的《社会学大纲》（1935年作为北平大学的讲义印行，1937年由笔耕堂书店正式出版）、艾思奇的《大众哲学》（原名《哲学讲话》，1936年出版）、毛泽东的《辩证法唯物论提纲》——包括《实践论》和《矛盾论》（1937年出版），也都在斯大林的"小册子"之前，与"小册子"的体系毫无关系。以李达的《社会学大纲》为例，这本被毛泽东称为"中国人自己写的第一本马克思主义哲学教科书"的长达425 000字的名著就反映了中国当时的马克思主义者对马克思恩格斯原著已有相当系统的研究。这本书在第一篇第一章第二节《唯物辩证法的生成及发展》中论述马克思主义哲学的创立过程时，不仅分析了《论犹太人问题》、《黑格尔法哲学批判》、《英国工人阶级状况》、《神圣家庭》、《关于费尔巴哈的提纲》、《德意志意识形态》等马克思和恩格斯的原著，还分析了 1932 年才首次在苏联出版的《1844 年经济学哲学手稿》，并对这部手稿作了长达两页的分析。这本书在斯大林的"小册子"发表前五年就印行了，怎么能说中国人的马克思主义哲学都是从斯大林那里学来的呢？

第三，即使在斯大林的"小册子"发表之后，它的体系对中国马克思主义哲学（包括教科书的编写）也没有特别重大的影响。事实上，除了 20 世纪 50 年代到中国来讲课的苏联专家在课堂上采用过这种体系外，中国学者自己编著的马克思主义哲学教科书（如艾思奇主编的《辩证唯物主义与历史唯物主义》、李达主编的《唯物辩证法大纲》）都没有按这个体系，这是有书为证的。还应该指出的是，对斯大林的这本"小册子"的缺点错误提出尖锐批评的正是中国的马克思主义者。毛泽东 1957 年 1 月 27 日在省市自治区党委书记会议上的讲话中就曾尖锐地批评了"斯大林有许多形而上学，并且教会许多人搞形而上学"。他说斯大林在《苏联共产党（布）历史简明教程》中讲事物的"联系"时没有说明联系就是对立的两个侧面的联系；讲事物的内在矛盾又只讲对立面的斗争而不讲对立面的统一和在一定条件下的互相转化。他还批评了苏联编的《简明哲学辞典》第四版关于"同一性"的一条"就反映了斯大林的观点"、"是根本错误的"。"对立面的这种斗争和统一，斯大林就联系不起来。苏联一些人的思想就是形而上学，就是那么硬化，要么这样，要么那样，不承认对立统一。因此，在政治上就犯错误。"① 当时中国的青年助教也可以在《哲学研究》上发表文章批评苏联《辞典》的观点。② 可见，说中国人把斯大林的哲学理论和苏联教科书奉为圭臬，并不符合实际情况。

---

① 见《毛泽东文集》第 7 卷，人民出版社 1993 年版，第 194～195 页。

② 陶德麟：《关于"矛盾同一性"的一点意见》，载《哲学研究》1956 年第 2 期。

（二）中国人几乎不可能掌握马克思主义吗？

有的论者更进一步，认为中国人即使读了马克思的原著也会读不懂，因此就很难理解马克思主义。理由是，要理解马克思主义首先就得读懂整个马克思主义的基础——马克思主义哲学。而马克思主义哲学是产生于西方"语境"的学问，是整个西方文化传统发展的产物。西方的文化背景、思维方式、语言习惯都与中国迥然不同，这是一个很难逾越的巨大鸿沟。古希腊哲学就与中国哲学没有共同语言，连翻译也会走样。比如 Being 这个词是古希腊哲学的最根本的概念，中国人压根儿就没有相对应的词。翻译成"存在"、"有"、"是"吧，中国人又会按照自己对这些汉字的传统涵义来理解 Being 这个外国字，还是很难符合西方人的原意。所以，中国人如果不把自己的思维方式和语言习惯改变得与西方人一模一样，就根本读不懂古希腊哲学，因而也就读不懂全部西方哲学，当然也读不懂马克思的哲学。中国人要读懂马克思主义哲学，就得首先把自己的思维方式、语言习惯彻底西方化，跨过这个鸿沟，否则即使把马克思的文本摆在面前也读不懂。而要想跨越这个鸿沟谈何容易？至少也要在书斋里磨上几十年。几个急于为中国救亡图存的实务忙得不可开交的人怎么可能做这件事？不做这件事又怎么能掌握真正的马克思主义哲学？不掌握真正的马克思主义哲学又怎能掌握真正的马克思主义？不掌握真正的马克思主义又哪里有资格谈马克思主义中国化？照这种说法，所谓马克思主义中国化，不过是中国共产党人拿着被误解了的"马克思主义"在那里解决一些实际问题，然后把这个过程叫做"马克思主义中国化"而已。于是结论不言而喻：马克思主义中国化其实是虚构的东西，至少到现在还没有这回事，将来即使可能，也是难于上青天的事。

我认为这也是耸人听闻的不实之词。不错，哲学与文化传统的关系无可否认（我们在后面还要特别强调这一点），中西思维方式和语言习惯的差别也是事实。但如果把这一点夸大到玄之又玄神乎其神的程度，就过分了。既为哲学，无论"形而上"到什么程度，所论的总还是宇宙人生的大事，概括的总还是有普适性的内容，而不可能是一个文化圈里的秘传暗语，更不可能是哲学家私人的自言自语，否则算什么哲学？语言习惯和思维方式当然有民族特征，但各民族之间的生存条件和实践方式也并非毫无共同之处，由此形成的思维方式也不会绝对地扞格不入，不可通约。假如有一天真有"外星人"同我们打交道，我相信他们的逻辑与我们还是相通的。同在一个地球上的人，彼此的思想何至于就不可以互相沟通、互相理解？那鸿沟就真的巨大到几乎不可逾越？如果真是如此，现在我们大家提倡的文化交流和对话等岂不成了互相对牛弹琴？马克思主义哲学诚然是西方哲学传统的产物，它的表述形式也确与中国传统哲学大相歧异，但它的内容却是世界性的。它的基本原理和基本精神，它在哲学领域里造成的变革，是世界各民族有正常思维能力的人都可以理解的，并不因为中国人一解读就面目全非。产生佛教哲学的文化传统与中国文化传统的差异也并不小，然而中国人理解了佛教哲学并把它改造成了许多派别的中国化的佛教哲学。谁也不会说佛教哲学就不可能中国化，或者说这些中国化了的佛教哲学就不成其为佛教哲学。佛教哲学如此，马克思主义哲学何独不然？不错，最早接受马克思主义哲学的一批中国人确实不是西方哲学的专家，他们的思维方式和语言习惯当然也与地道的西方人有所不同。但他们也绝不是对西方文化一无所知的冬烘先生，而是相当熟悉西方文化的先进知识分子。他们对马克思主义哲学的论述，在今天看来虽然简单一些，也不见得处处准确，但总的说来还是得其要旨，并无重大误解的，何曾像某些论者描绘的那样一窍不通？他们当时对马克思主义哲学的理解即使还不够深刻，但作为马克思主义中国化的起点，已经不是什么致命的弱点了。何况马克思主义中国化并不止于起点，它还在不停顿地发展。在总结中国实践经验的过程中，在进一步研读马克思主义哲学著作的过程中，中国人对整个马克思主义的理解，包括对马克思主义哲学的理解也在不断深化，并以新的内容补充、丰富、发展了马克思主义哲学。怎么能说中国人就读不懂马克思主义哲学，不可能掌握马克思主义哲学呢？

（三）中国人不可能使马克思主义中国化吗？

有的论者说得更彻底，干脆认为中国人即使读懂了马克思主义也不可能使马克思主义中国化。理由是，马克思主义本来就是西欧的社会条件和文化背景的产物，是离不开西方土壤的东西。一搬到中国这块完全不同的土壤里就改变了"语境"，水土不服，变形走样，不成其为马克思主义了。中国化的马克思主义只能是"儒家化"的、"封建化"的"马克思主义"，实际上已经把马克思主义"化"为乌有，根本不是马克思主义了。

从马克思主义传入中国的第一天起，"马克思主义不合中国国情论"就是一些人抵制马克思主义的根本论据。现在这种说法仍然是"不合国情论"的老调新弹，在理论上完全不通。马克思主义诚然产生于西欧，但它的视阈是整个人类历史和世界全局，而不仅是西欧。它绝不是地域性的理论，而是世界性的理论。马克思主义的根本原理并不只是西欧情况的概括，而是整个世界历史发展过程的概括。中国情况的特殊性并没有否定这些根本原理的普适性。中国马克思主义者使马克思主义中国化，并不是用中国的特殊性来取消马克思主义根本原理的普适性，而恰恰是以这些根本原理为指导来具体分析中国的特殊情况，当然也包括批判地吸收和借鉴中国传统文化中一切积极合理的成分，得出新的结论。在这种新的结论中马克思主义的根本原理不仅没有消失，而且得到了证实、发展和丰富。这与"儒家化"、"封建化"有什么相干？硬说中国革命的理论和中国特色社会主义理论是儒家理论和封建理论，岂非不顾起码的事实？很奇怪，现在有些大力主张照搬西方资产阶级理论的人从来不怕这些理论到了中国"水土不服"，也不怕这些理论被中国人"儒家化"、"封建化"了，为什么惟独对马克思主义就如此担心呢？

那么，马克思主义中国化是不是使马克思主义走样了呢？那要看对"走样"这个词怎么理解。如果认为只有与马克思本人著作中的一切论断都不爽毫厘才算不"走样"，那么"走样"的事实确实存在。但有两种不同性质的"走样"：一种是从根本上背离马克思主义的根本原理，首先是背离它的世界观和方法论，并且朝着倒退的方向"走样"。这是不可取的，因为它是思维水平的降低。另一种是坚持马克思主义的根本原理，而又有所前进。这是极大的好事。不允许这种意义的"走样"，就等于禁止马克思主义随着实践

11

的发展而发展，把马克思主义视为化石，变成教条。如果把这种"走样"也看成罪过，那么第一个难辞其咎的就是马克思本人。马克思的思想也是活的，也在发展，他的世界观和方法论本质上就是批判的、革命的，他不仅批判别人，也经常自我批判，自己也常常"走样"。假设马克思今天还健在，他还会一字不差地复述一百多年前的每一句老话么？马克思自己可以根据实践和认识的发展做一些"走样"的事情，为什么他的后继者就没有这个权利呢？

准确地理解马克思主义的根本原理确实极为重要，对马克思主义根本原理的理解如果发生偏差，势必妨碍马克思主义中国化的工作，甚至发生重大失误。我们说中国的马克思主义者对马克思主义根本原理的理解基本正确，并不是说从来没有任何偏差和误读。事实上这样那样的偏差和误读确实发生过，并且造成过危害。因此马克思著作文本的精确翻译和系统研究是一件必不可少的基础性的工作，今后还需要下大气力解读马克思的原著，以求尽可能全面准确地理解马克思的原意。对马克思主义经典著作的文本研究现在已列为中央实施马克思主义研究与创新工程的任务之一，我们也比以往任何时候更有条件做好这件工作，这是毫无疑问的。可是，全面准确地理解马克思文本的原意还是为了做好马克思主义中国化的工作，而不是为理解原意而皓首穷经，不是为了停留在原意上，更不是为了以保持原意为理由而限制我们根据新的实践对马克思主义的发展。

二、马克思主义中国化的必要性问题

有人并不否认马克思主义中国化的可能性，但却否认马克思主义中国化的必要性。我以为有两种观点值得澄清：

一种观点认为，解决中国的问题未必需要马克思主义。这种观点在几十年前曾以马克思主义不适合中国国情的理由出现，现在又以时代特征和中国国情起了变化为理由再度出现。这些论者一再强调时代和国情，可是他们的谬误恰恰在于无视或曲解了时代和国情。马克思主义当年成为中国人民救亡图存的思想武器正是时代的选择，国情的需要。中国人曾经选择过的各种西方资产阶级学说所以逐一破产，是因为处在资本帝国主义时代的半封建半殖民地的中国根本不可能走西方资本主义的老路。马克思主义传入中国后所以使中国革命的面貌焕然一新，是因为马克思主义不是为资本主义的合理性和永恒性辩护的理论，而是揭示资本主义的历史暂时性和昭示社会主义前途的理论；不是停留在事物表面现象的理论，而是为把握社会历史的本质提供科学方法的理论。中国共产党召开"一大"的时候只有十三个代表，而且都是手无寸铁的书生，全国也只有五十多个党员。然而这样一个党凭着马克思主义的指导，发动和率领了千百万群众，仅仅用了二十八年的时间就推翻了"三座大山"，建立了新中国，使马克思主义不合中国国情的谬论彻底破了产。有人说这是因为五四运动造成了中国文化的"断裂"，马克思主义才得以乘虚而入。这实在滑稽之至。且不说"断裂"说本身就是无稽之谈，就算"断裂"吧，那么别的理论为什么不能乘虚而入大显身手，而马克思主义独能如此呢？有人说马克思主义在中国的胜利是靠共产党的武力，这也同样滑稽。党成立的时候那么多军阀都有军队，共产党恰恰没有一枪一弹、一兵一卒；大革命失败建立了军队，也是小米加步枪，比敌人的武力弱小得多；军事力量上压倒敌人是很晚的事，而且是马克思主义赢得千百万群众的结果。离开了马克思主义在中国的作用来解释如此重大的历史事变，怎能自圆其说呢？现在的世界格局和中国的国情确实发生了巨大的变化，但是这种变化更加表明中国特色社会主义道路是振兴中华的惟一可行的道路，其他的道路都只能使中国陷入分裂倒退，沦为资本霸权主义的附庸。马克思主义中国化的任务不是减轻了，更不是取消了，而是更必要、更迫切、更艰巨了。当然，马克思主义中国化不仅不排斥马克思主义理论以外的其他理论中一切合理的、有用的成分，而且还必须有条件地吸收和借鉴它们，为我所用，无论是外国的或中国的、传统的或现代的都一样。但是马克思主义的根本不能丢，马克思主义中国化的道路不能丢。现在有人以我国实行社会主义市场经济和体制改革为借口，把各种西方资产阶级理论的整个体系成龙配套地当做灵丹妙药向国内推销，那就是另一种性质的问题了。如果我们没有清醒的头脑，在这个问题上就会吃大亏，上大当。

另一种观点认为，解决中国的问题只有原原本本地照着马克思的本本找答案，一切结合中国实际的新发展似乎都背离了马克思主义。这是老教条主义的翻版。从最一般的意义上说，马克思主义的世界化和本土化（或地域化）是一个过程的两个方面。马克思主义哲学的产生土壤虽然在西方，但它的理论内容本质上却是世界性的，是全世界的共同财富。但马克思主义哲学要在现实上成为世界性的理论，还必须为世界各国度、各民族、各地域的人民所理解、所接受，这就需要有一个世界化的过程。而这个世界化的过程与数学和自然科学的世界化过程是不同的，它必须结合各国度、各民族、各地域的特殊实际，实现本土化，否则马克思主义对这个国度、民族或地域就还是外在的东西，不可能生根发芽、开花结果，马克思主义理论本身也不可能现实地世界化。从具体的实际意义上说，马克思主义提供的只是反映普遍规律的根本原理，不可能给各个国度、民族和地域发生的具体问题提供现成的答案。如果不把马克思主义的根本原理与不断变化着的中国实际结合起来，持续有效地推进马克思主义中国化的工作，就解决不了中国的任何问题。中国民主革命时期的教条主义曾经造成极大的危害，几乎葬送了中国革命，这个历史教训必须永远引为鉴戒。

黑格尔在给 J. H. 沃斯的一封信里说了一段非常精彩的话，值得我们仔细玩味。他说："路德让圣经说德语，您让荷马说德语，这是对一个民族所作的最大贡献，因为，一个民族除非用自己的语言来习知那最优秀的东西，那么这东西就不会真正成为它的财富，它还将是野蛮的。""现在我想说，我也在力求教给哲学说德语。如果哲学一旦学会了说德语，那么那些平庸的思想就永远也难于在语言上貌似深奥了。"①黑格尔为什么要"力求教给哲学说德语"？不正是因为只有使那些并非产生于德国的哲学德国化，才能使它们成为德国的财富吗？我想，黑格尔的这段话不仅适用于哲学，也适

① 黑格尔：《致 J. H. 沃斯的信》，见苗力田译编：《黑格尔通信百封》，上海人民出版社1981年版，第202页。着重号是引者加的。

用于一切社会历史理论，包括马克思主义理论。马克思主义之所以能成为中华民族的宝贵财富，正是因为中国的马克思主义者教给了马克思主义说中国话，让马克思主义说了中国话，也就是做了马克思主义中国化的工作。这个工作必将随着中国社会主义建设实践的发展而具有越来越丰富的内容，为中华民族的振兴和马克思主义的发展作出更大的贡献。

文化与国力

◎ 张国祚

张国祚，哲学博士，教授，曾任中宣部理论局副局长，现任全国哲学社会科学规划办公室主任。在马克思主义理论研究和建设方面，长期担任领导工作。曾主持一系列国家重大课题。

主持人：武汉大学胡德坤副校长

今天请来一位贵客，全国哲学社会科学规划办公室主任张国祚教授。张主任是我国著名的马克思主义哲学家，吉林大学哲学博士，学术上非常有造诣，在《人民日报》、《光明日报》、《求是》等报刊杂志上发表了很多文章，对我国整个发展的历史、现状以及未来的走向非常有研究。我们好不容易把他请到武汉大学来，下面就请张主任给我们做报告。大家欢迎！

很高兴能有机会来到武汉大学跟在座的各位进行交流。武汉大学是我国的一所著名高校，是世界上最美丽的大学之一，能在这里跟大家进行学术交流，这是我的一份荣幸啊！今天跟大家讲点什么呢，我本来想讲关于坚持马克思主义在意识形态领域主导地位的几个问题，但考虑到这个题目可能会让大家感到太严肃，所以我想换一个角度讲。武汉大学领导跟我说过多次，希望我讲讲文化与国力，我今天就从这个角度谈点自己的看法，就教于在座的各位。

文化这个问题，可以说是常讲常新，只要历史在发展，人类在前进，社会在进步，就必然会有日新月异的文化问题出现。坦白地讲，文化问题非常难讲。为什么难讲呢？大家都有文化呀，天天听文化、讲文化，而且许多人还都有比较高深的文化，甚至在某些领域作出了开创性、填补性的贡献。如果仅就某个专业讲很具体的微观文化，那么我恐怕难逃班门弄斧的下场，所以我来个避实就虚，从宏观上讲文化。但细想一下这也不易，因为文化具有相对性、多样性、渗透性、传承性。

相对性是什么意思？当我们说到文化的时候，恐怕首先要考虑如何给文化下个定义，你所说的文化是相对什么而言的。如果文化是相对于非文化而言，那这个文化太大了，整个人类文明都是文化，凡是人类实践留下痕迹的东西都是文化，凡是人类思维扫描过的事物都会留下文化。前者是物质文化，后者是精神文化。如果文化是相对于物质文明而言的，那么这个文化就等同于精神。如果文化相对于我们一般所说的物质文明、政治文明、社会文明而言，它就是一种纯粹属于上层建筑里面的那种意识形态。以上是说文化概念的相对性。

再说文化的多样性。从历史的分期来看，有古代文化、近代文化、现代文化、当代文化等。如果从地域和空间来看，还可以分欧洲文化、亚洲文化、非洲文化、美洲文化。从国度来讲，那就太多了，每个国家都有自己独具特色的文化。即便一个国家，有的也包容多种文化。例如我们中国，有儒家文化、佛家文化、道家文化，这是从学说内质来讲的；从内质与地域及其特点相结合来看，有齐鲁文化、中原文化、湖湘文化、巴蜀文化、黄河文化、长江文化、吴文化、岭南文化，我们这里还有个楚文化吧，此外还有草原文化、西域文化、雪域高原文化等。

文化的渗透性体现在哪里呢？你看，我们的胡处长穿着黑色的T恤衫，配着白色的领带，这是一种文化品位，体现了什么呢？体现了一种庄重典雅的文化追求，可见服饰也能体现文化，是文化渗透到服饰当中去了。再比如说，我们武汉大学老校区那些建筑，从外观上看，飞檐翘脊，碧瓦丹柱，具有浓郁的中国式古典建筑风格，而走进殿堂，却会发现其内部结构有西洋的建筑风格，于是我们说，这些老建筑体现了中西合璧的文化特点。至于说文化的传承性，可能比较好理解一些。最直观的就是语言文字，我们是从老祖宗那里传承下来的。中华民族上下五千年，可以说是错综复杂、千变万化，那么何以传承呢？但是万变不离其宗，中国人的基本特征没有大的变化。这不仅仅指黑头发、黄皮肤，更主要的是我们的语言文字和民族品格、民族精神，它们作为核心文化被传承下来了，并体现在中华民族的共性当中，那就是以爱国主义为核心，倡导团结统一、爱好和平、勤劳勇敢、自强不息的伟大民族精神。

又是相对性，又是多样性，又是渗透性，又是传承性，可见文化问题非常复杂，确实难讲。由于时间有限，所以我们讲的文化与国力，不可能面面俱到，只能讲几个问题。今天我想谈的主要是以人文哲学社会科学为主要内容的文化。

那么国力呢？国力，就是国家的力量、国家的实力、国家的能力。国力主要包括两个方面，一个是硬实力，一个是软实力。硬实力呢，我们可以说生产能力、开发能力、制造能力、运输能力、打击能力等。凡是可以看得见、摸得着的物质力量都可以称为硬实力。那么软实力呢，比如说一个国家、一个民族的理想、情操、精神、心灵、文明素养，都属于软实力。美国哈佛大学教授约瑟夫·奈把软实力界定为政治制度的吸引力、文化价值的感召力和国民形象的亲和力。我们说文化能体现一种软实力，但现在要问，文化仅仅体现软实力吗？非也，文化也可以成为硬实力。何以见得呢？现在世界各个国家考察国力时往往要看GDP，即国内生产总值，而GDP中是包含文化产业创造的价值的。文化产业所创造的价值的比例越高，说明国家经济发展的状况越好，水平越高。西方发达国家文化产业的创造价值在本国 GDP 中平均占 10% 以上。美国的文化产业最发达，在国内生产总值中已经达到 25%，超过了它的军火工业，居第一。美国文化产业在世界市场所占份额已达 43%，整个欧洲加起来可以占到 34%，那么亚洲和南太平洋加到一起占 19%，而其中 10% 是日本，5% 是韩国，剩下的 4%，就是其余的亚太国家，包括我们中国在内。可以说，相比之下，我们的文化产业所占的世界市场份额还是很小的，与我国 GDP 的规模是不匹配的。如果我国的文化产业能上个大台阶，势必使综合国力增长更快。所以说文化作为精神力量，它是软实力，而作为产业，它又是一种硬实力。但不论文化是硬实力还是软实力，都是综合国力的重要组成部分。

今天，我想主要谈谈作为精神层面的文化对国力的影响。文化对国力的影响，无论是从软性因素来看，还是从硬性因素来看，影响都是巨大的。大就大在文化可以兴邦，文化也可以误国。我们想一下，我们中华民族上下五千年创造的光辉灿烂的古代文化，曾长期在世界上处于领先地位。到 19 世纪初叶的时候，我们的生产总值仍然约占全世界生产总值的 40%，这不是我们自己吹嘘的，而是西方学者统计的。从某种意义上可以说，是优秀的传统文化支持着中华民族的长期繁荣和发展。可是到了 19 世纪中叶以后，我们中国开始明显地走向衰败。我这里用了一个词，叫"明显地走向衰败"，那么真正衰败从什么时候开始呢？中华民族的落后实际上从 18 世纪英国工业革命期间就已经开始了。而没有 17～18 世纪的英法资产阶级革命和地理大发现及世界市场的扩大，就没有 18 世纪的工业革命。再往上推，没有 14～16 世纪的欧洲文艺复兴，也就没有英法资产阶级革命。我们经常讲"康乾盛世"，就是 17～18 世纪。现在有不少电视剧是歌颂那个时期的英明皇帝，什么康熙、乾隆等，但从世界大势来看，那时中国已经蕴含着必然衰落的萌芽，因为所谓"康乾盛世"同英法资产阶级革命恰恰属于同一历史时期，中国文化渐趋僵化保守，闭关自守，夜郎自大，以天朝大国自居，以上邦自封，期待四方来朝。不是有那样一个传说吗，当慈禧太后看到火车引进中国之后，她认为是怪物，强令拆除铁路，不让发展。如此愚昧落后，难免在鸦片战争中泱泱中华大国被几艘飘洋过海的英国战舰打得一败涂地。而欧洲文化日趋活跃，欧洲的文艺复兴彻底打败了宗教神权，解放了思想，涌现出了许多科学巨匠、文化巨匠、思想巨匠、哲人大师，对欧洲的科技、教育、经济和社会迅速进步产生了重要的影响，从而为资产阶级和工业革命奠定了坚实的思想文化基础，使欧洲不断创造出新的科技和经济发展增长点，逐步把我们中国甩在后面。

1840 年鸦片战争失败后，主张抗英的爱国将领林则徐在镇江会见了另一位抗英将领魏源。由于当时林则徐已经发现中国武器装备落后，恐怕源于中国当时整个社会政体国体和文化的落后，所以他嘱托魏源编纂一部介绍西方人文地理、政体国体、历史、科学、文化、教育等各方面知识的著作。1842 年，魏源编出了 50 卷本的《海国图志》。到了 1847 年，他又把这个 50 卷本的《海国图志》进一步扩编成 100 卷本。据说当时中国有 400 多万人有能力阅读《海国图志》，但却很少有人问津。那些保守的当权者甚至认为这本书散布的东西是歪理邪说，竟欲销禁它。1851 年，有一艘日本商船从中国回日本去，船上有三部《海国图志》，这三部《海国图志》被日本人发现了，1853 年就把它翻译成日文，立刻在日本引起轰动，得到广泛的传播。这本书越来越热，到 1859 年，一共被重印了十五次，价格是连涨了三倍啊。当时日本的革新派代表人物佐久间象山和横井小楠看到这部书之后豁然开朗，大受启发，他们深深为魏源那种"师夷长技以制夷"的思想所鼓舞，认为日本就应当走这条道路。于是日本的维新派受《海国图志》的影响，开始了一场"明治维新"，以至于后来把德川幕府打败，日本到 19 世纪末的时候，就发展成一个世界强国。

《海国图志》没有给中国带来繁荣富强的发展，那是因为中国人忽略了它的文化价值。同样一部《海国图志》，却使日本摆脱了西方列强的侵扰而走上了富强之路。这说明了什么呢？这说明文化可以兴邦，文化也可以灭国。

我们再来看一个例子。毛泽东对鲁迅的评价非常高，毛泽东说鲁迅不但是伟大的文学家，而且是伟大的思想家、伟大的革命家、伟大的政治家，说鲁迅在文学上，代表着全民族向敌人冲锋陷阵，最正确、最勇敢、最热忱，是空前的民族英雄。他说自己的心和鲁迅的心是相通的。这种相通体现在哪里呢？那就是对祖国深厚的爱、对人民深厚的爱，以及救亡图存的历史责任感等。还有一点明显相通，那就是对文化作用的高度重视。我们知道鲁迅年轻时是学医的，后来为什么转向了文学呢？鲁迅在日本留学的时候，看了一部记录片电影，这部电影所反映的是发生在我国东北的日俄战争，一个被俘的中国人，据说他给俄国人送了情报，日本人要拿他砍头示众，有很多中国人围着观看。这些中国人一个个面目呆滞，麻木不仁，看不出来惊恐，也看不出同情，更看不出羞耻，似乎是纯粹的围观看客。鲁迅看到之后感到民族自尊心很受伤害。他想到一个问题，一个民族如果仅仅有健康的体魄还不足以站立起来成为一个不受欺压的民族；只有在精神上真正站立起来的民族，才能成为独立自尊的伟大民族。我说的这些话不是鲁迅的原话，是大意。所以从那时起，鲁迅就决定弃医从文，他想用自己的笔写出文学作品来激发、唤醒中国民众。我们知道毛泽东一生也是非常重视文化，非常重视意识形态工作。毛泽东说，马克思主义一经传入中国就使中国革命的面貌为之一新。马克思主义是什么呢？马克思主义也是一种文化嘛，马克思主义不是偏离人类文明大道的怪胎，而是集全世界、全人类文明之大成所产生的一种非常伟大的思想文化成果。

20世纪末，英国BBC电台在全世界搞过一次网上测评，评选千年思想家，即评选近千年来对人类社会历史发展影响最大的思想家，结果马克思高居榜首，把排在第二位的爱因斯坦拉下很多票。为什么在东欧剧变、苏联解体十年之后，马克思仍然享有那么高的声誉？最主要是因为马克思主义是科学真理，它揭示了人类社会历史发展的规律。可以说，尽管世界发生了很大的变化，许多情况已经超出马克思主义创立时的设想，但是马克思主义所揭示人类发展的一般规律，迄今为止的历史还没能超越它。马克思主义传入中国以后，为什么很快就能在中国扎下根来，得到广泛的传播呢？也是这个原因。我们知道，马克思主义在传入中国之前，中国的仁人志士也在思考，怎么才能改变中国的落后面貌。那时我们中国是何等之可悲啊！英国人利用鸦片战争打败中国，强迫我们签订了一系列不平等条约。沙皇俄国利用鸦片战争英国打败中国之际，也强迫中国签下了一系列不平等条约，比如中俄《瑷珲条约》、中俄《北京条约》、中俄《天津条约》、中俄《伊犁条约》等。通过这些不平等的条约，从中国掠去了大片领土：黑龙江以北，外兴安岭以南，西起贝加尔湖，东到达坦海峡，大约六十万平方公里的中国领土被沙皇俄国抢去了。乌苏里江以东，到海参崴，即伏拉迪沃斯托克，四十万平方公里；新疆汗腾格里峰以南，巴尔喀什湖以西，大约五十万平方公里，加起来总共一百五十万平方公里的领土被沙皇俄国掠去，相当于占去了三个法国和十二个捷克斯洛伐克。当时的中国是何等积穷积弱、岌岌可危啊。就连侵华的八国联军的一个将领在日记中都发出这样的感叹：作为 19 世纪的中国人太悲惨了。所以 19 世纪末 20 世纪初，有不少人都在担心，中华民族会不会亡种灭族。但是到了 20 世纪结束的时候，中华民族伟大复兴的曙光却出现在地平线上，中国已经成了在世界上举足轻重的一个重要国家。为什么古老的中国会止衰回强，焕发出新的生机？就是因为中国共产党坚持以马克思主义为指导，并将马克思主义和中国革命实际相结合，创立了毛泽东思想，科学地回答并解决了中国这个半殖民半封建的东方大国，如何搞民族民主革命。在毛泽东思想指引下，革命力量由小到大、由弱到强，推翻了帝国主义、封建主义、官僚资本主义三座大山，建立了新中国，使中华民族扬眉吐气，在世界东方站起来了，并走上社会主义道路，完成了社会主义改造，开始了社会主义建设。尽管我们党在"文化大革命"中走了曲折的道路，蒙受了很大的损失，但是我们党仍然是在马克思主义的指导下，自己纠正了自己的错误，在马克思主义中国化新成果邓小平理论和"三个代表"重要思想的指引下，又走上了改革开放和发展社会主义市场经济的道路，于是才有今天中国的繁荣和发展。所有这一切靠什么呢？就靠马克思主义。我想上述正反两方面的历史可以说明，先进的文化可以兴邦，落后的文化必然误国。

马克思主义之所以有如此强大的威力，因为它是集人类文明优秀思想成果之大成，它是站在了巨人的肩膀上。在它的脚下，有德国古典哲学、有英国古典政治经济学、有法国空想社会主义学说，而且还有阶级斗争和生产实践的经验，以及自然科学的成果。我们看看恩格斯的《自然辩证法》和《反杜林论》就会清楚，这些著作对当时19世纪的自然科学发展的状况，是何等地了如指掌，又是饱含着何等深刻的见解。无论是天文学、生物学，还是数学、化学、物理学，每当有了新的研究成果都逃不出马克思和恩格斯的视野，都会在他们的著作中得到反映。马克思主义不仅深刻地揭示了人类社会、人类思维的发展规律，而且也揭示了自然界的发展规律，从而使它高于同时代任何其他学说和思潮，并具有跨越时空、预见未来、指导实践的巨大作用。马克思主义的科学真理性毋庸置疑。但是还要清楚，我们常讲要坚持马克思主义在意识形态里的主导地位，要坚持什么样的马克思主义呢？就是要坚持发展着的马克思主义。在当代中国就是要坚持邓小平理论、"三个代表"重要思想和科学发展观。

邓小平理论给中国带来的变化是大家普遍认同的，尽管十几年前有些人也怀疑过邓小平理论是不是理论。现在轮到对"三个代表"重要思想如何评价了。有人说，"三个代表"重要思想不就是那样简单的三句话吗，那就叫做科学体系吗？有人讲，那三句话，马克思主义经典作家都分别讲过，现在一并提出就算理论创新吗？有人讲，说中国共产党是1921年成立的，到1945年党的七大时，才把毛泽东思想写上党的旗帜，其间经历了24年；1978年改革开放到1997年党的十五大，才把邓小平理论写上党的旗帜，其间经历了19年；"三个代表"重要思想是2000年提出的，到2002年就把它写上党的旗帜，是不是太快了，经过实践检验了吗？也有人讲，说我们时代的主题仍然是和平与发展，我们社会的主要矛盾仍然是人民群众日益增长的物质文化需求和落后的社会生产力之间的矛盾，前不久不是还在讲，说只有邓小平理论才能解决社会主义的前途命运问题吗？怎么这么快又搞出一个新理论来？这些疑难困惑的提出都是可以理解的，因为任何一个理论从提出到得到人民的普遍接受，乃至写上党的旗帜，总要经历一个过程。但是我要说，这些疑难困惑，都是模糊的，甚至是错误的，是需要并且能够澄清的。

"三个代表"重要思想作为理论名称的简释，可以是三句话，但其科学内涵绝非就那么三句话。在座的各位都是搞人文哲学社会科学的，肯定学习过《"三个代表"重要思想学习纲要》，你看那《纲要》哪里是三句话啊？"三个代表"重要思想有一篇纲领性的文件，就是党的十六大报告。十六大报告开篇讲到十三届四中全会以来党的十条基本经验：坚持以邓小平理论为指导，不断推进理论创新；坚持以经济建设为中心，用发展的办法解决前进中的问题；坚持改革开放，不断完善社会主义市场经济体制；坚持四项基本原则，发展社会主义民主政治；坚持物质文明和精神文明两手抓，实行依法治国和以德治国相结合；坚持稳定压倒一切的方针，正确处理改革发展稳定的关系；坚持党对军队的绝对领导，走中国特色的精兵之路；坚持团结一切可以团结的力量，不断增强中华民族的凝聚力；坚持独立自主的和平外交政策，维护世界和平与促进共同发展；坚持加强和改善党的领导，全面推进党的建设新的伟大工程。讲完这"十个坚持"，十六大报告说了这样一句话："这些经验，联系党成立以来的历史经验，归结起来就是，我们党必须始终代表中国先进生产力的发展要求，代表中国先进文化的前进方向，代表中国最广大人民的根本利益。"什么意思啊？那就是说，"三个代表"重要思想至少应当包括这十条基本经验。而这十条基本经验，每一条都是用两句话来概括的，前一句都是邓小平理论当中已有的，后一句都是以江泽民同志为核心的第三代领导人创造的。这十条基本经验，每一条展开都可以写出厚厚的一本书。所以我们说"三个代表"重要思想绝不是简单的三句话，而是包含着博大精深的丰富内容。

"三个代表"重要思想，只是以江泽民同志为核心的党的第三代领导集体重大理论创新成果的名称，这一理论名称虽然是2000年江泽民考察广东时提出的，但是作为思想理论体系，其形成和发展可以追溯到十三届四中全会。自那时以来，江泽民同志的一系列著作，中央的一系列文件，都是"三个代表"重要思想的内容。

　　我们说"三个代表"重要思想充满理论创新，并非仅仅指那"三句话"一并提出。不否认把这"三句话"上升到党的宗旨、党的根本理论，升华为党的理论名称，这本身也是理论创新，但更多的创新体现在"三个代表"重要思想博大精深的科学内涵中。只要我们认真翻开江泽民同志的一系列著作，及十三届三中全会以来中央的文件，我们就可以看到，那里的新思想、新观点、新论断、新提法非常多，讲了许多马克思主义老祖宗没说过的话。比方说，党的思想路线，毛泽东说"实事求是"是党的思想路线，什么叫"实事求是"啊，毛泽东自己有一个很经典的注释，他说，"实事"就是客观存在的事物，"求"就是我们去研究，"是"就是规律性。研究客观事物的规律性，就是实事求是。那么怎样才能研究好这个客观事物的规律性呢？客观事物是不断发展变化的呀，所以邓小平在"实事求是"的前面加上了"解放思想"，那就是说，我们要打破僵化的条条框框，这样才能用发展的眼光，研究好不断变化的客观事物的规律性。这样研究客观事实的规律性，目的何在呢？目的是跟上时代的步伐，反映时代的要求，体现时代的精神，与时代同步前进，与时俱进。这样看来，"三个代表"重要思想把"与时俱进"加在"解放思想，实事求是"的后面，就使我们党的思想路线更加充实、更加完整，这就是发展。那么与时俱进的结果是什么呢？是创新。创新的意义何在呢？马克思主义老祖宗都没有说过，而"三个代表"重要思想却明确指出："创新是民族进步的灵魂，是国家兴旺发达的不竭动力，也是一个政党永葆生机的源泉。"话虽然不多，但把创新的意义说得非常系统，非常精辟。那么创新是一种主观臆造的东西呢，还是一种客观的必然呢？"三个代表"重要思想指出，实践没有止境，创新也没有止境，我们要超过前人，后人必然要超过我们，这是人类历史前进的必然规律。这就说明，创新是实践的呼唤，是规律之使然，不是主观臆造的东西。那么在创新过程中，什么最重要？过去我们讲，实践是检验真理的惟一标准，"三个代表"重要思想进一步指出，"要用实践来检验一切"，不仅是检验真理，还是检验一切啊，这就提高了实践检验的权威性，扩大了实践检验的范围。怎样才能检验好啊？"三个代表"重要思想又指出，说要自觉地使人们的思想认识从那些不合时宜的观念、体制、做法的束缚中解放出来，从对马克思主义错误的教条式的理解中解放出来，从主观主义和形而上学的桎梏中解放出来。认为只有这样，我们才能用发展着的马克思主义指导新的实践。什么是新的实践啊，我看全面建设小康社会，构建和谐主义社会就是新的实践。"三个代表"重要思想关于"全面建设小康社会"的论述本身就是理论创新，它是对邓小平理论关于小康思想的丰富和发展。"小康"这个概念在我们国家出现很早，早在《诗经》当中就有记载，"民亦劳止，汔可小康"，是说老百姓只要有劳有逸，日子就能好过。后来儒家把小康作为比大同低一级的社会来对待。据《礼记》记载，说在大同社会，那里是"天下为公"，"故人不独亲其亲、不独子其子，使老有所终、壮有所用、幼有所长，鳏寡孤独废疾者皆有所养"。意思是说，在大同社会里，人们办事情、想事情都是为了一个"公"字，每个人不仅把自己的亲人当做亲人，把自己的子女当做子女去关爱，也把别人的亲人当做亲人，别人的子女去当做子女去关爱，在那里，老人都能颐养天年，得到善终，青壮年都有用武之地，少年儿童都能茁壮成长。这是多么美好的社会啊！小康，则是比大同低一级的社会，说在小康社会里，是"天下为家"，"人皆亲其亲、子其子"，"货力为己"，就是说在小康社会里，人们办事情、想问题都是很关注家庭，每个人都真正把自己的亲人当做亲人，把自己的子女当做子女去尽义务，出卖劳动力也是为了自己的家。在漫长的封建社会中，"大同"那是个无法实现的梦啊，只有过上比较殷实的小康生活，才是可以追求的、比较现实的理想，所以"小康"在老百姓心目中非常有吸引力。20世纪70年代末80年代初，邓小平古为今用，赋予小康以新的时代内涵。1979年12月6日，他在会见日本前首相大平正芳时说，我们中国说20世纪末要实现四个现代化，那是我们中国式的现代化，达不到你们西方的水平，我们不过是人均800美元左右啊，我们把这叫做"小康之家"，或者叫做小康的国家。1984年3月25号，邓小平会见另外一名日本前首相中曾根康弘（这个人挺好，他好几次批评小泉坚持参拜靖国神社，说小泉是太不明智了，要小泉处理好日本和中国、韩国的关系），邓小平在会见中曾根康弘时，第一次提出中国要建设"小康社会"。因为当时中国刚刚改革开放，我们的主要任务就是集中精力把经济搞上去，因此小平同志所说的小康主要是经济概念，是个经济发展指标，人均800美元嘛。为什么说"三个代表"重要思想丰富发展了小平的小康思想呢？就在于它提出全面建设小康社会，新就新在"全面"二字上。这个"全面"是有具体标准的，是"六个更加"，即经济更加发展、民主更加健全、科教更加进步、文化更加繁荣、社会更加和谐、人民生活更加殷实。而且围绕着"六个更加"，"三个代表"重要思想还提出一系列的方针、政策、措施、办法，勾画出一个完整的宏伟蓝图。"三个代表"重要思想围绕着经济建设和经济体制改革、政治建设和政治体制改革、文化建设和文化体制建设、军事建设和国防建设、对外工作和国际战略、祖国统一和"一国两制"、党的建设等方方面面，提出了很多新思想、新观点、新论断，"三个代表"重要思想有着丰富的理论创新内容。

还应当看到，一个理论，是不是真理，是否应该写上党的旗帜，不能仅看它提出时间的长短，而应当看这个理论是不是源于实践、指导实践，又在实践中接受检验向前发展。

"三个代表"重要思想就是这样的科学理论。何以见得呢？只要我们认真回顾一下，中国共产党成立以来的全部历史，中华人民共和国成立以来的全部历史，改革开放以来的历史，特别是十三届四中全会以来到党的十六大这13年来的历史，我们就不难得出上面的结论。因为这13年的历史正是"三个代表"重要思想形成和发展的历史。十三届四中全会召开前，我们的国内生产总值是多少？是16 992亿元人民币。那么到十六大召开的2002年，我们的国内生产总值已经增加到120 333亿元人民币，年均增长率达9.3%，同期世界其他发展中国家年均增长率为5%，世界的年均增长率是3%，西方发达国家的年均增长率仅为2.5%，如果用一个形象的比喻，那就是其他发展中国家每前进一步我们就前进了两步，世界每前进一步我们就前进了三步，西方发达国家每前进一步我们就前进了四步。当然，这只是一个大约的速度比。我们的外汇储备从 56 亿美元增至 2 864 亿美元，翻了 50 倍。我们的对外贸易总额从 1 117 亿美元增加到 6 208 亿美元。全世界有 500 家最大的跨国公司，其中有 400 多家，就是在这 13 年中争先恐后地来中国投资创业发展。我们国家有 53 个国家级的高新技术产业开发区，这 53 个高新技术产业开发区在这 13 年里，无论是产值利税还是创汇都翻了近百倍啊，年均增长率为 60%。我们国家这 13 年金融资产产值翻了 14 倍，年均增长率为 66%。这 13 年，我国在外交战线上也取得了辉煌的成就。在十三届四中全会召开的时候同我们建立外交关系的国家是 137 个，而到十六大召开前已经增加到 165 个。而且这 13 年先后有 180 位外国元首访问中国。我们中国古代有句老话，说"贫在闹市无人问，富在深山有远亲"，这句话的人生观价值观不值得提倡，但是可以说明这么多外国政要来访是看我们日子过得好，愿意和我们交朋友。而且这 13 年，尽管我们风风雨雨，坎坎坷坷，但是呢，我们也是好事喜事大事连台啊！比方说，我们战胜了 1997 年亚洲金融危机，泰国泰币贬值，很快波及马来西亚、菲律宾、印度尼西亚，以及韩国、日本、美国等国，只有我们中国稳如泰山，因为我们政策对头；还有，我们战胜了 1998 年特大洪水，形成了伟大的抗洪精神，可能你们湖北也涌现出一些可歌可泣的抗洪英雄事迹；我们赢得了奥运会的主办权，在旧中国，不要说我们能够主办奥运会啊，我们连参加的资格都没有啊。20 世纪 30 年代有个叫刘长春的人，在张学良的资助下，一个人孤零零地走进了奥运赛场，最后是空手而归，留下一片嘲笑声，人家说我们是东亚病夫，一盘散沙啊，这就不难理解为什么申奥成功，海内外华人是那样地欣喜若狂，许多人彻夜未眠啊；还有世博会，我们赢得了主办权，世博会是什么，是全世界经济文化科技教育的奥林匹克运动会啊，有资格举办这样的盛会，那需要有足够的综合国力啊，而且，人缘还要好。特别是香港、澳门顺利回归，洗雪了中华民族的百年国耻。可以说，这 13 年，我们所取得的伟大成就，是辉煌的，我们所经历的实践是深刻的。

上面所讲的是从纵向谈，是自己跟自己比。如果横向比呢，也可以印证这 13 年我们的实践是伟大的，成就是辉煌的，邓小平理论和"三个代表"重要思想是伟大的。前年，我曾有幸随中国资深专家考察团到朝鲜、俄罗斯和印度去考察了一圈，得出来的结论是什么呢？概括地讲，到了朝鲜，你就会知道，不改革不行，邓小平理论和"三个代表"重要思想伟大；到了俄罗斯，你就会知道，乱改革不行，邓小平理论和"三个代表"重要思想伟大；到了印度，你就会知道，不坚持共产党的领导，不走社会主义道路不行，邓小平理论和"三个代表"重要思想伟大。下面我具体谈谈这方面感想。比方说辽宁的丹东，显然远远不如我们武汉大啊，而且也不是一个很出名的城市，而它隔着鸭绿江的对岸是朝鲜的第三大城市新义洲。我们的丹东是高楼林立，晚上是灯火辉煌啊，而新义洲呢？是建筑破旧，晚上一片黑暗。横跨在这两个城市之间的鸭绿江大铁桥，我们这一半维护得像新的一样，而他们那一半锈迹斑斑，对比非常鲜明。朝鲜的首都平壤是一座花园般美丽的城市，那个绿化啊应该说是星罗棋布，也有不少楼房，可那些楼房呢，大部分可远观不可近看，一看非常粗糙、非常破旧。平壤有一座最高的建筑，叫柳京大厦，103 层，是 20 世纪 80 年代修筑的，可是至今仍只是个外壳，内外装修全没有，因为什么呢？没钱！朝鲜平壤街道，有一道风景线，那就是它的交警啊，一色是漂亮姑娘。但是街道上看不见多少汽车，行人来去匆匆，着装颜色单调，面色呢都很严肃。有一个和我平级的干部，每个月的收入如果拿到黑市上可换成三美元，能买三公斤鸡肉，可想而知，普通老百姓生活更艰苦，所以不少老百姓往中国东北跑，西方把他们称之为"难民"，我们不能这样叫，朝鲜是我们的友好邻邦，唇亡齿寒，我们不希望西方把朝鲜政权搞垮。金正日原先是反对我们搞改革开放的，说我们在搞修正主义，搞资本主义，去年他到中国来访问，回去之后，观念有所变化。他说，改革开放对于中国来说是正确的，所以我们朝鲜也要搞改革开放，但要慢慢来。我认为金正日说得很有道理。我们不应该对朝鲜政策说三道四，朝鲜有朝鲜的情况，朝鲜有朝鲜的困难，朝鲜有朝鲜所面临的国际压力，美日等国不断威胁朝鲜，朝鲜不优先发展军事也是不行的。我要说的道理是，假如我们中国不搞改革开放，现在可能连朝鲜都不如。我记得七八十年代我们一些人还是挺羡慕朝鲜的，但是现在，我们的经济不知要比朝鲜好多少倍。所以说，到了朝鲜，你就会知道，不改革不行，你就更能体会到，邓小平理论和"三个代表"重要思想真是伟大啊！

那么俄罗斯呢？我在去俄罗斯之前，有人对我说，我们不要盲目地否定苏联解体啊，叶利钦上台也不见得是什么坏事，说不定将来俄罗斯比中国发展得快啊，你看，近几年人家俄罗斯的发展不是渐渐上来了吗，GDP 增长值去年不是达到了 5.6％ 么。我们去了一看啊，发现不是那么回事。叶利钦上台的时候，没有任何政治力量可依靠，没有任何政党可依靠，仅有的一个苏联共产党还被宣布为非法的了，他只能依靠少数从西方归来的知识分子，什么盖达尔、邱拜斯这些人。而这些人呢，都是西方的盲目崇拜者，他们劝导叶利钦，说只要俄罗斯在政治上搞自由化，在经济上搞私有化，很快就会像西方一样富裕起来。叶利钦很听话，一年之内就完成了"自由化"和"私有化"。这可把俄罗斯给害惨了，俄罗斯科学院有个院士，莫斯科大学社会学系的主任，叫做杜勃列尼克夫，他给我们发表了一篇演讲，题目叫做《谁之过，谁之罪》，他说俄罗斯十年自由主义改革，几乎把俄罗斯引进了死胡同。俄罗斯无论是在物质上还是在精神上，所蒙受的损失都是无法估量的，俄罗斯国内生产总值十年下降了一半，许多俄罗斯人都感到很迷惘，很困惑，他们不知道明天会发生什么，也不知道明天俄罗斯会向何方去。俄罗斯有 80 万因酗酒而患病的人，有 300 万无家可归者，有 300 万精神病患者，有 200～400 万流浪儿童，每五分钟就有一个人被谋杀。杜勃列尼克夫的女儿和未婚夫，开着一辆车出去，结果一去未归，被黑社会给杀害了。但是俄罗斯的法律已经取消死刑，那些律师们千方百计给那些犯罪分子辩护，而对死亡者及其家属毫无同情怜悯之心。吃饭的时候，杜勃列尼克夫拿着女儿的照片，边说就边流泪啊。他最后说了两句很动情的话，他说，伟大的中国绝不能重走俄罗斯的道路，伟大的中国朋友绝不能重犯俄罗斯的错误啊。至于说为什么俄罗斯现在出现振兴的征兆，那是因为普京上台之后扭转了叶利钦乱改革的势头。普京讲，他也不赞成搞私有化，但是私有化既然搞起来了，只好在这个基础上进行调整。普京在经济上采取了一些政策。第一，他严厉打击了那些金融资本寡头，避免了俄罗斯大量资金的外流。第二，他对关系国家经济命脉的大企业实行国家参股或国家控股，这样就稳定了整个经济的基本架构。第三，他打"能源牌"。俄罗斯是一个资源非常丰富的国家，它是全世界惟一可以关起门来搞建设的国家，不需要进口外国资源。俄罗斯天然气储量世界第一，俄罗斯的煤储量仅次于中国，俄罗斯的石油储量仅次于海湾地区，俄罗斯的黄金储量和制造原子弹的储量也居于世界前列。全世界各大国都缺石油，俄罗斯的石油却多得很，用不完呐，然而普京很聪明，不见兔子不撒鹰啊。俄罗斯有个尤科斯石油公司，本来是从 1997 年的时候开始和我们进行一项意向性谈判啊，要修一条从安加尔斯克到大庆的石油管道。但是这个谈判呢，谈了几年谈不下来，就是因为俄罗斯政府的干预。后来日本人插进去了，开口说给俄罗斯 70 亿美元的援助，于是俄罗斯开始和日本热火起来了，只是因为日本在北方四岛的问题上不肯让步，所以俄罗斯和日本又冷淡了下来。特别是后来，美国拼命扩大北约，一直扩大到俄罗斯家门口，然后又在乌克兰、格鲁吉亚、吉尔吉斯斯坦搞颜色革命，而且直接支持和指导俄罗斯国内的自由派也搞颜色革命。这下普京不干了，开始和西方硬起来了。在这种形势下，他希望中国成为对美国的一个重要的钳制力量，所以在石油问题上放松了对中国的限制。普京还有一条政策，是加大对农业的投入。虽然俄罗斯领土广大，但有相当一部分在寒冷地带，农业不行，历届苏联政府和俄罗斯政府都搞不好，叶利钦几乎把俄罗斯的 15 万个集体农庄全部都搞垮了，许多农庄农民都只能吃土豆和面包，连蔬菜都吃不上，什么肉蛋禽更吃不上。由于普京在经济上采取这样一些措施，所以使得俄罗斯的经济开始出现振兴的迹象。普京在政治上也采取了一系列的措施。首先是抵制美国人的民主。普京说我们搞的民主不是西方的民主，我们搞的是可控制性民主。什么是可控制的民主啊，可能和我们的民主集中制差不多。其次，他强化了总统的权力，规定俄罗斯各州市的一把手都要由总统提名选举，那和总统任命差不多了，谁敢不听他的啊。第三，俄罗斯杜马有 450 个议席，原先有 225 个议席分散到俄罗斯各个选区，另外那 225 个议席在杜马内，由杜马内各政党去竞争。问题在于杜马外的那 225 个议席是由选民自由选举的，他们是选张老三、李老四、王二麻子，普京也把握不了啊。怎么办呢？普京实行了改革，把分散各地的 225 个议席也全部收归杜马，由杜马的各政党来竞争。这样有什么好处呢？俄罗斯杜马当中最大的政党是统一俄罗斯党，而统一俄罗斯党是完全拥护普京的政党，这样就可以保证普京政策很容易从杜马当中通过，避免了俄罗斯的进一步分裂，维护了俄罗斯的稳定，有利于打击恐怖主义。由于普京采取了这样一些措施，扭转了叶利钦的乱改革，才使俄罗斯出现了振兴的迹象，以至于普京才有勇气提出十年重振俄罗斯大国雄风的宏伟蓝图。俄罗斯的事实说明，乱改革不行。乱改革使俄罗斯从一个超级大国沦为一个二流国家。正因为普京扭转了叶利钦乱改革的势头，所以俄罗斯才开始出现了振兴的迹象。许多俄罗斯人一提到邓小平理论和"三个代表"重要思想，都竖起大拇指。

现在说说印度。我在去印度之前，也看过有关资料。美国麻省理工大学和哈佛大学有两名教授搞了一个研究，叫《中印比较研究》，这个研究的结论是什么呢？说未来十到二十年，印度的发展前景要比中国看好。理由有这样几条：第一，中国劳动力资源的优势在于价格便宜。是啊，你看我们的农民工多苦啊，收入很低。而印度是英国的殖民地，当然懂英语的人多了。第二，中国的优势在于硬件和制造业，而印度的优势在于软件和服务业。现在各国公认，第三产业即服务业在经济总值中所占比重越大，说明整体水平越高，印度第三产业在 GDP 中接近占 50%，而中国不到 40%。第三，印度在生物制药和软件产业方面有可以同欧美大公司相抗衡的企业，而中国没有。第四，中国发展主要靠引进外资，而印度的发展主要靠自己。他们当时引用的数据是印度每年引进的外资不到 40 亿美元，而中国已经超过了 400 亿美元。第五，中国对外资的利用效率比较低，而印度则比较高。说中国如果引进 42 美元，顶多只能够创造出 7 美元的利润来，就是创造出 1/6 的利润来，而印度只要引进 24 美元，就可以创造出 6 美元的利润来，那就是创造出 1/4 的利润来。第六，中国银行坏账呆账多，而印度银行坏账呆账少，还不到中国的一半。基于这些理由，他们说印度未来十几二十年后的发展前景比中国看好。

在这两个学者之后，西方这种观点渐渐多了起来，还有些人把他们这些观点发展了，说印度的民主制度比中国优越，说印度以后肯定会超过中国。我们到了印度一看，得出的结论和美国那两位学者的结论大不一样。我们认为，只要中国不自己把自己搞乱，只要我们坚定不移地沿着这条道路走下去，不断完善发展，印度就很难赶上中国。印度这个国家啊，太复杂了，比我们国家要复杂得多，不仅有民族矛盾，还有宗教矛盾、政党矛盾、种族矛盾、阶级矛盾。印度现在执政的是国大党，前面是印度人民党，这些个政党为了谋取政权，相互攻击，相互挖墙角。印度的阶级矛盾也很突出，印共（马）为了在西孟邦搞土地改革，被地主杀死了几千人。印度基础建设相当落后，我们从地图上看印度铁路星罗棋布，密密麻麻，那是过去英国殖民地时期修建的，但迄今印度还没有像样的高速公路。印度人民党瓦杰帕依上台的时候曾信誓旦旦地说，在其任期内，要完成印度高速公路网络化，现在他下台这么长时间，印度国大党上台这么长时间了，印度公路状况还是没有改观。印度首都主要的交通工具之一是那种三轮机动车，许多公路连交通线都没有，行人、自行车、摩托车、载重车、大客车拥着挤着前行，最有意思的是中间还夹杂着"神牛"。什么神牛啊，印度是多神论国家，什么都是神，老牛也是神，农民的耕牛用到七八年以后必须放生，不放生就是亵渎神灵，而被放生的老牛就是神牛。这些神牛自由自在地满街上走啊，谁敢管呀，它们是神牛么。还有一种印象，印度总体生活节奏比较慢，印度人很友好，但印度宗教大多寄希望于来世，而对现实缺少竞争的精神。当然，我们不否认，印度还是有不少接受西方教育的学者、比较优秀的科学家，比如美国的硅谷，就有很多印度的科学家，许多人回印度之后，成为科研骨干中坚。印度现在的贫富差距也是非常大的，印度农村60%的儿童根本就上不了学。印度的富人很富，在全世界都名列前茅，同时印度的乞丐又非常多，而且是真乞丐。我们国家的乞丐也很多，但有时真假难辨。有一次我到一个地方调研，有一个宣传部的同志陪我，

33

我看见一个乞丐，想上前给点钱，那位陪我的同志急忙把我拉走了，他给我讲了一个故事。有一次，他们把这些乞丐都收罗起来了，用火车一个一个送回原籍，等我回来一看，哟！这乞丐比他们先回来了，都是坐飞机回来的。他讲的故事是真的还是假的我不知道，但至少说明有些是假乞丐。当然，在我们看来，真乞丐也好，假乞丐也罢，我们的政府应当想办法解决一下这个问题。因为乞丐这个问题，不仅有碍观瞻啊，而且对我们整个民族的心理有负面影响。我看有些年轻的母亲带着小孩走过乞丐面前时，小孩子都很善良啊，富有爱心啊，都想给乞丐点什么，但是孩子母亲往往要阻止。我就想啊，那么这样一些孩子将来长大了，他还有同情心吗？还有善良心吗？还有爱心吗？如果我们的民族未来一代的同情心都没有了，变得麻木不仁了，那也是件很可怕的事情。所以，不管是真乞丐还是假乞丐，我们的政府都应该想办法解决这个问题。这是题外话，还得书归正传。有的印度学者很幼稚啊，有位教授，是不是博导我就不知道了，对我们宣扬印度的民主比西方的民主还要好。我就琢磨，你们的这个民主好在哪儿呢？圣雄甘地、英迪拉·甘地、拉吉夫·甘地，统统都是在那种民主体制中被暗杀的，血淋淋的，你们好在哪儿啊？另外，你们的民主政治也太没效率了。印度不像我们有春夏秋冬四个季节，它一年只有两个季节，雨季和旱季。雨季到来时，洪水泛滥成灾；旱季到来时，许多地方旱得一道道大沟。所以各地的居民，为了争水、管水、用水经常发生冲突，甚至发生械斗，然而，历届政府对此束手无策啊。当我们说到印度的矛盾很多、很复杂时，特别不能不说到种姓制矛盾。什么叫种姓制呢？这个种姓制已经延续二千多年了，一个人一出生就决定了你是哪个种姓家族的。种姓制是分等级的，最高等级叫婆罗门，第二等级叫刹帝利，第三等级叫吠舍，第四等级叫首陀罗。高等级的男人可以娶低等级的女子为妻，娶几个都行，而低等级的男子呢，是不可以娶高等级的女子为妻的，如果你娶了，那对不起，你所生出来的孩子就是"不可接触者"，在政治上、社会上会受到很多歧视。最近，印度因为国大党要改革种姓制，要把高等学校原先只允许22.5%比例的低种姓的青年入学增加到47.5%，哦，这些贵族不干了，高校不干了，医院不干了，在闹事。都什么时代了，21世纪了，哪里还有种姓制？你说印度的发展能不受制约吗？20世纪40年代末到50年代初，我们中国和印度的发展规模是差不多的，印度是1947年独立的，我们中华人民共和国是1949年成立的，那时候我们两个国家的发展规模和水平差不多。中印两国背景也差不多，都受过帝国主义压迫，当过殖民地，又都是世界上的人口大国。但是现在呢，中国已经把印度远远地甩在后面了，尽管印度有什么航空母舰啊，也是个核武器国家了，但是，其经济总产值只比我们的1/3略多一点，印共（马）党的负责同志跟我们讲，说他们很佩服中国，他们认为印度之所以不如中国，赶不上中国，主要有两个原因：第一，印度虽然有这么多的政党，但是没有一个政党能像中国共产党那样具有那么严密的组织，具有那么强大的感召力、动员力、号召力。第二，印度没有走社会主义道路，即使在共产党执政的时期，也没有把社会主义制度建立起来。所以，他们高度评价邓小平理论和"三个代表"重要思想。因此，我们说，到了印度，你就会知道不坚持共产党的领导、不走社会主义道路是不行的。

无论是纵向比较也好，还是横向比较也好，结论只有一个，那就是自党的十三届四中全会以来，到党的十六大，我们的实践是伟大的、是深刻的，成就是辉煌的、是举世瞩目的，而所有这些伟大的成就、伟大的实践，正是在邓小平理论和"三个代表"重要思想的指导下取得的，"三个代表"重要思想正是伴着这个伟大的实践形成发展的，又在发展中不断接受检验，不断丰富。所以说"三个代表"重要思想是科学真理，写上党的旗帜理所当然。

下面我再简单地谈谈学习科学发展观的体会。胡锦涛同志提出"以人为本，全面协调可持续发展的科学发展观"具有十分重大的意义。改革开放20年来，我们国家的经济发展应该说创造了世界经济史上的发展奇迹，但是不能否认，我们也付出了一些代价。原因很多，概括起来就是我们还没有或不懂自觉地按科学发展观办事。我们说马克思主义伟大，就包括在马克思主义老祖宗的著作中已经包含了科学发展观的一些思想萌芽。恩格斯在《自然辩证法》

中有过这样的论述，他说，人类不能过分盲目陶醉于对自然界的征服，因为每一次这样的征服都会招致自然界的报复。他说，美索不达米亚、小亚西亚、古希腊的居民为了得到耕地，而把森林砍光伐尽，但他们做梦也没有想到，这些地方今天竟然成了不毛之地；阿尔卑斯山南面的意大利人把山背面的丛林砍光伐尽，结果使山泉在一年之内有半年处于枯竭状态，雨季一到，山下就洪山泛滥成灾。恩格斯在这里所告诫的道理，就是人类与自然和谐相处，对自然要爱护，不要过度地掠夺，违背这个规律，就会招致自然的惩罚，这就是科学发展观的思想。1962年，美国有一个女科学家，叫做雷切尔·卡逊，她发表了一部著作，叫做《寂静的春天》。书中描写一个地方的居民，由于过度地使用化学农药和化学肥料，结果把那一带的生态环境彻底毁坏了，本来应该是欣欣向荣、生机勃勃的春天却变成一片死寂。这本书出版之后，遭到美国企业界一些资本家疯狂的围攻，他们诅咒雷切尔·卡逊，说她歇斯底里，说她危言耸听，说她沽名钓誉，说她是神经质。这位女科学家，在两年之后，患了癌症而死去。但是没想到，30年之后，在1992年，美国评选近50年对世界影响最大的十部图书，《寂静的春天》榜上有名。当时的美国副总统戈尔亲自为此书作序。他在序篇中怀着一种崇敬几近卑微的口气写道："面对这样一部伟大的著作，我都担心自己是否有资格为它作序，因为这本书是个里程碑，它指出了世界未来的发展方向。"为什么对此书的评价如此之高啊？因为20世纪后期美国的工业污染已相当严重。我们国家这些年来经济发展很快，但是一些小煤窑、小水泥厂、小造纸厂、小化肥厂等，造成了极大的环境污染。我们国家现在的污水排放量居世界第一位，超过了环保允许程度的68%；我们国家的二氧化硫排放量也居世界第一位，超过了环保所允许程度的77%；我们国家有七大水系，有一半以上的河道是处于被污染的状态。不是有人编了那样的顺口溜吗？我不知道武汉有没有，说"污水靠蒸发，垃圾靠风刮，屋里现代化，屋外脏乱差"。还有，土地沙漠化也很严重。我不知各位是否到过甘肃，甘肃在历史上被称为"陇"，古书上记载说，"天下称富庶者无如陇右"，意思是说天下最富庶的地方没有超过甘肃的，到了

100 多年前，左宗棠经过陕甘的时候，他在给皇帝的奏章中就这样写道，"陇中苦瘠甲于天下"，说甘肃这个地方太贫瘠了，天下第一啊！为什么会发生这样的沧桑巨变呢？原因很复杂，但是有一个很重要的原因，就是我们的老祖宗不懂得科学发展观，盲目地开采，盲目地放牧，盲目地挖掘，以致加速了土地沙漠化。有一次我从兰州坐飞机到敦煌去，往下一看，哎呀，漫漫戈壁滩啊，荒凉得什么东西都不长，简直像世界末日一样，哪像我们武汉啊，郁郁葱葱、满目生机。再比如，我去年到青海湖，那里原本有一个非常美丽的鸟岛，是东南亚和印度一些候鸟的栖息地。可惜那个鸟岛现在变成了半岛，而且候鸟也不如原先多了。资源环境生态和人类生活之间的矛盾还有很多例子，就不再一一罗列了。讲科学发展观，就不能不考虑经济社会发展平衡的问题，比如说当前的贫富差距问题。现在国际上衡量社会的收入差距往往用到一个系数叫"基尼系数"，如果基尼系数在 0.3 ~ 0.4，那是属于可允许的范围，如果超过了 0.4，那就等于超过了警戒线，如果超过了 0.5，那就会引起社会的动乱。我们国家的基尼系数是多少呢？不同统计部门得出的数据是不一样的，但最少的统计数据已经达到了 0.417，超过警戒线了。还有一种统计方法，把我国的社会群体分成五部分，最贫、次贫、中等、次富、最富各占 1/5，其中最贫的那 1/5 人的收入占全社会收入的 4.27%，最富的那 1/5 占全社会收入的 50.13%，4.27% 和 50.13% 这个差距是非常悬殊的。据说，如果把美国社会群体也分成这样的五部分，那么美国最贫的那 1/5 人的收入占全社会的收入是 4.6%，要高于我们那个 4.27%，而最富的那 1/5 人的收入占 44.05%，要低于我们那个 50.13%。因此，从某种意义上来说，我们的收入差距甚至已经超过了美国。当然这些统计是否准确，有待我们进一步研究。还有城乡收入差距的拉大，1984 年，我国公布的城乡收入差距是 1.7∶1，那么到 2002 年的时候，就已经增加到 3.2∶1；这个差距显然呈拉大的趋势。我们国家现在就业矛盾也很突出，有一亿二千万到一亿五千万需要转移的农村富余劳动力。这部分农民被称为三无农民，种地无田、就业无岗、低保无份。一个社会有这么多人不能就业，显然不利于社会稳定。还有我们的大学毕业生，我不知道我们武大毕业生就业情况怎么样，也许要好一些，因为武大是名校么。当然这许多大学生找不到工作的原因也挺复杂的，有些是高不成低不就，自视很高，有的单位愿意接收他，他不愿去，有的是他看好了一家单位，但人家不想要他。但有相当一部分毕业生确实是找不到工作。此外，还有社会治安问题、党内腐败问题、中部和西部的差距问题、城乡发展存在的差距问题、经济社会发展存在的矛盾问题、人类的生产发展与自然界存在的矛盾问题、国内的发展和对外开放的矛盾问题，所有这些矛盾问题，都需要我们坚持以人为本，全面协调可持续发展的科学发展观。正是在这样一个背景下，科学发展观应运而生，它是我们全面建设小康社会的根本指针。

细想一下，科学发展观对我们来说，真是太重要了，我们各个领域、各个部门都存在一个能否可持续发展的问题。哪个地方和部门坚持了以人为本、全面协调可持续的科学发展观，哪里的工作就有生机、有活力、有后劲，就能健康发展。反之就会出现这样或那样的问题。谈到代价问题，还有一个方面，在经济快速发展的同时，我国的思想道德和精神文明领域也是付出了一些代价的。我们搞社会主义市场经济，加入世贸组织，这是完全正确的，这是为了适应和融入经济全球化，不这样，我们中国的经济不会发展这么快。但与此同时，我们也不能不看到，在市场经济条件下，社会组织、经济成分、就业岗位、就业方式、生活方式、思想观念、价值取向日趋多样化。从某种意义上说，是一种进步，因为它可以使人们的民主意识、法制意识、竞争意识、效率意识、开放意识逐渐增强。可我们也不能不看到，这种多样化对我们坚持马克思主义在意识形态领域的指导地位造成了强烈的冲击。一些人理想信念淡漠了，一些人价值观念扭曲了，一些党员干部腐化了，否则我们为什么要在全党倡导社会主义荣辱观呢。其实，"八荣八耻"一并提出是个理论创新，它以正反对比的方式提出命题，把提倡什么、反对什么说得十分鲜明。但其中每句话，都是我们优秀传统文化中早有的内容。过去我们小学生学习课本上就写着，要爱祖国、爱科学、爱劳动、爱人民。而现在呢，要求我们各级党组织要认真学习，甚至要和党的先进性教育结合起来。由此不难看出我们的现实，我们党的现状，我们的社会风气，堪忧啊！不贯彻落实科学发展观怎么能行？

所以说，邓小平理论、"三个代表"重要思想、科学发展观，都是我们必须长期坚持的指导思想，这些指导思想本身就蕴含着极其深刻的思想和极其丰富的文化含量，就其价值来说，它们无愧为当代中国哲学社会科学的核心内容。要重视文化对国力的影响，就要重视当代中国马克思主义——邓小平理论、"三个代表"重要思想和科学发展观对国力的影响。作为文化队伍不可替代的重要力量——广大人文哲学社会科学工作者，向来以国家兴亡为己任，理当虚心地、认真地、扎扎实实地学习好邓小平理论、"三个代表"重要思想和科学发展观。一个没有经济实力的国家，可能一打就败了；一个丧失了自己文化力的国家，不打就败。所以，为了建设全面发展的小康社会，实现中华民族的伟大复兴，文化对国力的巨大作用一丝一毫也不能忽视。广大哲学社会科学工作者一定要意识到自己肩负的责任和使命，为繁荣发展中国特色的人文哲学社会科学文化作出自己应有的贡献。

谢谢大家！我就说到这里。

自由提问：

问： 20 世纪 50 年代末，苏联在人类历史上第一次把人造地球卫星送上了太空，使美国很震惊。美国政府智库兰德公司就研究美国科学家比苏联科学家究竟差在哪里。研究结果是，苏联科学家的艺术修养很高，他们在整个高等院校都开设艺术类课程。于是，美国开始注意科学家的艺术修养，在航天领域很快超过了苏联，实现了阿波罗登月计划。可见，科学和艺术之间有一种必然的逻辑联系。我们很难判断，兰德公司这么一个研究结果对不对。我想请问张主任，全国哲学社会科学规划办是否重视艺术理论？我想问一下，我们国家是否把艺术纳入到规划，我们的规划是怎样的，我们的高层决策者是怎样看待艺术知识的？

答： 你这个问题提得很艺术。我谈点自己的看法吧。兰德公司的这个研究结果如果确有其事，可以称做一家之言。但我相信你的说法是有来源的。科学和艺术并不是截然可分的，许多科学家的创造灵感是源于艺术的灵感。例如我们的钱学森，也是很擅长文艺的。从某种意义上说，艺术的美和科学的美是可以统一的，他们统一在简洁上。

至于说，兰德公司的研究结果认为美国科学家是因为加强了艺术修养，所以后来才使美国的航天技术超过了苏联，对于这一点，我只能说，他们只知其一不知其二，或者说不知其实。大家知道，俄国在十月革命之前，在1917年之前，它在科学方面是远远落后于美、英、德、法等国的，只是因为俄国走上了社会主义道路，在马克思主义意识形态指导下，俄罗斯人凝聚起一种强烈的共产主义理想信念，他们想创造人类最美好的未来。这种理想信念又激发起伟大的爱国主义精神、奉献主义精神，要为社会主义争光，要为苏联争光，他们才能迅速实现工业化，打败德国法西斯，跨入世界强国之列，取得了一些使西方感到震惊的辉煌成就。我们国家也是如此，没有自力更生、艰苦奋斗、自强不息的伟大的爱国主义精神，就产生不了"两弹一星"精神。想想看，我们正是凭靠社会主义制度可以集中力量、集中优势办大事的优越性，凭靠那些科学家隐姓埋名、无私奉献的精神，才能在那样贫穷落后的情况下搞成原子弹、导弹和人造卫星，令全世界为之震惊。至于说苏联的科技为什么后来落后了，以至于后来解体了，那样一个超级大国呼啦啦似大厦倾倒，一夜之间解体了，为什么？追根溯源，首先是在文化上、在意识形态上出现了问题。追根溯源，我们可以追到1956年，赫鲁晓夫公开反对斯大林，斯大林有没有错？有，但是斯大林的错误究竟如何呢？过去德国工人运动领袖讲过这样一句话，说鹰有时飞得比鸡还低，但鸡永远不能飞得像鹰那样高。斯大林就是鹰，那些攻击斯大林的人就是一些短视的鸡。斯大林在十月革命之后为苏联兴盛作出了不可泯灭的贡献。赫鲁晓夫在斯大林生前对斯大林极尽歌颂之能事，而在斯大林逝世之后，他开始恶意攻击斯大林，说斯大林"是混蛋，是白痴，是伊凡雷帝式的暴君"。赫鲁晓夫下台后，在回忆录中继续诬蔑斯大林，他说第二次世界大战当德国军队攻人苏联时，斯大林"吓得目瞪口呆"，口里喃喃自语地说，"完了，完了，列宁给我们留下的一切都完了"，"然后拂袖而去，关起门来七天不见人"。没办法，政治局委员们只好去哄他。斯大林回来了也不敢以最高统帅的名义签署命令，直到苏联开始反攻了，德军失败在望了，他才敢以最高统帅的名义签署战争命令。事实究竟如何呢？后来曾在斯大林身边工作过的一个人也写了一本回忆录，叫做《大元帅斯大林》，他以自己亲身经历、所见所闻讲的那段历史，根本就不像赫鲁晓夫所说的那样。赫鲁晓夫大反斯大林带来了严重的恶果。从那以后，苏联人开始怀疑自己的领袖，开始怀疑共产党，开始怀疑苏联社会主义制度，开始否定十月社会主义革命。以至于1967年勃列日涅夫在苏共中央意识形态工作会议上，忧心忡忡地说，看一看我们的历史研究，看一下我们的教科书，人们是怎么样在否定我们党的历史，然而有哪些党员学者，站出来进行反驳呢？没有。这个时候苏联社会意识形态已经出了很大的问题，但是勃列日涅夫已经没有能力来扭转，以至于后来出现许多"持不同政见者"。到了戈尔巴乔夫上台以后，开始宣传新思维时，就很容易找到市场了。以至于1991年8月9日，叶利钦往装甲车上一站，振臂一呼，应者云集。戈尔巴乔夫垮台有很多直接的原因，因为他的所谓"新思维"，搞自由化嘛，私人可以成立政党，私人可以办电台，私人可以办报纸。而这些私人电视台、私人报纸雨后春笋般地冒出来后完全听西方的。结果，尽管当时苏联的军队仍然是世界上一流强大的军队，但是也只能眼睁睁地看着苏联解体，无可奈何花落去。正是在这种情况下，整个经济就垮下去了，一切都垮下去了。许多科学家的津贴没了，开始倒卖军火、倒卖苏联的技术，往外国跑，它能不落后吗？所以苏联后来科技落后于美国，最根本的原因，不在于有没有艺术修养，而是因为意识形态防线的溃败，导致了整个国家衰败。迄今为止，俄罗斯的科学教育基础仍然是世界一流的，俄罗斯的国民教育总体素质仍然超过中国，俄罗斯人对艺术的热爱仍然超过中国。今年是中国的俄罗斯年，俄罗斯艺术家们在中国的精彩表演体现了很高的艺术修养。说美国的科学技术超过了苏联，是因为美国的科学家开始重视艺术修养，此论即便是真的，也是一个微乎其微的原因。一个国家的科学是否发达，是很多的因素，主要包括体制的因素、政治的因素、经济的因素等。我这个回答供你参考。

问：我们也注意到这几年马克思主义学科的一些项目。我的问题是，马克思主义方面的选题，有没有更多一些呢？如何申报？想得到你的指教。

答：非常高兴你能关注马克思主义研究和建设，而且有志于申报这方面的课题。那怎么样才能申报成功呢？人文哲学社会科学"仁者见仁，智者见智"的情况比较多。同样是研究马克思主义，甚至两个选题完全一样，可能会因为角度不同、着眼点不同，因而体系结构和结论不同。但最根本的我想就两条，一是坚持，二是发展。如果你能够认认真真坚持马克思基本原理、基本观点、基本方法，同时又以新的视角、新的思维、新的视野予以阐发，丰富、发展和运用马克思主义理论，并能提出一些务实管用的真知灼见，我想你的项目应该有希望。概括起来说就是选题要有分量，方向要正确，论证要严谨，密切联系实际，不能搞空洞的玄学。伟大的德国诗人歌德说过，理论是灰色的，生活之树是常青的。马克思主义只有与生活和实践紧密相连，才能生机勃勃。不要把马克思主义搞得干巴巴的，没有深度，没有活力，没有生气。这是一个方面。此外，还要有好的文风。有些文章著作，一看，百分百的正确，但是都是大话空话套话，不提出问题不解决问题，也不能给人造成思想震撼，那有什么用啊？另有些人呢，专门在一些名词概念上作文章，搞一些抽象的甚至难懂的术语，以为越是看不懂越是有学问。其实这很幼稚，研究的目的在于应用，要用就要让人懂。一定要善于深入浅出，通俗易懂，言简意赅，鲜明并务实管用，绝不能把简单的道理往复杂上说，把明白的道理往糊涂上绕。在我看来，不仅搞马克思主义方面的课题要有好文风，好的文风对所有研究都要提倡。我说这些看来也比较抽象，因为我没举出具体事例，也只是仅供参考。

　　主持人：各位老师，感谢张主任为我们做了一个非常精彩的报告。那么，其实我们要说，张主任强调的人文社会科学与自然科学同样重要，这个思想对我们从事社会科学研究的教师来说很受鼓舞。我觉得张主任从一个更高的角度把这个问题讲得更清楚，或者说，从很高的角度、很宽阔的视野来把这个问题讲得非常清楚了。就是说，我们所从事的文化工作对一个国家的建设是非常重要的。张主任的演讲又涉及几个重要的思想问题，用中国的历史、外国的历史，很多历史来说明先进文化可以兴邦，落后的文化可能误国。我们中国历史上很多很多例子，都体现了这种思想。张主任把古今中外很多知识融会贯通，用很多典型的例子来说明现在我们走的这条中国特色社会主义道路的正确性。看了朝鲜，不改革不行，看了俄罗斯，乱改革不行，看了印度，只有坚持共产党的领导，搞社会主义才行，这都是用非常典型的例子来说明这样一些问题的。更重要的是，张主任从文化的角度论证了"三个代表"重要思想、科学发展观的重要意义和对于我们国家的发展都起着重要作用。先进的文化的创新可以带动国家的前进，给国家带来翻天覆地的变化，这就证明了社会科学的重要性。我们社会科学工作者肩负的历史使命，我们从事的工作都是非常高尚、非常神圣的，我们应该在我们人文社会科学领域，在文化建设领域作出我们新的贡献。张主任没有具体讲我们的项目怎么申报，但他从这样一个高度对我们人文社会科学提供了一个非常好的理论指导。就是说，我们首先应该有这种使命感，认识它的重要性。有这种使命感，我们的一些工作才能有更多的创新、更多的成就。所以我相信张主任这个报告，对我们在座的每一位老师、每一位同学都是非常有启发性的，我自己也是感觉到受到了很多的启发和教育。张主任今天晚上还要赶火车，很急，利用这个下午的时间，到了武汉之后，惟一就是给我们武汉大学的老师和同学做了这样一场报告，我在这里代表学校，代表我们武汉大学的六万师生向张主任表示衷心的感谢！

　　我们同时也很希望张主任今后多到我们武汉大学指导工作，多为武汉大学人文社会科学发展提一些指导性的建议和意见。对于武汉大学来讲，我们也希望为国家的人文社会科学发展作出自己的贡献。今后我们还是希望张主任能一年来一次，到武汉大学做报告，我们希望更多的师生能够听到他精彩的报告，我们今天的报告会就到此结束，谢谢张主任！谢谢到会的老师和同学们！

（根据录音整理）

自然与时空①

——漫议中国古代时空观及文学表现

◎ 尚永亮

尚永亮，教授，1956 年生。祖籍河南，长于西安。1982 年毕业于陕西师范大学中文系，留校任教。1990 年获博士学位。曾先后赴北京大学，日本名古屋大学，京都大学，德国特立尔大学，台湾淡江大学、"中央"大学进行学术访问和讲学。现为武汉大学文学院院长，《长江学术》主编，兼任教育部高等学校中文学科教学指导委员会副主任委员，京都大学、特立尔大学等多所高校的客座教授，中国唐代文学学会常务理事，中国司马迁学会、楚辞学会理事，柳宗元研究学会副会长。

---

① 本文系作者 2005 年春在日本讲学期间所做的学术报告。

尚永亮教授长期致力于汉唐文学研究，出版十余部著作，主编多部丛书和教材，发表学术论文 150 余篇，其中数十篇被多种报刊转载、评介，亦为海内外学者多次引用，具有较大的社会影响。曾承担国家、教育部、陕西省、湖北省及"211"工程社科基金项目及横向课题多项，其论著先后获陕西省、湖北省人文社科研究二等奖 2 项、一等奖 1 项，中南五省区人民出版社优秀图书奖 1 项；其参编的《中国文学史》获北京市第六届哲学社会科学优秀成果特等奖、第五届国家图书奖、全国普通高等学校优秀教材一等奖。被评为有突出贡献的中青年专家，享受国务院政府津贴。

一

人与自然的关系，在某种意义上毋宁说是人与空间和时间的关系，是生命本体间的一种交融和互渗。所谓自然是由处于空间和时间中的物质运动构成的，任何物体都不可能置身于空间和时间之外，都要受到它们的限定和影响，都要与之发生这样那样的关联。既然如此，人对自然的认知、把握及其关乎文学艺术的创造和表现，就不可能舍弃空间、时间而绕行。

在考察中国古人的时空观念时，不可不注意其与"阴阳"、"五行"的内在关联。阴阳、五行的最初源起即与天及天象有关，此后随着时代的发展，其内在意蕴日益丰富，阴阳既指天地和阴阳二气，又与刚柔、健顺、男女、尊卑、君臣等相关合。如《易传》谓："乾，阳物也；坤，阴物也。""乾，天下之至健也；坤，天下之至顺也。"这里的"乾坤"已成为阴阳的代名词、同义语，而阴阳则作为物质最基本的两种属性具有了稳定的意义，其交互感应遂成为天地间万物生成变化的关键，成为一切运动的推动力量。《荀子·礼论》："天地合而万物生，阴阳接而变化起。"《管子·乘马》："春秋冬夏，阴阳之推移也；时之短长，阴阳之利用也；日夜之易，阴阳之化也。"《吕氏春秋·大乐》："阴阳变化，一上一下，合而成章。浑浑沌沌，离则复合，合则复离，是谓天常。天地车轮，终则复始，极则复反，莫不咸当……四时代兴，或暑或寒，或短或长，或柔或刚。"从万物的生成到各类变化的发生，从四季的递变、寒暑的消长到时间的推移再到日夜的更迭，都与阴阳二气有着不可分割的关联。不仅世间万物如此，作为万物之中心的人也是如此。《黄帝内经·素问》谓："夫四时阴阳者，万物之根本也。所以圣人春夏养阳，秋冬养阴。"(《四气调神大论》)"平旦人气生，日中而阳气隆，日西则阳气已虚。"(《生气通天论》)因四时变化及每日时辰的变化，人所取于阴阳者即有所不同，人内在气息的阴阳变化也在不断改易。

与此相伴，五行观念也在不断丰富着自己的内涵，从宇宙间的五种基本物质发展到与方位、季节、政治、德行等相关的五种属性，具有了循环展开的特点。在《礼记·月令》中，木、火、金、水已与春、夏、秋、冬四季关合在了一起，而将"土"的对应季节定为夏秋之交，从而对五行与四季对应中的一个缺失环节作了补充。在《管子·四时》篇中，五行既与四季相关合，也与东、南、中、西、北五个方位结合在了一起，从而使之既蕴含了时间的流程，又具备了空间的序列。到了董仲舒那里，五行说得到了更系统的总结和发展，形成了所谓"相生"、"相胜"的理论，亦即木生火，火生土，土生金，金生水，水生木。(《春秋繁露·五行相生》)金胜木，水胜火，火胜金，土胜水。(《春秋繁露·五行相胜》)相生，重在讲繁衍转化；相克，重在讲对立矛盾。这是一个矛盾运动而又循环往复的动态宇宙模式，这一模式将木、火、土、金、水五行的运转与四时的变易及五方的转换紧密地联结到了一起，从而也就将物质属性的变化与时间、空间的推移变换紧密地联结到了一起，形成天地时空一体化的纽带。

既然阴阳五行是一个相互对待、相克相生的过程，所以中国古人的时空观就难免染上强烈的循环论的色彩。《吕氏春秋·圜道》篇说得最为清楚："天道圜，地道方。圣王法之，所以立上下。何以说天道之圜也？精气一上一下，圜周复杂，无所稽留，故曰天道圜……日夜一周，圜道也；月躔二十八宿，轸与角属，圜道也；精行四时，一上一下，各与遇，圜道也；物动则萌，萌而生，生而长，长而大，大而成，成乃衰，衰乃杀，杀乃藏，圜道也。"这里将天道变化视作一个周而复始的圆形运动，时间在空间运动中推移，万物随时间推移变化，无始无终，无穷无尽。然而，若将中国古人的时空观仅仅理解为循环论，却又难免浮浅和片面了，其内里实际上有着更深厚的内涵。从现存的上古资料看，中国古人对时空的把握和体认，最初源于对自然及其变化的观察，有关"时"、"空"与天地四时相关联的记载比比皆是。《周易·贲卦》谓："观乎天文，以察时变。"说的就是从日月星辰等天象变化来考察时间世事的变化，所以人们要"先天而天弗违，后天而奉天时"（《乾卦》）。《左传》昭公七年更明确地将"岁"、"时"、"日"、"月"、"星"、"辰"称为"六物"，《礼记·礼运》也有"天生时而地生财"的说法，表明"岁"、"时"等时间观念确与自然天象有着紧密的联系，而这种观念的形成又充溢着以天为取法对象、将人与天融为一体的浓郁的生命情调。

古人观乎天文，既察时间的变化，亦察空间的转换。屈原《天问》即有"日月安属？列星安陈？……夜光何德，死则又育"的疑问，实际上，生活时代略早于屈原的庄子即已首开问天的先河。其《天运》篇开宗明义，提出十四个问题："天其运乎？地其处乎？日月其争于所乎？孰主张是？孰维纲是？孰居无事推而行是？意者其有机缄而不得已邪？意者其运转而不能自止邪？云者为雨乎？雨者为云乎？孰隆施是？孰居无事淫乐而劝是？风起北方，一西一东，在上彷徨，孰嘘吸是？孰居无事而披拂是？"这是一连串极大胆奇妙的发问，其中包含着广阔的视野和深透的思理，叩问天地的由来，日月的轨迹，云雨风的变幻，总之，在追究宇宙的原始，在探寻变化的究竟。虽然庄子并没有给出明确的答案，但他这种叩问本身，即已显示出对空间的浓厚兴趣。《庄子·天下》篇载有惠施论"大"、"小"的话："至大无外，谓之大一；至小无内，谓之小一。""无外"就是无限大，其外再无大可扩展；"无内"就是无限小，其内亦再无小可包容，宇宙空间便由此"大一"和"小一"组合而成。与庄子、惠施同时代的邹衍在对空间的考察上更进了一步，他"深观阴阳消息……必先验小物，推而大之，至于无垠。"认为中国"于天下乃八十一分居其一分耳",其内自有九州,其外又有九州,其外还有大瀛海环绕,乃"天地之际焉。"(《史记·孟子荀卿列传》)邹衍以这种由小至大的类推方法,对所知空间外更大空间进行大胆假设,提出了"大九州"的观念,这实在大大拓展了人们的眼界,深化了人们对宇宙空间的认识。

随着时空意识的深化,战国时期出现了对空间和时间的抽象认定。《尸子》所谓"上下四方曰宇,往古来今曰宙";后期墨家在《经上》和《经说上、下》中所谓"宇,弥异所也","久,弥异时也";《庄子·庚桑楚》所谓"有实而无乎处者,宇也;有长而无本剽者,宙也";《淮南子·齐俗训》所谓"往古来今谓之宙,四方上下谓之宇",等等,已经是早期较为完备的空间和时间概念了。到了东汉时代,张衡在对日月运行和天地万象细密观察的基础上,进一步指出:"通而度之,则是浑矣……过此而往者,未之或知也。未之或知者,宇宙之谓也。宇之表无极,宙之端无穷。"(《灵宪》)这种说法,已接触到了时空的有限和无限的关系问题。

中国古代时空观的指涉是多方面的,但其核心部分却是关于宇宙的生成和时空的变化,而在时空变化中,时间和空间是同位的、一体的,没有无时间的空间变化,也没有无空间的时间变化。一方面是空间变换引起了时间的推移,另一方面是时间推移导致了空间的变换,空间与时间在运动中达成了水乳交融的关系,如若去除了空间的变换,就无所谓时间的推移;而一旦没有了时间的推移,也就不会出现空间的变换。

宇中有宙,宙中有宇,空间与时间如此紧密地结合在一起,这应是中国古代时空观的一大特点。当然,空间是有形的、可见的,而时间却是无形的、不可见的,相比之下,时间较之空间更具有隐秘性、不可捉摸性。面对无形疾逝的时间,古人在计量时多借助于空间物体的变化来确定,如根据日月运行、日影推移和漏壶等来测度①,

---

① 《尚书·尧典》、《考工记·匠人》等均有借日影长短判定时间和东西方位的记载。它如所谓"日高三竿"、"日长一线",即是时间刻度的形象表述。据陈元靓《岁时广记·冬至》引《岁时记》:"魏晋间,宫中以红线量日影,冬至后日添长一线。"至于漏壶,又称漏刻、壶漏等,《周礼·夏官》已载有设官以管漏刻,可见古人很早即已使用漏刻来测定时间。

而在表述时因以空间为参照，虽增加了时间的直观性和形象性，却有欠精确；同时，时间虽是客观的存在，但由于它的流逝更依赖人的主观体验和心理感觉，因而，在不同的人那里，对时间的衡定标准也就互有差异，这又增加了古人客观地认识时间的难度。钱钟书认为："时间体验，难落言诠，故著语每假空间以示之。若往日、来年、前朝、后夕、远世、近代之类，莫非以空间概念用于时间关系。《易·临》：'君子以教思无穷，容保民无疆。'则以空之'广博'示时之长久。后世沿用，反忘'无疆'二字本义之为空间矣……'往往'本指空间中之'在在'，今则几全用以示时间上之'常常'……'分阴'、'寸阴'等常谈，并资隅反。"①据此，在文字表述中时间与空间每每结合在一起，相互为用，借有形之空间来展示无形之时间，遂成为华夏民族时空意识的另一特点。

二

人的时、空意识通过对外部世界的感知而形成，而时、空意识一旦形成之后，即对人类生活产生重大影响。随着人类向文明社会的不断迈进，人对与自身相关的时间观念必然日益重视，并将其与社会生活的方方面面关合起来。翻阅古籍，首先会发现大量关于"时"的记载。《尚书·皋陶谟》载舜作歌："敕天之命，惟时惟几！"《尧典》载舜语云："食哉！唯时。"《洪范》谓："岁月日时无易，百谷周成。"又如《周易·艮卦》："时止则止，时行则行，动静不失其时，其道光明。"《左传》隐公十一年："相时而动。"《国语·越语》："得时无怠，时不再来。"类似这样的话语，举不胜举，说明古人对时机、时令的体认确已非常深入。此后，人们更是从不同方面认识到"时"对五谷、饮食、健康、情感、祭祀、学习、礼仪等的影响。如谓："百亩之田，勿夺其时"（《孟子·梁惠王上》）、"饮食必时"（《礼记·礼运》）、"寒暑不时则疾"（《礼记·乐记》）、"哀乐失时，殃咎必至"（（《左传》庄公二十年）、"君子进德修业，欲及时也"（《周易·乾卦》）、"时过然后

---

① 《管锥编》第1册，中华书局1979年版，第174～175页。

学，则勤苦而难成"(《礼记·学记》)、"礼以顺时，信以守物"(《左传》成公十六年)、"敬不时则伤世"(《礼记·乐记》)……如此等等，皆可见出"时"在先民心目中的重要位置。

然而，在先民那里，时间更多地与自然物象联系在一起，充溢着一种物我交融的生命情调。儒家学说的创始人孔夫子就从奔腾的流水中察觉了时间和生命的流逝迁徙。《论语·子罕》载："子在川上曰：逝者如斯夫，不舍昼夜。"《注》谓："包曰：逝，往也，言凡往也者，如川之流。"《疏》引《正义》曰："此章记孔子感叹时事，既往不可追复也。逝，往也，夫子因在川水之上，见川水之流迅速，且不可追复，故感之而兴叹，言凡时事往者如此川之流，夫不以昼夜而有舍止也。"① 这段解释文字是准确的，而就原文与孔子所谓"日月逝矣，岁不我与"的话参照来看，其中至少包含三层意义：奔腾急速的流水日夜不息，一去不返，正有如时间的倏忽飘逝，一往不复，此其一；流水无穷无尽，前水虽逝，后水继来，正如时间的无始无终，不可竭止，此其二；流水是一个动态的过程，或细流涓涓，或奔腾汹涌，终至归入大海，正如人的生命行程，在经历了种种悲欢磨难之后，最后都要归于消亡，此其三。这是流水与时间、生命的相似点，这种相似点被孔子发现之后，仅用了"逝者如斯夫，不舍昼夜"寥寥九个字，便将其内在意蕴深刻地展示出来，令后人一读之下，即生出一种"逝川与流光，飘忽不相待"(李白《古风》)的莫名惊颤。

时间是不可逆的，有如逝川的不可倒流；而流水和时间是永恒的，这种永恒又恰恰比照出人生的短暂。孔子的二十世孙孔融对其先祖的话即深有感触，在他写给曹操的《论盛孝章书》中，开章便说："岁月不居，时节如流，五十之年，忽焉已过。"所谓"不居"、"如流"，正是"逝者如斯夫"的同义反复，而"五十之年，忽焉已过"，则是当年孔子观流水而兴叹却未明白说出的人生感喟。此后，流水时间之喻所在多有，几成定例，而其旨归无不落实到人生和生命。著名的如阮籍《咏怀》其三十二："孔圣临长川，

---

① 《十三经注疏》下册，中华书局 1980 年版，第 2 491 页。

惜逝忽若浮。去者余不及，来者吾不留"；陆机《叹逝赋》："川阅水而成川，水滔滔而日度，世阅人而成世，人冉冉而行暮"；张九龄《登荆州城望江》："滔滔大江水，天地相终始。经阅几世人，复叹谁家子"；李白《古风》："前水复后水，古今相续流；新人非旧人，年年桥上游；"《将进酒》："君不见黄河之水天上来，奔流到海不复回；君不见高堂明镜悲白发，朝如青丝暮成雪"；殷尧藩《江行》："年光流不尽，东去水声长。"韩淙《暮春浐水送别》："行人莫听宫前水，流尽年光是此声。"李端《忆故山赠司空曙》："年如流水日长催。"这些诗例，都将"年光"、"古今"、"时节"与原本形容水之运动的"流"字关合起来，不仅一再强化了"水"与"时"的相似性关联，而且极大地丰富了时间内在的文化蕴含。至于李煜《乌夜啼》"自是人生长恨水长东"、苏轼《念奴娇》"大江东去，浪淘尽，千古风流人物"，更将流水之喻推导向悲恨之绵延、古今之兴替。所有这些，既含有始作俑者的强大影响，也不无历代作者在观照自然时所受到的外物感发和经验表述，二者相辅相成，内外结合，遂形成民族文化之于时间的深层沉积，表现在文学中，便是"莫非涵流光于流波，溶逝景于逝水"的独特景观①。

　　然而，又岂独中国人如此？同受儒家文化影响的东邻扶桑对流水和时间的关联也有深刻体悟。日人德富芦花《大河》有言："人们面对河川的感情，确乎尽为这两句话所道破。诗人千百言，终不及夫子这句口头语。""不妨站在一条大河的岸边，看一看那泱泱的河水，无声无息，静静地，无限流淌的情景吧。'逝者如斯夫'，想想那从亿万年之前一直到亿万年之后，源源不绝，永远奔流的河水吧……所谓的罗马大帝国不是这样流过的吗？啊，竹叶漂来了，倏忽一闪，早已望不见了。亚历山大，拿破仑翁，尽皆如此。他们今何在哉！溶溶流淌着的唯有这河水。我想，站在大河之畔，要比

① 参见钱钟书《管锥编》第3册，中华书局1979年版，第934页。

站在大海之滨更能感受到'永远'二字的涵义。"① 从流水而联想到一个个帝国和伟人的消亡，体悟到"永远"的内涵，则自然对人的感发之大，时间给人的印记之深，可想而知。

在流水引发人生命感悟的同时，自然界的节候变迁也给人以极大影响。自然景物和寒来暑往的变化是在空间生成的，而其变化轨迹则显示了时间的推移，一年之中的四时即春、夏、秋、冬四个季节即由此构成。对这四个季节，古人在用阴阳五行与之对应的同时，还加以各种解说。《说文》："时，四时也。"《尔雅·释名》："时，期也。"《广雅》："时，期也，物之生死，各应节期而止也。"已将"时"与"四时"、"节期"等同起来。《周官》不仅分别对"春时"、"夏时"、"秋时"、"冬时"予以解释，而且屡言"四时"、"岁时"，赋予"时"以特定的自然节候更迭变迁的内蕴。中国是一个农业国度，自然节候的变化对农作物的影响之大不言而喻，在没有先进科技还是靠天吃饭的远古时代，人们不能不对"四时"、"岁时"予以特别的关注，并由此形成严格的循时、守时观念。《尚书·虞书·皋陶谟》云："百工惟时"，《周书·洪范》云："岁月日时无易，百谷周成。"《孟子·梁惠王上》："不违农时，谷不可以胜食也"，说的就是这种情况。大约西周前期产生的民歌中，就有过关于季节和物候特征变换的详细描写。《诗·豳风·七月》这样写道："七月流火，九月授衣。一之日觱发，二之日栗烈……三之日于耜，四之日举趾……四月莠葽，五月鸣蜩。八月其获，十月陨萚……五月斯螽动股，六月莎鸡振羽。七月在野，八月在宇，九月在户，十月蟋蟀入我床下……六月食郁及薁，七月亨葵及菽。八月剥枣，十月获稻……"不同的季节出现不同的物候特征，随之进行不同的农事活动，说明先民对此早就有了深入的体察，也说明在其意识中，有了明确细微的时间观念。同时，这首诗中有关物候变化的描述还有一个特点，即以时间上的连续来贯穿空间的活动，将时空变化结合在一起，使得叙事和情感的发展往复

① ［日］德富芦花著，陈德文译：《自然与人生》，百花文艺出版社 1984 年版，第 6 页。

回环、相包相容。

不过，上述对四时的观察和强调，主要还停留在农业生产和节候变化方面，还没有真正渗入人的精神领域，当人的精神生活与自然时节的变换在某一层面相契合时，"四时"便不仅有了感情色彩，而且具有了强烈的感发人意的力量。《诗·小雅·采薇》有这样的诗句："昔我往矣，杨柳依依。今我来思，雨雪霏霏。"这四句诗，写一位征戍经年的士卒在回乡路上的感触，平平道来，却极具艺术震撼力。这里，同是一个"我"，却有"昔"与"今"之分，同是一条路，却有"杨柳依依"和"雨雪霏霏"之别；而所有这些，都是在一"往"一"来"中变化、生成的。这是空间的变换，更是时间的往来，由此时空和景物的更易，直接刺激着人物内心原本即有的悲凉意绪，而这种意绪注入时空和景物更易之中，更极大地丰富了诗作的情感容量，使人物的痛苦和欢乐在今与昔的对照中得以凸现。

与此诗感情变化的轨迹相反，谢灵运的《登池上楼》则表现了在自然节候由冬至春推移时作者情感从压抑向愉悦的转变。诗云："衾枕昧节候，褰开暂窥临。倾耳聆波澜，举目眺远岑。初景革绪风，新阳改故阴。池塘生春草，园柳变鸣禽。"诗人在永嘉太守任上心情本不愉快，加之寒冷的冬季卧病在床，更是无情无绪，然而，当他偶尔打开窗子向外眺望时，竟发现外面的世界随着自然节候的更易已悄然发生了改变，进入他的视觉和听觉的，既有远方的山峦和波涛，更有近处的春草和鸣禽，这一切都是随着"初景革绪风，新阳改故阴"而到来的，它们在诗人不经意间猝然出现在眼前，怎不令他感到一种意外的惊喜？时间向前推移了，空间景物自然不同，由冬而春，由故而新，池塘春草已绿，园柳禽鸟欢鸣，天地间的一切都已充满生机，于是导致诗人心境与之俱变。

江淹《四时赋》描写四时景色变迁给予人精神心理的不同影响，较之前人有着更深细的表现：一方面是四时变化刺激着人的精神，一方面是人的悲感心绪融入四时变化之中，物我交感，四时足伤，其中屡屡出现的"忆"、"想"诸词，即是对过往时间、空间所蕴含情事的深沉怀思。全文在时空的更迭切换中腾挪开展，将

"四时"之于人的感发写足了题面。

三

"终而复始,日月是也;死而复生,四时是也。"(《孙子·势篇》)时空无时无刻不在变迁。变迁即是过往,天地间变迁最大的,除了流水、季节等自然物象外,便是虽亘古如斯又昼夜不同的日、月了。日、月朝升暮落、夜出昼隐,最能够表现空间的广袤和时间的过往。人们由天地的辽阔广大,感到了自我的渺小微末;由宇宙的亘古久远,察知了人生的短暂匆促;由日月的昼夜更替,生发出时光飘逝的迅疾和人生苦短的诸般无奈。在古代神话中,人们曾对太阳的出没作过虽幼稚却不乏神奇想像力的解释。《山海经·海外东经》载:"汤谷上有扶桑,十日所浴,在黑齿北。居水中,有大木,九日居下枝,一日居上枝。"《淮南子·天文训》载:"日出于旸谷,浴于咸池,拂于扶桑,是谓晨明;登于扶桑之上,爰始将行,是谓朏明。"《九歌·东君》这样写道:"暾将出兮东方,照吾槛兮扶桑。"王逸注谓:"言东方有扶桑之木,其高万仞,日出,下浴于汤谷,上拂其扶桑,爰始而登,照耀四方,日以扶桑为舍槛,故曰'照吾槛兮扶桑'也。"从这些记载和论说不难看出,在远古人的心目中,太阳是栖息于东海之中、扶桑之上的,扶桑既是太阳的门户,也是它生命力的源泉①。由此繁衍生发,古人进而认为太阳从东海的神木升起之后,是由羲和驱使六龙为之驾车,巡天而行,最后落于神秘的崦嵫山下,从而完成了它一天的行程。这种日复一日的行程,似已成为定式,本无足惊怪,可是古人偏偏从中感到日轮的转动太过疾速,于是想方设法追逐日影,以求得永无黑暗的光明世界;或设法阻止太阳前进,延缓其运行的速度。著名的"夸父逐日"的神话除载于《山海经·海外北经》外,还载于同书《大荒北经》:"大荒之中有山,名曰成都载天。有人珥两黄蛇,把

---

① 林衡立指出:"扶桑有再生之巫力(magic force),在其下浴日,可使徒手游闲九日之每一个太阳增加元气,而首其度天之途。"见林著《台湾土著射日神话之分析》,台湾民族学研究所《集刊》第 13 期,1962 年。

两黄蛇，名曰夸父……夸父不量力，欲追日影，逮之于禺谷，将饮河而不足也，将走大泽，未至，死于此。"对这则神话的底蕴，人们可以有不同的解释，但最具说服力的一种解释似应为夸父欲追赶日影，赢取被自然力带走的时间。若果真如此，则夸父的行为便与日耳曼神话中企图战胜时间和死神的那位浮士德相类了。又如《淮南子·览冥训》载："鲁阳公与韩构难，战酣。日暮，援戈而撝之，日为之反三舍。"这里描写的是一场激烈的战斗，仗未打完，太阳即已落山，于是戈矛一挥，太阳便为之后退了九十里。这则神话故事反映的，既是古人希望用人力战胜自然力的美好愿望，也是其希图延缓有效时间的惜时观念。在《离骚》中，诗人屈原这样说道："欲少留此灵琐兮，日忽忽其将暮。吾令羲和弥节兮，望崦嵫而勿迫。"日已将暮，而己之路途方远，所以欲令日神驻车，莫要迫近崦嵫之山。这里表现的，乃是同一惜时意识更明确的说法。这样一种意识，在后继者那里一再得以显现，从而沉积为一种集体的无意识，在隐显明暗的交叉中影响着人们的精神生活，有时只需些微触动，即可令人生出强烈的感受。试以谢灵运《豫章行》为例，看看诗人的表述："短生旅长世，恒觉白日欹。览镜睨颓容，华颜岂久期？苟无回戈术，坐观落崦嵫。"诗起句即以"短生"和"长世"对举而出，揭示了有限的人生与无穷的宇宙之间那难以调和的矛盾。一个"旅"字，将生命形象化为一个动态的过程，益发凸现了人生之短促、之迅疾。次句紧承上句而来，以寥寥五字，细微地展示了诗人的心理活动：由于有感于人生之短促，故盼望太阳走得慢一点，以增加人生的有效时间。然而，事情竟是这样的不可捉摸！你越是想让它走得慢，它好象越是走得快。这是一种心理上的时间反差，正是这种反差，形成了诗人"恒觉白日欹（斜）"的时间恐畏和忧生之感。"苟无回戈术，坐观落崦嵫。"一笔囊括两个神话，表现的却是与屈原"令羲和弥节"之焦急心态不同的无奈和怅惘。至于清人黄景仁在其《绮怀》第十六首中所说"茫茫来日愁如海，寄语羲和快著鞭"——因人生苦闷过重而希望太阳快些落山、人生旅程快些结束，则更多地是一种激愤的抒发，其深层贯穿的，仍是来自远古的太阳时间之喻的潜流。

太阳朝升暮落的往复运行引起了人们对时间和生命的珍惜，而月亮的日隐夜出又常见常新同样触动古人敏感的心灵。唐人张若虚《春江花月夜》写道："……江天一色无纤尘，皎皎空中孤月轮。江畔何人初见月，江月何年初照人？人生代代无穷已，江月年年只相似。不知江月待何人，但见长江送流水……"明亮的月夜一空如洗，深思的诗人注目高悬夜空的那轮孤月生出了深深的疑问：此月来自何时？何人初见此月？人代复一代地逝去，月则年复一年如此，那么，人相对于月而言，只能是匆匆的过客；月相对于人而言，则成为历史的见证；在人与月既短暂又永恒的对视之间，惟有长江的流水无言复无情地奔逝着。这是诗人对自然的解悟，也是对人生的解悟，在这解悟中，透露出深长隽永的时空意识、宇宙意识。如果说，上述解悟还侧重在抽象层面，那么，诗人对该夜月升月落的描写便由抽象而趋于具体化了。诗由"海上明月共潮生"写起，中经"皎皎空中孤月轮"、"可怜楼上月徘徊"，直到"江潭落月复西斜"、"落月摇情满江树"，移位换形，层进层深，既有空间的全景展示，又有时间的持续开展，而随着时、空的变化发展及其向现实层面的回归，诗人的意绪也由满怀兴奋、深沉思考而终至哀感绵绵。

盛唐大诗人李白承接张若虚的思路，写有《把酒问月》一诗，进一步申发了类似的思考和关怀："青天有月来几时，我今停杯一问之。人攀明月不可得，月行却与人相随……今人不见古时月，今月曾经照古人。古人今人若流水，共看明月皆如此。唯愿当歌对酒时，月光常照金樽里。"如果说，诗的前半所写主要是一种浩渺广阔的空间感受，那么，"今人"以下四句便更侧重于悠然无尽的时间感受。由人的角度看，"今人不见古时月"，则古人亦难见今时月，今人古人自不能共处同一时空；由月的角度看，"今月曾经照古人"，则古月亦在照今人，今月古月何尝稍有不同？由变的角度看，古人今人不断更迭，如流水一去不返；由不变的角度看，则无论古人、今人还是后人，都能看到同一轮明月。既然不变之月如此永恒，而迭变之人生又是这样短暂，那么还是抓住眼前这皎洁之月和杯中之酒，切莫虚度此生吧。李白的"把酒问月"，见出了诗人的天真浪漫，而此后苏轼受其影响写成"明月几时有？把酒问青天"的《水调歌头》，已在浪漫中增加了若许沉重和失意。到了杨万里笔下，月亮比起李白、苏轼的描写，则更多了一些幽默诙谐的情趣，其《题李子立知县问月台》用轻松的话语来化解严肃的问题，将"老夫"与"月"、"君（即李白）"置于同一层面，借老夫托月转语、月又转而问君这样的形式，构成三者间奇特的对话关系，但在其诙谐背后，展示的依然是人与时空的对待关系，是莫问时空转换我自乐之的人生态度。

四

在对自然、宇宙的凝视中，人们确实感到了人生的种种无奈，感到了生命的短暂匆促。他们难以真正超越宇宙无穷、人生有限这一人类存在的根本性的矛盾，难以超越万物自在自由与人生迫隘不自由这一内在冲突。庄子较早地意识到这一问题，他在《秋水》篇中曾借北海若与河伯的对话阐明了自己的看法："吾在于天地之间，犹小石小木之在大山也；方存乎见少，又奚以自多？计四海之在天地之间也，不似礨空之在大泽乎？计中国之在海内，不似稊米之在太仓乎？"这段议论针对"小"不知"大"而发，因小不知大，见识寡陋，故常以小为大，以大为小，自满自多，昧于大道。只有不拘于一隅，放开眼界，才能真正知"大"并游于"大"之境；也只有游于"大"之境，才能"万物一齐"，大小无差，"知天地之为稊米也，知毫末之为邱山也"，才不会"因其所大而大之"，"因其所小而小之"。这里表现的，实际上是庄子对宇宙空间的认识和他欲超越个体局限而与万物为一体的企求，但这从根本上说是难以达到的，因为庄子同时深切体认到"天与地无穷，人死者有时。"（《庄子·盗跖》）既然人在生命长度上绝难与无穷的天地匹敌，那么面对短暂的人生，不就很可悲哀了么？所以庄子之后，陆云观天道而长叹："悲人生之有终兮，何天造而罔极。"（《岁暮赋》）鲍照睹寒暑而兴哀："寒往暑来而不穷，哀极乐反而有终。"（《伤逝赋》）李白清醒而无奈地说："夫天地者，万物之逆旅；光阴者，百代之过客。而浮生若梦，为欢几何？"（《春夜宴从弟桃花园序》）；"容颜若飞电,时景如飘风。草绿霜已白,日西月复东。华鬓不耐秋,飒然成衰蓬。"（《古风》）；而初唐那位少年早夭的天才诗人王勃更一语破的："天高地迥,觉宇宙之无穷；兴尽悲来,识盈虚之有数……呜呼,胜地不常,盛筵难再。兰亭已矣,梓泽丘墟。"（《秋日登洪府滕王阁饯别序》）至于陈子昂,更在将人生与天地的对照中,写下了那首传诵千古的名篇——《登幽州台歌》："前不见古人,后不见来者,念天地之悠悠,独怆然而涕下。"此诗的独特之处在于:既将人生从人类历史的长河中切断、抽离,以其瞬间性使人产生霎那与永恒的沉思,产生人生短暂的悲凉感；又将个人的存在放到广漠无边的宇宙背景下表现,以其渺小孤单引发人们关于有限与无限的思考,产生深刻的孤独感。而"从审美心理的角度看,它能产生一种'震惊'的效果。因为诗中强烈暗示时空的无限性,反衬人生的短暂和个体的渺小,形成无限大和无限小的冲突,从而在读者心理上产生恐怖感和自怜,产生人在宇宙时空存在中不自由感的强烈体验。"①

当然,中国古人面对天地宇宙这无穷时空所生发的感慨,与西方人所理解的崇高是有所不同的。西方哲人认为:"高耸而下垂威胁着人的断岩,天边层层堆叠的乌云里面挟着闪电与雷鸣,火山在狂暴肆虐之中,飓风带着它摧毁了的荒墟,无边无界的海洋,怒涛狂啸着,一个洪流的高瀑,诸如此类的景象,在和它们相较量里,我们对它们抵拒的能力显得太渺小了……我们称呼这些对象为崇高,因它们提高了我们的精神力量越过平常的尺度。"② 这里的崇高意味着巨大险怪的自然力对人所造成的强烈压抑和震惊,其中充溢着惊怖和动感；相比之下,中国人心目中的宇宙时空则平和得多,静谧得多,它们既外在于人又与人有着不可分割的内在关联,人是在对它的静观默赏和反省回味中感到了自身与外物的不可比拟,是由天高地迥而觉宇宙之无穷,由兴尽悲来而识盈虚之有数。

---

① 林兴宅:《艺术魅力的探寻》,四川人民出版社1985年版,第232~233页。

② 康德著,宗白华译:《判断力批判》,商务印书馆1985年版,第101页。

其中虽然不乏孤独悲凉,不乏恐畏自怜,但却没有西方人那种人与自然的尖锐对立冲突和自然对人的巨大压抑,所有感觉大多是通过仰观俯察方式在静默状态中体悟出来的,因而就来得特别深长、特别沉重。宋人范晞文曾举例说古人诗歌多相似之句:"苏子卿诗云:'俯视江汉流,仰视浮云翔。'魏文帝云:'俯视清水波,仰看明月光。'曹子建云:'俯降千仞,仰登天阻。'何敬祖云:'仰视垣上草,俯察阶下露。'又:'俯临清泉涌,仰观嘉木敷。'谢灵运云:'俯濯石下潭,仰看条上猿。'又:'俯视乔木杪,仰聆大壑淙。'辞意一也。古人句法极多,有相袭者。"(《对床夜语》)所谓"相袭"的论断无疑是正确的,但引起我们注意的是,古人何以对此类仰观俯察的句式如此偏好?以至代复一代地沿用不改?这其中是否存在着民族文化中更深层的某种内涵?回答当是肯定的。前文说过,古人"观乎天文,以察时变",从而直接导致其时空意识的产生,在《易·系辞下》中,有着更明确的说法:"古者包牺氏之王天下也,仰则观象于天,俯则观法于地,观鸟兽之文与地之宜,近取诸身,远取诸物,于是始作八卦,以通神明之德,以类万物之情。"由这里透露的信息看,古人对天地万象的仰观俯察,既是其迈入文明社会的必要阶梯,也形成中国文化中人对天地万物周览遍观、细大无遗的运思方式。它是动态的,流转的,环形的,它不凝窒于物,而随物宛转,将物作为省视自我的对象,作为自己情感的寄托。当人们借此方式体悟到宇宙的广远无穷和人生的短暂渺小之后,一方面极易因其同构异质而生出"常恐秋节至,焜黄华叶衰。百川东到海,何时复西归"(《长歌行》)的绵绵哀感——这是人与自然间不可化解的矛盾与冲突①;另一方面又会由天人一体的生命情调生出"但知旦暮,不辨何时"(《二十四诗品·疏野》)那种委运任化的达观——这是人与自然间根深蒂固的亲和与包容。悲哀因矛盾而起,达观因亲和而生,就是在这悲哀与达观的此消彼长、往复回环中,古人对时空的理解和认识一步步在深化着、发展着。

---

① 有关论述参见拙著《生命在西风中骚动——中国古代文人与自然之秋的双向考察》第一章《秋的特质与人的生命》,陕西人民教育出版社1989年版。

　　"黄尘清水三山下，更变千年如走马"（《梦天》）、"东指羲和能走马，海尘新生石山下"（《天上谣》），这是青年李贺的时空感触，世间的一切都在疾速的变更，沧海转瞬即为桑田，千年倏忽如同走马。人世的时空变化如此迅疾，那么天上仙界是否可以获得长生和永恒呢？在古人看来，应该是可以的，因为在古代神话传说中，几乎所有仙人都是长寿的——彭祖活了八百岁①，西王母也由《山海经》"其状如人，豹尾虎齿而善啸"的神怪转为《淮南子·览冥训》中专司不死之药的寿仙，而在《汉武内传》里，她又成了一个年约三十、容貌绝世的女神，并把三千年结一次果的蟠桃赐给汉武帝；至于麻姑，晋葛洪《神仙传》载她自言曾见东海三次变为桑田，蓬莱之水也浅于旧时，或许又将变为平地。无忧无虑又可长生不老的神仙境界对世间凡人产生了极大的吸引力，秦皇、汉武都曾热衷于求仙，流风所及，历代文人也纷纷作起游仙诗来，曹植写道："人生不满百，戚戚少欢娱。意欲奋六翮，排雾凌紫虚。"（《游仙诗》）郭璞写道："高蹈风尘外，长揖谢夷齐。"（《游仙诗》其一）"逸翮思拂霄，迅足羡远游"（《游仙诗》其五）……从曹植到郭璞再到李白、李贺，游仙的歌吟代有佳作，究其实质，都是为了摆脱人生严酷的时空限制，以求得生命的大自在、大逍遥。

　　然而，求仙者如恒河沙数，成功者却未见其人。人们逐渐意识到，飞天成仙不过是一个美丽而诱人的童话，人生的时空限制不可摆脱，人只能在有限时空中以幻想的方式作无限的遨游，而难于自擢其发离开地面；而且这种幻想越是精彩，越是反衬出人世的悲哀。于是，借助宗教，人们又设想出地狱中经磨历劫度日如年的情形，从中获得身在人世的某种慰藉。论者指出："盖人间日月与天堂日月则相形见多，而与地狱日月复相形见少，良以人间乐不如天堂而地狱苦又逾人间也。常语称欢乐曰'快活'，已直探心源。快，速也，速，为时短促也。人欢乐则觉时光短而逾迈速，即

---

　　① 《天问》："彭铿斟雉，帝何飨？受寿永多，夫何长？"《列仙传》上："彭祖者，殷大夫也……历夏至殷末，八百余岁；常食桂芝，善导引行气。"

'活'得'快'……乐而时光见短易度……苦而时光见长难过。"①
这是一种心理时间，其速度之衡量标准在于生活的苦和乐。天上数日，地上千年，棋局未终，斧柄已朽，在企图超越时空的遐想中，中国古人创造了大量度越仙凡的故事，其中的内蕴颇堪玩味。

仙界既难飞升，人生又短促易逝，与其长吁短叹，不如投身自然，让自然界的清风明月来荡涤心胸，在花开叶落中参禅悟道，勘破并忘却时间，直到忘却自身。看看中世纪那些著名禅师的对话，一种新的时空观便清晰可见了。如：人问大梅法常禅师："和尚在此多少时？"师答："只见四山青又黄。"人问龙山和尚："和尚在此多少时耶？"答曰："春秋不涉。"问："和尚先住，此山先住？"答曰："不知。"② 唐代诗僧寒山诗云："粤自居寒山，曾经几万载。任运遯林泉，栖迟观自在……快活枕石头，天地任变改。""一自遯寒山，养命餐山果……日月如逝川，光阴石中火。任你天地移，我畅岩中坐。"③这种一任时空变换我自山林快活的观念，有以庄子为代表的道家思想的影响，有佛教、禅宗时空观的渗透，更有僧人在与自然亲和过程中的切身体悟。这是一种身在有限而欲超越有限的时空观，因为漠视了时间的过往，也就摆脱了时间的限制，由有限而进入到了无限；而这种无限的获取，与僧人们以静默的心灵与自然对话、在自然中禅悟人生并最终将个体融入自然、打消物我界限而达到物我同一，有着极大的关联。

综上所述，自然开启了人的时空意识，人又将此时空意识用于对自然的观照，在流水、季节、日月等物象的感发下，生出关乎个体生命和人类生命的种种思考；在仰观俯察的动态过程中，用文学作品表现出对自然和时空的不同态度，并由此展示出一幅幅人与自然对话的真切生动的历史画卷。当然，本文的论述还只是粗线条的，某些具体环节和几大时间意象的特点还有待于进一步深入发掘和广阔展开。所有这些，笔者将在以后的若干文章中逐步阐述。

---

① 钱钟书：《管锥编》第2册，中华书局1979年版，第671页。
② 《五灯会元》卷三《南岳下二世》，中华书局1984年版。
③ 《全唐诗》，中华书局1984年版，第9 083～9 084页。

浪漫主义的田园牧歌[①]

——论沈从文的湘西题材小说

◎ 陈国恩

陈国恩，男，1956 年 5 月生，浙江鄞县人。现为武汉大学文学院副院长，中文系教授，博士生导师，兼任海峡两岸梁实秋研究会副会长、中国闻一多研究会秘书长、湖北省鲁迅学会副会长。主要从事中国现当代文学及现当代文学思潮研究。现已出版专著 5 部，在《文学评论》、《外国文学评论》、《中国现代文学研究丛刊》及高校学报上发表论文百余篇，代表作有《浪漫主义与 20 世纪中国文学》等。已完成省级课题 2 项，先后获省级社会科学优秀成果奖 5 项。目前正主持国家社科基金重点课题 1 项、"211"工程项目子课题 2 项。

沈从文的湘西题材小说，一般都被归入乡土文学。但我认为这

---

① 本文系作者 2004 年 11 月 10 日在陕西师范大学长安大讲堂所做的学术报告。

些小说表现出典型的田园浪漫主义的特点，它们的真正价值应该从中国现代浪漫主义思潮的演变和转型中来认识。中国现代浪漫主义思潮在"五四"时期蔚为大观。后由于社会革命运动兴起，个性自由的空间受到挤压，"五四"浪漫主义开始分化。但中国现代浪漫主义思潮并没有因此终结，相反，它在低谷中探索新的方向，到20世纪30年代初形成了田园牧歌型的浪漫主义。代表这一浪漫主义思潮转型的有废名、沈从文和20世纪30年代初的郁达夫等。无疑，沈从文是其中最有成就的，而且他的田园浪漫主义小说与左翼文学思潮构成了矛盾统一、共存互补的关系，折射出中国现代浪漫主义文学在20世纪30年代以后的独特命运。从各方面看，他的湘西题材小说都可作为中国现代浪漫主义文学的一个典型来看的。

一

沈从文自称是一个"对政治无信仰对生命极关心的乡下人"①。他面对20世纪20年代末风起云涌的社会革命运动，所采取的策略就是自觉退居边缘，去描写边地的自然风光与人事纠葛。这使他成了20世纪30年代中国的"最后一个浪漫派"②。

主动退守边缘的人，一般比较达观。他们看淡了功名利禄，对种种磨难采取了轻描淡写的态度，却向远景凝眸。但达观毕竟是面对苦难的一种姿态，并不是说已经忘却了苦难。只有懂得这一点，才能充分理解沈从文在功成名就、新婚燕尔之际，反而产生了这样的心情："我准备创造一点纯粹的诗，与生活不相粘附的诗。情感上积压下来的一点东西，家庭生活并不能完全中和它、消耗它，我需要一点传奇，一种出于不朽的痛苦经验，一分从我'过去'负责所必然发生的悲剧。"他因而写了《边城》，"这一来，我的过去痛苦的挣扎，受压抑无可安排的乡下人对于爱情的憧憬，在这个不

---

① 沈从文：《水云》，《沈从文文集》第10卷，花城出版社、三联书店香港分店1983年联合出版（下同），第294页。

② 沈从文：《水云》，《沈从文文集》第10卷，第294页。

幸故事上，才得到了排泄与弥补"。①人们都说《边城》是一个优美的故事，其实它是作者灵魂痛苦挣扎的结晶。这种挣扎的真正涵义，就是他对于屈辱生活的激情回顾和庆贺成功时的酸楚泪水。一句话，《边城》是沈从文长期受压抑的感情的流露，是他唱给自己听，为了让自己的心感动得柔和起来的"情歌"。他写祖孙相依为命，那种温暖的氛围，是他在现实中不曾充分享有而在想象中始终追寻着的充满人类爱意的"人生形式"；那种稚嫩的生命失去了呵护的人类悲哀和隐忧，又分明是他在北京街头找不到一点依靠时的感觉！他把这种理想和悲哀调和起来，构成了《边城》的情绪基调，用这个优美然而不幸的故事把自己的灵魂超度了。从这个意义上说，《边城》不是乡土的写实，而是表现主观柔情的写意之作，是一首浪漫主义的田园牧歌。沈从文后来曾抱怨说："没有一个人知道我是在什么情绪下写成这个作品，也不大明白我写它的意义。即以极细心朋友刘西渭先生批评说来，就完全得不到我如何用这个故事填补我过去生命中一点哀乐的原因。"②他的抱怨是有道理的。

人们之所以习惯于把《边城》这类作品当成乡土写实小说，除了没有从作者心理的角度来理解它的意义，还由于忽略了故事发生地湘西虽然民风淳朴，但也有野蛮的杀戮，卑鄙的灵魂，如作者自己在《巧秀和冬生》、《湘西》等作品里所描写的。《边城》等小说把这一切丑陋的方面一概除去，写成了一首与湘西的现实不太牵连而与作者过去的情感十分相近的牧歌。若再要说它们是写实小说，似乎只能按主观逻辑把这种缺乏现实依据的优美的人生样式和生命形态进一步推向"过去"，认为它是一个关于民族的历史的动人回想。可这样一来，又正好表明《边城》等作品不是现实乡土的写照，原不过是表现了作者的浪漫想象，他要借此来"排泄"与"弥补"长期受压抑的感情的一个桃花源式的好梦罢了。

沈从文的确是在写梦，他说："我要写我自己的心和梦的历

---

① 沈从文：《水云》，《沈从文文集》第 10 卷，第 279~280 页。
② 沈从文：《水云》，《沈从文文集》第 10 卷，第 281~282 页。

史。"①他把人事分成两部分："一是社会现象，是说人与人相互之间的种种关系；一是梦的现象，便是说人的心或意识的单独种种活动……必须把人事和梦两种成分相混合，用语言文字来好好装饰剪裁，处理得极其恰当，才可望成为一个小说。"②他用"社会现象"来表现"梦"，即在生活中撷取"几件琐碎的事情，在情感兴奋中粘合贯串了这些事情，末了就写成了那么一个故事"③。这样的故事，在他看来，是"情真"胜过"事真"的，因为"精卫衔石，杜鹃啼血，情真事不真，并不妨事"④。重"情真"而轻"事真"，不用说，正是重主观表现的浪漫主义文学观的特色。他贯彻这种浪漫主义文学观，在湘西的富有田园牧歌情调的自然山水背景中，描画出翠翠(《边城》)、三三(《三三》)、夭夭(《长河》) 等纯情少女的形象，抒写了一种理想的人生样式。至于以湘西传说为题材的神性小说系列，如《龙朱》、《神巫之爱》、《豹子·媚金与那羊》、《月下小景》等，更具有浪漫的风情美。

当然，由于环境的改变和作者自觉退居边缘，沈从文的田园浪漫主义在接受中外文化的影响时在侧重点上与"五四"浪漫主义相比有了显著变化。"五四"浪漫主义主要是受西方19世纪以拜伦、雪莱为代表的包含着强烈抗争精神的浪漫主义思潮的影响；沈从文则声称要造希腊小庙，庙里供奉的是"人性"，说明他更向往希腊式的和谐、匀称和健全。"五四"浪漫主义与民族传统文化的联系是隐性的，而在理性层面上它们却是坚决地反叛传统的；然而沈从文却表现出某种程度的向传统回归的倾向。他说："一个短篇小说作者，肯从中国传统艺术品取得一点知识，必将增加他个人生命的深度，增加他作品的深度。"这里，"传统"是指中国传统艺术品所包含的创造者的"巧思"和"匠心独运"，即如何在小小作品中，"一例注入崇高的理想，浓厚的感情，安排得恰到好处"，

① 沈从文：《水云》，《沈从文文集》第10卷，第273页。
② 沈从文：《短篇小说》，《沈从文文集》第12卷，第114页。
③ 沈从文：《水云》，《沈从文文集》第10卷，第273页。
④ 沈从文：《水云》，《沈从文文集》第10卷，第276页。

使 "一块顽石，一把线，一片淡墨，一些竹头木屑的拼合，也见出生命的洋溢"①。沈从文成熟期的小说，确实堪称是吸收了中国古典艺术的经验、分寸上 "安排得恰到好处" 的精美佳作。

　　沈从文对中外文化传统所作的取舍，与他的生存方式和所感悟到的人生意义结合起来，显然使他的创作表现出了不同于 "五四" 浪漫主义的特点。首先，"五四" 浪漫主义强调 "自我表现"，表现的是作者的情绪；沈从文虽然也认为创作是 "一份'情感发炎'的过程纪录"，可他表现的却是寄寓了主观理想的梦境。写梦境与抒发激情的最大差别不仅仅是自我表现的力度强弱，更主要的是后者以情绪起伏为结构基础，前者却按美的尺度以虚拟的具体性显示了朴素的形态。以人物为例，沈从文力求把印象中的生命处置到美的形式中去，并不妨碍他宣泄个人受压抑的情感。可是这些寄托了他理想的生命形态，如翠翠、三三、夭夭、阿黑、傩送等，其实都具有人间性，尤其是那些小女儿性情上的天真纯粹，并不缺少女性特有的美。这表明，沈从文的想象顾及了心外的生活样式。其二，"五四" 浪漫主义者表现的是粗暴的反抗声音和哀哀切切的感伤抒情，而沈从文则更欣赏 "节制" 的美丽："我懂得'人'多了一些，懂得自己也多了些。在'偶然'之一过去所以自处的'安全'方式上，我发现了节制的美丽。"② "节制" 贯彻于创作，使他的小说具有宁静美，包含着隐逸性。其三，"五四" 浪漫派的创作态度是感情自然流露，不讲究篇章结构，有时就不免流于枝蔓，而沈从文把散文美推进到诗的境界，用抒情诗的笔调写湘西，并且为写不到废名那样的 "经济" 而觉得遗憾③。他在追求 "恰当" 的反复不断的磨炼中，为自己的风格注入了诗的抒情，创造了文体美。

　　总之，沈从文发展了一种乡村牧歌型的浪漫主义，从而把正在衰落中的 "五四" 浪漫主义思潮推向了一个新的发展方向。本来，现代浪漫主义就有两种可能的形态，以西方为例，一种是热情外

---

① 沈从文：《短篇小说》，《沈从文文集》第 12 卷，第 124~125 页。
② 沈从文：《水云》，《沈从文文集》第 10 卷，第 287 页。
③ 沈从文：《〈夫妇〉附记》，《沈从文文集》第 8 卷，第 393 页。

露，声调高昂，力量很足，充满反抗破坏的精神，以拜伦、雪莱最为典型；另一种是情感内敛、精神上回归自然并与之取得和谐的优美型的浪漫主义，这以"湖畔"诗人华兹华斯为代表。比较起来，"五四"浪漫主义即相当于前一种"摩罗"型的浪漫主义，沈从文所推动的则较为接近华兹华斯等人开创的优美抒情的浪漫主义。

二

沈从文的田园浪漫主义小说与一般的乡土小说的最大不同，是一写实，一写意；一个诉诸理性进行文化批判，从属于鲁迅开创的启蒙主义文学传统，一个则寄托个人的情感，追求内心和谐与自由，富有诗意美，尽管不论写意还是追求内心和谐沈从文都采取了与"五四"浪漫主义有所不同的手法，但是话说回来，现在常从两种视角来研究沈从文的湘西题材小说，或把它归入乡土文学，或把它当作中国现代浪漫主义文学的一种新形态，这意味着沈从文的这些小说事实上在"五四"浪漫主义的基础上综合了乡土小说的一些因素，而且这种综合是多方面的，折射出了整个浪漫主义思潮回应时代挑战的复杂过程。

沈从文初涉文坛，正当创造社"异军突起"，郁达夫的浪漫抒情小说风行一时。他写道："郁达夫在他作品中，提出的是当前一个重要问题。'名誉、金钱、女人取联盟样子，攻击我这零落孤独的人……'这一句话把年轻人心说软了。"① "郁达夫那自白的坦白，仿佛给一切年轻人一个好机会，这机会是用自己的文章，诉之于读者，使读者有'同志'那样感觉。"②这充分道出了他对郁达夫的理解和仰慕之情。沈从文从小经历磨难，过早地告别了无忧无虑的童年，形成了他偏于忧郁的气质。到北京后，又几乎陷于极端贫困之中，连吃饭也成了问题。他的内在气质和现实感受使他在创作的起步阶段自然地靠近了名声鹊起的郁达夫，因而开始学着用郁

---

① 沈从文：《论中国创作小说》，《沈从文文集》第11卷，第172页。

② 沈从文：《郁达夫张资平及其影响》，《沈从文文集》第11卷，第139页。

达夫的自我表现的方法来宣泄内心的郁积,写出了《棉鞋》等作品。这些早期的作品笔调比较粗糙,但采用第一人称的叙述角度,以反讽的语调写自我在贫困中的狼狈处境,带点落魄才子的戏谑味道,很明显是摹仿郁达夫小说的。

但随着社会革命运动的高涨,郁达夫式的浪漫抒情小说所包含的个性解放精神与社会革命的原则有了矛盾,逐渐难以适应时代的要求了。对此,沈从文是有所感觉的:"现在的世评,于作者是不利的。时代方向掉了头,这是一个理由。"①虽然沈从文囿于他的自由主义立场,从来不曾追赶潮头,可他也分明感受到了时代的变迁,不得不对此有所回应。更为重要的是,他不具备郁达夫那样强大的浪漫气质和才情;他是质朴的乡下人,与乡土保持着特殊的联系,因而他必须寻找更加切合自己创作个性、适应自己的生活积累而在某种程度上又能被变化了的时代所能容纳的风格。在这样的背景下,鲁迅所代表的乡土文学对他的影响就明显地增大了。

乡土文学滥觞于鲁迅的《故乡》和《社戏》,稍后便形成了一个颇具声势的文学流派。这一流派的作家多受鲁迅影响,他们以写实的手法回忆童年时的故乡,展示乡土落后的风俗民情和民众艰难的人生。其作品对于拓展"五四"文学的题材,校正一些"五四"浪漫主义小说因过于注重表现内心的要求而失之空疏的缺点,起了积极的作用。这正如沈从文说的:"乡土文学的发轫,作为领路者,使新作家群的笔,从教条观念拘束中脱出,贴近土地,挹取滋养,新文学的发展,进入一新的领域"②。沈从文多次声明他受过鲁迅的影响:"鲁迅先生起始以乡村回忆做题材的小说正受广大读者欢迎,我的学习用笔,因之获得不少勇气和信心。"③联系沈从文的创作道路来看,以鲁迅为代表的乡土文学对沈从文的影响,主要是在沈从文的创作个性还未形成时,把他从郁达夫式的自我表现的

---

① 沈从文:《郁达夫张资平及其影响》,《沈从文文集》第 11 卷,第 140 页。

② 沈从文:《学鲁迅》,《沈从文文集》第 11 卷,第 233 页。

③ 沈从文:《沈从文小说选集·题记》,《沈从文文集》第 11 卷,第 69 页。

道路上拉到了他自己得天独厚的乡土题材的领域,他在这里发现了丰富的艺术矿藏,并在创作手法上也从乡土文学中得到了重要启示,即采用朴素的形式来表达个人富有诗意的情感和理想,从而使他获得了不少写作的"勇气和信心"。这种影响之所以发生,除了时代的因素外,还因为侨居北京的沈从文此刻有一份强烈的思乡之情,他对少年时代的乡土生活始终保持着生动的印象,并且坚守着作为一个乡下人所特有的审美和道德理想。他的一些最为精彩的作品,如《边城》、《三三》、《萧萧》、《阿黑小史》、《长河》等,几乎都是写乡土题材,也几乎都采用了这种朴素的写意手法。凭这些作品,他奠定了自己在20世纪30年代文坛中的重要地位。

不过沈从文是一个富有创造精神的作家。他不会满足于简单的模仿,而是要取众家之长进行创新,形成自己的风格。因此,他虽然借鉴了乡土文学的成功经验,可最终并没有真正走上乡土文学的创作道路。能够显示这种创新精神的一个例子,就是他虽受到鲁迅的影响,却无意追随鲁迅,去反映农村的落后面貌和农民愚昧的精神状态;相反,他醉心于表现乡土的朴素与宁静,把它们当作美的极致,或者写一些美丽而忧伤的爱情故事来寄托他作为一个乡下人的灵魂的痛苦挣扎①。这说明他在突破了郁达夫的"自我表现"路子之后,在深层次上仍然保留了郁达夫的一点影响。简单地说,他只是去除了郁达夫浪漫小说中感伤和颓废的成分,而让"自我表现"采取了朴素的形式,或者干脆把它运用于神话传说的题材,给作品增添了浪漫的色彩(《龙朱》、《神巫之爱》、《豹子·媚金与那羊》等)。而在另一些作品中,如《雨后》、《柏子》、《丈夫》等,他又并不回避性的描写,而只是把郁达夫式的自我暴露改造成

---

① 沈从文在城市题材的小说中倒是贯彻了启蒙的主题——对"城里人"的种种劣根性加以无情的抨击。这可以看做是以鲁迅为代表的乡土文学对他创作的另一个重要影响。而这种影响的结果却是使沈从文的创作逸出了浪漫主义的轨道,趋向现实主义。浪漫主义和现实主义对应于各自的题材,又以浪漫主义创作最有特色,成就最高,这是沈从文独特之处,反映了他处于多元影响并存的复杂环境中,而又有能力把它们成功地运用于不同的方面。因而,这也可看做是本文所说的"综合"的另一重意义。

对自然人性的生动展现，让大自然的清新气息净化了人物的肉欲冲动，凸现其心灵的纯朴。因此，可以说沈从文在追求属于自己的风格的最初努力中，乡土文学和郁达夫的影响是综合地起作用的。前者使他回归乡土，很大程度上冲淡了早期由于学郁达夫而带来的感伤色彩和幼稚的名士气；后者使他得以坚守自己的个性和审美理想，并且抵御着外界要他在现实中消解自我、趋向平凡化的压力。两者相互作用，彼此克服了与作者的创作个性相抵触的因素，共同制约着沈从文选择了一种综合了两者特点而又能够减轻迅猛变化的时代所加给的压力的风格，那就是朴素优美、洋溢着诗情画意的田园牧歌。沈从文以此超越了郁达夫和乡土文学，以一种边缘人的立场和一种独特的方式，在新的时代条件下坚持走浪漫主义的创作道路。

当然，沈从文的借鉴超出了郁达夫和乡土文学的范围。在他的田园牧歌风格中，事实上还包含着徐志摩和废名的影响。徐志摩是新月派的骨干。作为一个具有浓厚浪漫主义气质的诗人，徐志摩在浪漫主义思潮的生存空间渐趋狭小之时，充分发掘了文字的乐感，把一腔柔情熔铸在活泼而轻盈的形式中，展示了一个诗人感官的敏锐和感情的细腻，创造了一种典雅温婉的抒情风格。这种风格体现了对诗歌形式规范的一种理性自觉，它一方面纠正了新诗自"五四"以来因过分强调自由表现而过于散文化的倾向，另一方面因减弱了反社会的力度和其艺术上的精美在社会革命时代求得了自身生存和发展的空间。沈从文是新月社的成员，对徐志摩怀着仰慕之情。他从徐志摩的创作经验中吸取有益的营养，是顺理成章的，就像他说的："在写作上想到下笔的便利，是以'我'为主，就官能感觉和印象温习来写随笔。或向内写心，或向外写物，或内外兼写，由心及物由物及心混成一片。方法上多变化，包含多，体裁上更不拘文格文式可以取例作参考的，现代作家中，徐志摩作品似乎最相宜。"①他从徐志摩的作品中主要借鉴了以理节情的技巧，不让笔下放肆，力求把感情处置到和谐优美的形式中；同时还学习了在

---

① 沈从文：《从徐志摩作品学习"抒情"》，《沈从文文集》第11卷，第211页。

独处中细腻地感知对象的方法，即"就官能和印象温习来写随笔"。这两方面，使沈从文的创作在乡土的底色上越来越显出温柔细腻的特点。

废名形成个人风格的时间略早于沈从文。他用写诗的方法来写小说，在浪漫的想象中融入了晚唐绝句的意境，形成了简洁、充满诗意、清丽典雅的文体。在社会革命运动不断高涨的时期，废名的独特性在于追随周作人的自由主义立场，陶醉于心中的幻美的影子，回避时代的重大问题，写他的天真烂漫的少男少女和温厚慈祥的老人，专注于发掘诗意的美。他以这种方式确定了自己的艺术信仰，其实质就是通过把生活艺术化为自己在动荡的岁月寻一块安息灵魂的净土。沈从文由衷地称赞废名的"《竹林的故事》、《桥》、《枣》，有些短短篇章，写得实在好"。① 他尤其赏识废名小说中的诗意的抒情，承认自己的风格深受废名的影响，并认为描写上还做不到废名那样的简练："自己有时常常觉得有两种笔调写文章，其一种，写乡下，则仿佛有与废名先生相似处。由自己说来，是受了废名先生的影响，但风致稍稍不同，因为用抒情诗的笔调写创作，是只有废名先生才能那种经济的。"②沈从文向废名靠拢，是因为废名在退守社会边缘时所采取的艺术方向，对处身于动荡之中而又渴望心境宁静的沈从文产生了同样的吸引力。同时，他们的主要作品在题材上的相近也对彼此的风格提出了类似的要求，即乡土题材本身包含了一份诗意，而优美的风景、纯朴的民风、天真的少女，需要用一种与之相称、最能体现出它（她）们的恬淡诗美的风格去加以表现。沈从文受废名影响的结果，是在他的朴素的文字中，"蕴蓄了多少抒情诗气分"③。由于情节的淡化，抒情小说为诗的因素留下了更多空间，它的魅力也更多地依赖于蕴藉含蓄的诗美。废名对沈从文的影响，正体现了这一艺术规律所起的作用。当然，废名的个性更为奇诡，他的诗性抒情趋向清静脱俗，不含人间烟火

---

① 沈从文：《由冰心到废名》，《沈从文文集》第 11 卷，第 231 页。
② 沈从文：《夫妇·附记》，《沈从文文集》第 8 卷，第 393 页。
③ 沈从文：《长河·题记》，《沈从文文集》第 7 卷，第 3 页。

味，沈从文则比较宽厚，不避世俗之美，所以他的用笔显得从容，诗的素质多了一份暖意。

其实，从郁达夫、徐志摩、废名到沈从文，中国现代浪漫主义思潮的这一走向，在深层次上是受一个更为普遍的艺术规律的支配，即艺术的发展是循着从直露向含蓄、从粗糙到精美的方向进行的。"五四"时代，郁达夫式的浪漫抒情小说为了加强反封建的力度，追求情感表达的真切自然，作者有意采用自我暴露的写法而在艺术上有时失之过于直露。直露，是时代的特点，但毕竟不是艺术的优点。随着"五四"高潮的过去和创作经验的逐步积累，人们要求浪漫主义文学克服初创时期的弱点，向读者提供艺术上更为完美的作品。这大致包括两层意思，一是形式上的改进，从随心所欲、不讲章法到注意结构、力求把情绪处置得符合美的规范；二是内容上摒弃过于直露的性心理的展示，使风格趋向含蓄蕴藉。徐志摩的诗追求优美的旋律，废名的小说融注了诗的因素，它们都趋向艺术上的精致含蓄，体现了文学发展的这一内在要求。沈从文自称要建造精致结实的希腊小庙，要表现一种优美、健康、自然而又不悖乎人性的人生形式，为人类的"爱"字作一度恰如其分的说明，他的创作实践正是沿着这同一个方向，把"五四"浪漫抒情小说推向一个尊和谐为美的极致的田园牧歌的新阶段。

沈从文置身于从文学革命到革命文学的历史转折时期，以他特有的立场综合了从郁达夫到鲁迅，到乡土文学，再到徐志摩和废名等众家之长，形成了他自己的风格。在他的不断追求和不断超越自我的过程中，显示了他锐意创新的自觉意识。他的成长道路，从一个侧面折射出时代风云的变幻和一个浪漫主义者所坚守的立场及其成败得失，可以从中透视各种文艺思潮的消长，尤其是看出"五四"浪漫主义文学思潮如何逐渐退居边缘、蜕变出 20 世纪 30 年代田园牧歌型的浪漫主义的秘密。这使沈从文的创作道路从浪漫主义思潮的发展方面看，具有不容忽视的重要意义。

三

沈从文处于中国现代浪漫主义思潮蜕变的一个重要环节上。他借鉴了前辈和同代作家的艺术经验，兼取中外文学之长，进行创造性的转化，逐渐形成了自己的风格。但这同时也使他处于两难的境地，既不讨好当局，又受到左翼文艺界的批评。后者从革命的立场出发批评他的自由主义倾向，不去反映时代的风云，却去描写"抽象"的人性。这种遭遇其实代表了浪漫主义思潮在20世纪30年代的必然命运。

浪漫主义原是以个性主义为思想基础，主张自我扩张，表现内心冲动，反对一切外加的束缚。浪漫主义的理想，是对于遥远的美好前景的永不止歇的憧憬，是没有现实内容和具体实现步骤的一种仅仅是追求完美的冲动，可以说它是一种无边的理想主义，表现出来的就必然是对现实的强烈不满和彻底否定，是理想无法实现而引起的痛苦、愤怒或感伤。它破坏得多，建设得少。浪漫主义的极端主情的性质，体现了浪漫主义者情感纤敏、意志薄弱的特点，这有利于创作，使文学因此增添了活力和色彩，却不利于作家面对冷酷的现实，用坚实的行动从黑暗中开辟一条光明的出路来。因此，当社会处于新旧交替时期，需要对僵化的文化传统进行打击，而社会压制暂时松动，为个人自由和主观精神的高扬提供了机会时，浪漫主义便获得了最为适宜的生长环境。一旦社会的发展转向重建某种明确的秩序，需要用集体的力量去共同奋斗，浪漫主义便难以充分发挥它的优势了，甚至它的优势反而成了新时代的不适宜因素。

中国进入20世纪后的社会特点是，反帝反封建的斗争相互纠结在一起，思想革命与社会革命交替地进行。"五四"时期，思想启蒙是时代的主旋律，个性主义思想广为流布，促成了浪漫主义文学思潮的迅猛崛起。可是由于最终必须完成反帝反封建的历史任务，而启蒙运动又难以与最广大的民众相结合，不能直接完成自身所提出的社会改造的根本任务，加上"五卅"以后反帝运动的再次高涨，马克思主义的广泛传播，整个时代潮流就很快从思想启蒙转向了反帝反封建的社会革命。这一转变，从根本上改变了浪漫主义思潮的生存环境。一方面，这场社会革命为它自身的目的、性质、任务和手段所规定，它必然要提倡集体主义，反对个人主义；要求统一的指导思想，反对个人的自由意志；号召为理想而奋斗，反对停留在充满诗意的憧憬和感伤主义。它要求文艺发挥战斗的作用。因此，如果有人简单从事，他必然要对包含了个性意识、自由意志、感伤情调的浪漫主义文学思潮进行清算。郭沫若改变对浪漫主义的态度，以革命的名义，反对的就正是浪漫主义里面的"个人主义自由主义"。而在另一方面，国民党反动当局实行文化专制主义，压制思想言论和创作自由。这样，处于左右两大势力的夹缝中，以个性主义思想为基础的现代浪漫主义思潮的生存空间大为缩小，再难重现昔日的辉煌了。少数浪漫主义者只能退居人生边缘，力图超越政治斗争，保持乃至扩大个人的心理自由，以坚持其浪漫主义的创作方向。这使他们与主流文学思潮处于一种十分复杂的关系中。他们反对思想束缚，追求个性自由，在反封建这一点上与左翼文学思潮有共同之处。但左翼文学思潮已经超越了"五四"，他们却仍坚守"五四"的立场，而且与"五四"精神事实上也存在着重大差别，这便是"五四"精神兼顾了个人和社会两个方面，而20世纪30年代的田园浪漫主义者的自由观，则是少数文化人在启蒙运动转向低潮、政治斗争日趋尖锐的形势下，对"五四"精神有所取舍，即削弱了它对社会承担的责任，只把它用作维护个人自由的手段，表现出疏远时代的倾向，因而它不可避免地表现出时代的局限性，与左翼文学思潮产生了重大的矛盾。

沈从文在这种左右为难的处境中所选择的道路，是以"乡下人"自居。他的姿态在"最后的浪漫派"中具有代表性，也使他的作品难以得到主流意识的认同。但在20世纪30年代，个性解放的任务其实并没有完成，而只是被更为紧迫的社会革命的任务暂时所掩盖罢了。沈从文退居社会的边缘，专去描写边地的纯朴民风、宁静的自然风光，这种隐逸性事实上也是基于个性主义的立场对黑暗现实发出的一种抗议，具有反封建的进步意义。因而，它在深层意义上与左翼文学思潮并不完全对立，而是一种矛盾互补的关系。这就是说，他以自己对人性的探索、自然美和风俗民情的生动表现，与左翼文学的重大题材相映成趣，拓展了新文学的艺术表现的领域。他以一种比较宽泛的正义立场和美的标准憧憬未来，虽不是战斗的号角，却是能够净化人的心灵的一曲悠扬牧笛，这方面他所取得的经验有助于人们反鉴部分左翼作品在艺术上比较粗糙的缺陷；而左翼文学在展现广阔的生活画面、提出重大的社会问题和参与历史进程等方面所显示的气魄和取得的成就，同样可以作为一面镜子，反映出他的作品时代气息不浓、艺术格局偏于狭小的不足。他致力于探讨民族品德的重造，表达了回归自然的理想，"自然"既是道德极致，又是精神家园。这在当时社会革命的时代显得不合时宜，带有书生气和浪漫性，然而从更长远的眼光看，它也是符合人类的终极意愿和根本利益的，事实上又与左翼文学所代表的社会革命运动要通过改造社会制度来解放人的目标相一致。而且这样一种表面看来迂阔的追求也切近文学的本性，因为文学，从根本上说是表现人性与美（当然，人性有具体的社会内容）。沈从文以他乡下人的固执，专注于人性的改善和美的发现。这一努力使他的作品在相当长时期里受到具有历史使命感的读者的批评，但又为它们的价值在经历了革命斗争年代的冷落后、到了重新肯定了人性和美的应有地位的新时期再次被发现奠定了基础，埋下了伏笔。这同样是中国现代浪漫主义命运的一个生动象征，值得人们回味和深思。

高天厚土，清源活水①

——漫谈中国文论的诗性空间

◎ 李建中

李建中，1955 年生，湖北江陵人。武汉大学文学院教授，博士生导师，中国文学批评史专业学术带头人，中国古代文学理论学会理事、中国《文心雕龙》学会理事、中国中外文艺理论学会理事、湖北省文艺学会副会长兼秘书长，为国家级有突出贡献的中青年专家，享受国务院政府特殊津贴。两次主持国家社会科学基金项目，先后获湖北省社会科学优秀成果二等奖（2004 年）、三等奖（2001 年）和武汉市社会科学优秀成果奖（2000 年）。李建中教授致力于中国文学批评史的研究，主张依"经"立论、借"石"攻玉，于古今中外之交汇处褐橥古代文论的当代价值，在古代文论的艺术心理学内涵、文化人类

---

① 本文系作者 2005 年 4 月 6 日在武汉大学"珞珈文化节"上所做的学术演讲。

学精神以及诗性言说方式等研究领域，取得开创性成果。在《文学评论》、《文艺研究》等刊物发表学术论文百余篇，在海内外出版学术专著十余部。

小引：全球化时代的文化回归

全球化时代不同文化之间平等对话的基本前提之一是本土性资源或地方性知识。于是，一个严峻的问题摆在中国文艺理论界的学者面前：我们拿什么去和西方对话？毋庸讳言，整个 20 世纪，中国的文艺理论都在过于专注地步趋西方（包括苏俄和日本）而无暇顾及自身的文论传统，以至于当我们在后轴心时代的文化交往中不得不提供本土资源时，我们只能别无选择地回到传统，回到中国传统文论完全不同于西方文论的诗性特征。

中西文论虽然有着共同的"诗性智慧"之源，但自雅斯贝尔所说的"轴心时代"（即公元前 8 世纪至公元前 3 世纪之间）起，中西文论却走上了不同的道路：西方文论从柏拉图和亚里士多德开始愈来愈逻辑化、哲学化；中国文论受先秦原始儒、道的影响，既是思辨的同时又是诗性的。"诗性智慧"绵延于中国文论的发展历程，以至于成为中国文论区别于西方文论的重要特征之一。2500 多年后，世界文明已从"不约而同"的轴心时代走到了"约而不同"的后轴心时代。全球化浪潮正在拍打 21 世纪的堤岸，我们溯洄从之，不仅能发现中西文论路径迥别的流变历程，而且能见出中西文路性体殊异的理论形貌：西方文论建造的是结构谨严、层次明晰的理论大厦，而中国文论营构的则是高天厚土水长流的诗性空间。

一 辨"体"

中国传统文论诗性空间的第一个维度是由"体"所体现出来的高远的艺术境界。"体"作为中国文论的核心范畴有两项所指：文体（体裁）之体与体貌（风格）之体。批评文体的文学化与语言风格的艺术化共同构成传统文论"体"之诗性。

先秦时代，处于滥觞期的中国文论并没有属于自己的文体，文论思想尚寄生于文化典籍的各种文体之中。而作为承载儒、道两家文化及文学思想的经典文献，《论语》、《孟子》和《老子》、《庄子》，其文体都有着文学化倾向。《老子》是哲理诗，《庄子》是极富艺术想像力和诗意性的散文。《论语》和《孟子》都是对话体，而据朱光潜的说法，对话体也是一种文学体裁，用文学形式讨论理论问题的好处，就在于"不从抽象概念出发而从具体事例出发，生动鲜明，以浅喻深，层层深入，使人不但看到思想的最后成就或结论，而且看到活的思想的辩证发展过程"①。可以说，先秦时代这四部儒、道元典，为后来两千多年的中国文学批评史开启了一个诗性言说的文化传统。

一时代有一时代之文论，两汉的批评文体，最具代表性的已不是对话体，而是序跋体和书信体，如《毛诗序》、《太史公自序》、《两都赋序》、《楚辞章句序》、《报任少卿书》等。两汉的"序"又可分为两类，一类是诗文评点，如《诗》之大小序，又如王逸"楚辞章句"的总序和分序，其评诗论赋、知人论世，既承续了先秦对话体的简洁明快，又为后来的诗话乃至小说评点提供了文体样式；另一类是自序，多为作者在完成作品之后追述写作动机，自叙生平际遇，提出理论观点，如司马迁的《太史公自序》就是在痛说自己悲惨的人生经历后而提出著名的"发愤著书"说。两汉之后，序跋体和书信体成了古代文论常见的文体样式，比较著名的如南朝萧统的《文选序》、唐代陈子昂的《修竹篇序》和白居易的《与元九书》等。

魏晋南北朝是中国文论史上最为辉煌的时代，也是批评文体之文学化最为彻底的时代。此时期最具代表性的文论巨著《文心雕龙》和创作论专篇《文赋》，干脆采取了纯粹的文学体裁：骈文和赋。值得注意的是，陆机著有《辨亡论》，刘勰著有《灭惑论》，其《文心雕龙》还辟有"论说篇"，释"论说"之名，敷"论说"

---

① 见《文艺对话集》译后记，人民文学出版社 1963 年版，第 334～335页。

之理，品历代"论说"之佳构。这两位深谙"论说"之道并擅长"论说"之体的文论家，在讨论文学理论问题时，却舍"论说"而取"骈"、"赋"，表明了文学自觉时代的文论家对批评文体文学化的自觉体认。当然，这一时期也有以"论"名篇的批评文体，如曹丕《典论·论文》和挚虞《文章流别论》，但前者基本上是一篇散文，而后者的所谓"论"，"大概是原附于《集》，又摘出别行"①。

　　唐代的批评文体，除了上面已经提到的书信、序跋和赠序诸体之外，较为流行的是论诗。以诗论诗始于杜甫，继之者有白居易、韩愈诸人。杜诗中谈艺论文的颇多，最为著名的是《戏为六绝句》和《解闷五首》。韩愈的论诗诗，数量多，诗语奇，如《调张籍》用一系列奇崛的比喻来状写李、杜诗风的弘阔和雄怪，读来惊心动魄。以诗论诗，"一经杜、韩倡导，就为论诗开创了一种新的形式"②。而唐代文论家用这种"新的形式"不仅一般性地品评诗人诗作、泛议诗意诗境，还集中地系统地专论某一个较为重要的诗歌理论问题，如司空图《二十四诗品》用二十四首四言诗，论述二十四种诗歌风格和意境。《二十四诗品》在中国文学批评史上的独特地位，很大程度上是由其文体的文学化所铸成的。论诗诗在两宋辽金继续盛行，如吴可、陆游、王若虚、元好问等，都有论诗诗。

　　宋代的批评文体中真正蔚为大观的是诗话。何文焕所辑宋人之作，从欧阳修到严羽，共有15种之多。欧阳修的《六一诗话》开章明义，自云"居士退居汝阴，而集以资闲谈也"。这就为后来的诗话定了一个轻松随意的文体基调。郭绍虞称历代诗话"由内容言，则在轻松平凡的形式中可看出作者的学殖与见解"③，比如张戒的《岁寒堂诗话》和严羽的《沧浪诗话》在内容上都是很有理

①　郭绍虞主编：《中国历代文论选》，上海古籍出版社1979年版，第1册，第193页。

②　郭绍虞主编：《中国历代文论选》，上海古籍出版社1979年版，第2册，第132页。

③　王夫之等撰：《清诗话》，上海古籍出版社1963年版，上册，第1页。

论创见的。明清两代，诗话更多，不仅数量远较前代繁富，而评述之精当也超过前人。明清不少诗话都有明确的论诗宗旨，如明代王世贞《艺苑卮言》提出"格调说"，清代王士禛《渔洋诗话》提出"神韵说"，翁方纲《石洲诗话》提出"肌理说"，等等。词话的出现，始于北宋，至清代而大盛，今人唐圭璋《词话丛编》共收60多种，其中清代占去40多种。这些词话的内容包括词体源流演变、词人佚闻趣事、词作声韵格律和情志意境等，后人从中可以发掘出丰富的文论思想。

元明清是小说和戏曲的时代，故其批评文体除了诗话词话之外，又新起小说戏曲评点。谓其"新"，是因为它所批评的对象是新兴的文学样式，但小说戏曲评点作为一种批评文体，其实是对前代诸种批评文体的综合。评点小说戏曲者，一般前有总评（或总序），后有各章回（折）之分评，这颇似诗歌批评中的大小序；小说戏曲评点有即兴而作的眉批、侧批、夹批、读法、述语、发凡等，这又与随笔式的诗话词话相仿。就其批评功能而言，小说评点与前代的序跋体、诗话体更有共通之处，既有鸟瞰亦有细读，既实现了作者与读者的沟通亦申发了品评者独到的艺术感受。

中国传统文论的理论言说，其文体样式的文学化必然导致语言风格的艺术化。前面谈到刘勰自觉地选用文学文体（骈文）来言说理论问题，而骈文的语言风格是审美的、艺术的。在刘勰看来，骈俪并非人为而是自然，所谓"造化赋形，支（肢）体必双；神理用焉，事不孤立。夫心生文辞，运裁百虑，高下相须，自然成对"①。由此引申开去，又可见"骈俪"作为一种艺术风格看似人为实则自然，它将汉语言"高下相须，自然成对"的形式特征用特定的文体表现出来，它是汉语言之自然体貌的诗意化舒张。

汉语言所独具的指事、状物以及视觉联想等功能，为话言风格的艺术性打下了坚实的物质媒介的基础。而刘勰理论文体的骈俪化，则将汉语言本身所特有的文学性和审美性张扬到一个极高的层次。《文心雕龙》的核心范畴如"神思"、"体性"、"风骨"、"情

---

① 《文心雕龙·丽辞篇》。

采"、"比兴"、"隐秀"、"物色"、"知音"等,以及刘勰对这些范畴"释名以章义"、"敷理以举统",都洋溢着骈俪化或曰美文化的风貌。说"神思",则谓"登山则情满于山,观海则意溢于海";说"风骨",则曰"若风骨乏采,则鸷集翰林;采乏风骨,则雉窜文囿";说情采,则云"铅黛所以饰容,而盼倩生于淑姿;文采所以饰言,而辩丽本于情性";说"物色",则道"一叶且或迎意,虫声有足引心;况清风与明月同夜,白日与春林共朝哉"……《文心雕龙》诸多范畴的形成,既得之于对经验世界(包括《序志篇》所说的"文雅之场"、"藻绘之府")纷繁现象的归纳,又得之于对概念术语的生命化和人格化。由此"人化"与"经验归纳"所得之范畴本身,已具有诗性语言的聚象性或浓缩性;而当这些范畴被阐释被使用之时,其内在的"聚象"、"浓缩"得到诗意化的释放与衍生,并升华至一种高天流云般的诗意之美。

文学风格的魅力在于多样性,批评文体的风格亦然。中国传统文论的诗性言说,其体貌风格既有骈偶采俪,也有含蕴清虚,还有奇崛神怪。司空图《二十四诗品》在清虚淡雅的诗句中,含蕴着所评对象的风格之美。如"冲淡"一品中的"犹之惠风,荏苒在衣",典出陶渊明《归去来兮辞》"风飘飘而吹衣"。陶诗是冲淡的,陶渊明的冲淡风格体现在他所营构的诸多意象之中;司空图取陶诗"风之在衣"之象来体貌"冲淡"之品,既有语言风格的美,又有典故意象化之妙。古代文论家将含蕴创造性地运用于文学批评,形成像《二十四诗品》这样意象化的诗学理论。

传统文论的语言风格,与含蕴之隐相映成趣的是神怪之奇。韩愈的论诗诗喜用惊人的比喻和突兀的语言,如《调张籍》以"刺手拔鲸牙"喻语言雄怪,以"举瓢酌天浆"喻诗笔高洁。语言风格的奇崛在明清小说评点中有更充分的表现,我们读李贽、金圣叹等人评点小说的奇文妙语,仿佛是在听豪侠之士的嘻笑怒骂。李贽《忠义水浒传序》以"愤书"解《水浒》,骂"宋室不竞,冠履倒施,大贤处下,不肖处上",感叹施、罗二公"虽生元日,实愤宋事"。又,第二十二回回评赞叹《水浒》文字之奇,"若令天地间无此等文字,天地亦寂寞了也!"同评《水浒》,同为奇崛,李贽是愤懑之奇，金圣叹则是谐狂之奇。圣叹评《水浒》的人物描写，谳曰："写淫妇居然淫妇，写偷儿居然偷儿，则又何也？噫嘻，吾知之矣。"又，第九回回评喟叹"耐庵此篇独能于一幅之中寒热间作……寒时寒杀读者，热时热杀读者，真是一卷疟疾文字，为艺林之奇绝也。"创出"疟疾文字"这类怪谐之语的金圣叹小说评点，亦可称为话语风格之奇绝也。

二 明"法"

语言是思想存在的形式，一个民族的文学理论，它的语言外观是由这个民族所特有的语体、文体以及体式、体貌所构成的。而支撑"体"之外观的，则是这个民族所特有的思维方式及其理论方法。后者（法）与这个民族的文化传统更是根柢相连。借用《文心雕龙·原道篇》的话说，"体"之诗性是"以垂丽天之象"，而"法"之诗性则是"以铺理地之形"，前者展示艺术境界之高远，后者揭橥文化根基之深厚。

文学理论的方法是受思维方式制约的，"法"的根柢存在于特定文化的思维方式之中。思维方式是指人类观察、思考世界（包括人类自身）的方式。世界以何种方式和意义向人类呈现，从根本上说取决于人类以何种方式去思考这个世界。因此，人类的思维方式是人类文化的核心之所在，它与人类文化是同步产生的。人类在原始时代，凡遇到自己所不能理解不能解释的事物，便习惯于以自身为衡量标准来推想、类比外物，这就叫以己度物；进入文明时代，人类不仅继续以己度物，而且反过来取物喻人，以自然外物来类比人自身。无论是以己度物还是取物比人，都是一种类比式思维。孔孟取自然之物来类比君子人格，老庄亦取自然之物来推论自然之道，禅宗则取外境来示喻吾心，用的都是类比思维。

《易传·系辞》有"引而伸之，触类而长之"，这是说类比思维的功能是由一而多，由简单而复杂，遇到同类则扩大其象征，凡触类处即可引申，可见类比思维具有较强的象征性、启发性和暗示性。类比思维不过多地依赖语言，也不讲求繁复的形式，而是化理性为感性，化繁复为简约，化一般为审美，从人与物（自然）的

83

相互类比，上升为心物之间的感应交流，从而形成浑融有机的境界。《易传》中的"立象以尽意"就有类比的意味："意"仅靠"言"是无法表现的，须借助于"象"；而一旦引进"象"，则就有了类比，用象（自然、人事等）来类比所要阐明的对象或道理，这也是"引而伸之，触类而长之"的意思。试想，一部《易经》如果离开了天、地、山、水、风、火、雷、泽这八大自然物象，如何能尽其哲学、伦理、美学、文学之意？同样的道理，离开了"风清骨峻"，刘勰如何尽文学风格之意？离开了"落花无言，人淡如菊"，司空图又如何体貌"典雅"之品？

中国文化的类比式思维，表现在文学批评之中便成比兴之法。比兴本来是《诗经》常用的话语方式，属于文学创作的艺术手法。但先秦儒、道元典在言说理论问题时，也用比兴的方式。《老子》八章"上善若水"、十一章"三十辐共一毂"、十五章"豫兮若冬涉川"等，用的都是比兴手法。《庄子》中的比兴则多得不胜枚举了。《论语》、《孟子》论述"完全的人格"最常用的手法是"比德"（以自然外物兴起或比喻君子的道德人格），比如《论语》以"众星拱北辰"喻君子的"为政以德"，以自然之"天"的巍峨喻尧之人格形象的高大，以"岁寒之松柏"喻君子人格的挺拔高洁。又比如《孟子》以"鱼和熊掌不可兼得"喻君子人格的"舍生而取义"，以"五谷虽美，不熟则不如荑稗"喻君子"仁在乎熟之而已矣"。

儒家文化"比德"的人格诉求，实际上是以"比兴"的话语方式言说理论问题。孔子解诗论诗多用比兴，比如与子夏谈诗，先言《卫风·硕人》的"巧笑倩兮，美目盼兮"，然后引出"绘事后素"和"礼后（于仁）乎"，其言说方式有比有兴①。比兴有"起"之功能。何谓"起"？据杨伯峻注引孙楷弟的解释："凡人病困而愈谓之起，义有滞碍隐蔽，通达之，亦谓之起"②，可见《论语》中的比兴有消解滞蔽之功，有通达志意之用。孟子解诗论诗，

① 事见《论语·八佾篇》。
② 杨伯峻：《论语译注》，中华书局1980年版，第26页。

主张"不以文害辞,不以辞害志"。孟子所说的"文",可理解为文饰或修辞,是指包括比兴在内的诗性话语方式;而所谓"害",则是阻障,是遮蔽。诗性的言说,即以"文"的方式使"辞"通达于"志",也就是"启"。这种清障去蔽的功能,对于《诗》之言志或《语》《孟》之论诗都是相同的。古代文论比兴的批评方法,源于儒、道文化的类比式思维,并绵延于历朝历代的文学理论和批评之中。

类比式思维的以己度人走向极致就是物我一体,就是打破"此心"与"彼物"的界域,使我变成了物,也使物变成了我,正如庄子梦蝶的寓言,使庄周变成了蝴蝶,也使蝴蝶变成了庄周。既然外物与"我"一样是有感觉有情欲有喜怒哀乐的生命实体,那么用"我"所拥有的一切(身体、生命、情感、人格等)来理解并表述外物,就是最自然最合理也是最方便的了。与类比推理一样,天人合一、物我一体的整体性思维方式也源于人类远古社会的"万物有生"、"万物同情"和"神人以和"。中国传统文化的"天人合一"遍涉儒道释三家,与西方传统文化的"主客二分"相区别,构成华夏民族特有的思维方式①。陈鼓应《老子注释及评介》说"形而上的道,落实到物界,作用于人生,便可称它为德。"②反过来说,人须遵循于"道"才能有所"得"(即"德")。《老子》二十五章:"人法地,地法天,天法道,道法自然",从逻辑上讲人最终要取法于自然(即天道);《论语·泰伯》:"唯天为大,唯尧则之",孔子认为尧的伟大正在于他能以天为准则。虽然老子和孔子对"天"的理解不尽相同,但这里讲的都是以人合天、天人合一。禅宗作为佛教中国化的代表,主张"从于自心顿现真如本性"③,消解彼岸与此岸、梵天与俗众的差别,在思维方式上也表现出物我一体、天人合一的特征。

---

① 参见朱立元主编:《天人合一——中华审美文化之魂》,上海文艺出版社1998年版,第51页。

② 陈鼓应:《老子注释及评介》,中华书局1984年版,第12页。

③ 慧能:《六祖坛经》。

中国传统文化之中，天人合一、物我一体既是以"我"观"物"的基本方式，同时也是"物"呈现于"我"的和谐状态。先秦儒、道两家都极为推崇"和"之境界，老子视"和"为自然之道的根本性特征，所谓"万物负阴而抱阳，冲气以为和"①；孔子则将"和"由"天道"引入"人道"，讲"君子和而不同"②，并将"中和"或"中庸"视为道德和人格的最高境界："中庸之为德也，其至矣乎！民鲜久矣。"③ 孔子以"中和"及"中庸"的方式观照文学，提出"尽善尽美"、"文质彬彬"、"乐而不淫，哀而不伤"等具有综合性和统一性特征的观点。以"和"的方式思考文学，则必然将"和谐"视为文学美的最高境界，同时也必然会用"中和"（或综合）的方式来辨析文论的诸多范畴和术语。《文心雕龙·序志篇》有"擘肌分理，惟务折衷"，刘勰"惟务折衷"的思维方式直接来源于孔儒的中和（中庸）思想，是对孔儒"和而不同"的整体性宏扬和创造性解读。刘勰所处的时代，文学和文论已经发展到这样一个程度：要求对文学思想作出总体性描绘和总结性论述，刘勰舍弃"铨序一文"之易而担当起"弥纶群言"之难，面对文学思想的"前论""旧谈"，即不刻意地标新立异，亦不轻率地雷同一响。刘勰要总结前人首先要超越前人，要集众说之精华，纳百川入大海——欲完成这一使命，最佳的思维方式和研究方法便是"擘肌分理，惟务折衷"。

刘勰之前的文学思想家，虽说在理论上各有建树且各具特色，但他们常常又是"各照隅隙，鲜观衢路"④，"各执一隅之解，欲拟万端之变"，所谓"东面而望，不见西墙"⑤，因而有着不同程度的片面、偏颇和局限；而刘勰的高明之处正在于他将孔儒"和而不同"的思维方式引入文论研究，从而将前人视为相互对立或

---

① 《老子》四十二章。
② 《论语·子路篇》。
③ 《论语·雍也篇》。
④ 《文心雕龙·序志篇》。
⑤ 《文心雕龙·知音篇》。

互不相关的许多命题、范畴和概念，通过剖析辩证，找到它们之间互相关联着的某种共同性，从而建立起一种更深刻的关于统一的看法。刘勰"惟务折衷"的整体性思维贯穿《文心雕龙》全书，涉及诸多命题、范畴和概念，比如属于玄学范畴的"才性"、"言意"、"哀乐"，属于儒学范畴的"心物"、"通变"、"文质"，具有佛学意味的"奇正"，以及"情采"、"华实"、"比兴"、"隐秀"这类较为纯粹的文论术语，大多染上了"中和"的色彩，或者说就是"折衷"的产物，充分地表现出整体性思维的综合性和统一性。

中国传统文论最常见的文体样式是诗话，而诗话最常用的批评方法是意象评点，是寓目辄书，是直寻妙悟，是一种典型的直觉式思维。中国文论的直觉式思维源于儒道释文化的诗性精神，其中以佛教及禅宗"悟"的影响最为显明。"佛"的本义是"悟"，释迦牟尼因悟而成佛。佛主之后，大凡在佛史上留名的都有"悟"的故事。以禅宗为例，先有西天摩呵伽叶于佛主拈花之时而领悟微妙至深的禅境，后有东土六祖慧能于弘忍命偈之际而创南宗顿教，此所谓"拈花之妙悟，非树之奇想"。从思维方式的角度而论，"悟"属于直觉性思维。道家也讲"悟"，《庄子·大宗师》说子祀、子舆等四人在一起讨论"生死存亡之一体"时"相视而笑，莫逆于心"，讲的也是直觉性的顿悟。

直觉思维属于"诗性智慧"，是文学创作中最常见的思维方式。中国传统代文论，其主体常常是兼诗人与论者于一身，其文本又常常采用文学的形式，故直觉思维同时也成了古代文论之中常见的思维方式。当古代文论家用文学的形式言说理论问题时，他们不可避免地要以感悟的、直觉的、艺术的、审美的方式来思维。钟嵘《诗品》被称为诗话之首，其品诗论诗，用的就是直觉式思维。钟嵘提出诗歌创作的"直寻说"，主张"寓目辄书"，在直观感悟中，心与物直接对话而无须以逻辑推理作中介，这也就是朱光潜所说"不假思索，不生分别，不审意义，不立名言"之意。这种思维的直接性表现为吾心与外物的相摩相撞，寓目与书写的相伴相生。面对自己的批评对象（五言诗），钟嵘也是"寓目辄书"，或比较或比喻或知人论事或形象喻示，均为诗性言说而并无理性分析。比如评范云、丘迟："范诗清便宛转，如流风回雪；丘诗点缀映媚，似落花依草。"两个比喻加两个形容词，"用自己创造的新的'批评形象'沟通原来的'诗歌形象'"，使人读后"有一种妙不可言的领悟，感受到甚至比定性分析更清晰的内容"①。

禅宗的妙悟是最为典型的直觉思维，严羽以禅喻诗，其实质是将中国佛学的思维方式引入诗歌理论和批评。严羽《沧浪诗话》中的"诗道亦在妙悟"取自"禅道惟在妙悟"，而禅宗的妙悟（南顿北渐）则是承续了东晋竺道生的"大顿悟"。② 据慧达《肇论疏》，道公大顿悟既讲"理不可分，悟语极照。以不二之悟，符不分之理"，也讲"悟不自生，必借信渐。用信伏惑，悟以断结"。前者指必须一次性地全面把握真如本性，悟理之时便是成佛之时，这显然是后来南宗禅的思想来源；后者则明示顿悟并不排斥渐修，必须以"信"（闻解）去"伏惑"并最终"断结"（了悟），这又是后来北宗禅的思想来源。

诗道之妙悟兼及鉴赏与创作，学诗与作诗，皆须从最上乘参起，才可能有第一义之悟。诗歌鉴赏的第一义之悟，源于对上乘之作的遍参、熟参与活参。学诗者对前人佳构既要转宜多师又要烂熟于心，若无"读书破万卷"之"参"，何来"下笔如有神"之"悟"？而所谓"活参"，则是将禅宗"参活句不参死句"的思维方式引入诗歌鉴赏。禅宗公案多为直觉、感悟式对话，问者深藏机锋，答者奇显妙悟，以一种"问非求答，答非诣问"的超语言方式，直奔惯常的、逻辑的语言所无法企及的思维层面，最终使对话者"惑"落而"悟"起。熟参，即是艺术鉴赏和批评中的感悟方法，而古代文论中大量的诗词曲话及小说评点等，都可以说是熟参之结果。

诗歌创作的第一义之悟，则为别材别趣，它与"读书穷理"

---

① 曹旭：《诗品研究》，上海古籍出版社1998年版，第166页。
② 参见曾祖荫《中国佛教与美学》，华中师范大学出版社1991年版，第114～117页。

既相关又有别。作诗之悟非凭空而起，也有赖于对前人作品的遍参、熟参和活参，所以诗人要多读书多穷理。但诗歌的最佳境界，有如禅宗的真如本性，不在彼岸而在此岸，不在外物而在吾心，是由吾心之兴发所产生的一种情趣，其不可言喻、不可凑泊，恰似沧浪所言的"空中之音，相中之色，水中之月，镜中之象"。严沧浪以禅喻诗而独标"妙悟"与"兴趣"，其思维特征是"不涉理路，不落言筌"，"羚羊挂角，无迹可求"，"透彻玲珑，不可凑泊"……更进一步说，禅是一种思维方式也是一种生存方式，或者说是二者的统一，参禅者通过直觉式的妙悟去体验那个形而上的终极境界，进入一种诗意的此在。在这一点上，中国传统文论与禅是相通的。文论家品诗论文，其意并不在诗亦非在文，而在于这种诗意化和个性化的生存方式。"逢人问道归何处，笑指船儿是此家"①，诗之舟是心灵的栖息，是精神的家园。

三 张 力

传统文论诗性特征的生命力，已经在中国古代文学及文化的发展进程中得到确证。以唐宋文论为例，由王昌龄"意境"、皎然"境象"、司空图"韵味"、苏轼"空静"、严羽"兴趣"绵延而成的取境的一路，是典型的诗性文论，并拥有《二十四诗品》和《沧浪诗话》这样的代表作；而以新乐府运动、古文运动和宋代理学家为代表的载道的一路，其文论思想也主要是借助"诗话"、"语录"、"论诗诗"、"书信"等诗性文体来言说。"取境"与"载道"，虽然思想意旨各异，审美趣味有别，但文论之"体"与"法"的诗性特征却是相同的。前面谈到严羽的《沧浪诗话》以禅喻诗，找到了禅与诗的诗性通路。禅宗是印度佛教的中国化，而印度佛教，无论是关于世界构成、人生因缘还是关于宗派圃别、层阶区分，原本都有着严格而系统的理论规定。印度佛教在中国流传的过程是一个不断地被中国化的过程，而用中国本土诗性文化来创造性地重释并转换外来宗教思想，则是"中国化"的实质内容之一。

---

① 陆游：《鹧鸪天》。

严羽藉禅文化的观念和方法来展开自己的诗歌理论，紧紧抓住"妙悟"、"熟参"、"羚羊挂角"这些具有鲜明诗性特征的关键词，而并不在意诸如临济与曹洞有无高下、小乘与声闻辟支果是否同级之类的层阶及宗派规定。《沧浪诗话》写于 13 世纪，700 多年来，严羽以禅喻诗所体现出来的诗性精神与诗性思维，一直深刻地影响着中国文论。《沧浪诗话》的生命力是中国诗性文论的生命力，同时也显示出中国诗性文化对外来文化的同化力。

中国传统文论，从《尚书·尧典》的"诗言志"，到《人间词话》的"词以境界为最上"，其诗性特征持续了 3 000 多年。笔者曾在一篇文章中称王国维为中国文学批评史上"但丁式"的人物，他的《人间词话》和《红楼梦评论》，既是传统文论的终结，又是现代文论的肇始。①就本文的论题范围（诗性文论的"体"、"法"、"力"）而言，王国维的这两部文论著作是有区别的。19 世纪与 20世纪之交，在"家家言时务，人人谈西学"的文化潮流中，王国维从海宁来到上海，开始受到西方哲学、美学、心理学和文学理论的影响，并尝试用康德、叔本华、尼采等德国哲学家的思想和方法来研究中国文学，用陈寅恪《王静安先生遗书序》的话说，就是"取外来之观念与固有之材料互相参证"，《红楼梦评论》则是用外来文学观念阐释本土文学作品的范例。全著五章，首章标举叔本华关于生活之本质的悲观哲学，并以此为立论依据来评论《红楼梦》；次章将《红楼梦》之精神表述为"玉者，欲也"；三、四两章藉叔本华的悲剧理论与解脱理论，依次探讨《红楼梦》美学与伦理学之价值；最后一章评说新旧红学之别，并大段引用叔本华原文以作全著之结。显然，王国维《红楼梦评论》受西学影响，其文体样式、篇章结构及语言风格是哲学化和逻辑化的，与中国文论的诗性传统大异其"体"。

不惟"体"，"法"亦然。在批评方法及思维方式上，王国维有一种借鉴西学的理论自觉。《红楼梦评论》第一章末尾写道：

---

① 李建中：《王国维的人格悲剧与人格理论》，《中南民族学院学报》2000年第 1 期。

"今既述人生与美术之概略如左。吾人且持此标准，以观我国之美术。而美术中以诗歌戏曲小说为其顶点，以其目的在描写人生故。吾人于是得一绝大著作曰《红楼梦》。"王国维所持之"标准"，是叔本华的标准，是西方哲学美学的标准；而取外来"标准"以观本土文学，则属于比较文学中的阐释法，亦为西方文学理论之方法。《红楼梦评论》发表于 1904 年，从而在世纪之初为中国文论提供了一种西方式的批评文体及方法。我们看 20 世纪的中国文论，其"体"其"法"基本上沿袭了《红楼梦评论》的路数。正是在这个意义上，我们说《红楼梦评论》是现代文论的开启。

然而，正如不少学者已经指出过的，《红楼梦评论》亦有种种缺憾，其中最明显的是文学研究中"外来标准"与"本土对象"的"强合"。钱钟书《谈艺录》："夫《红楼梦》、佳著也，叔本华哲学、玄谛也；利导则两美可以相得，强合则两贤必至相厄"，而"王氏附会叔本华以阐释《红楼梦》，不免作法自弊也"。①王国维之后，以西学之玄谛阐释本土之佳作的著述汗牛充栋，而"强合"以至"相厄"者时有所见。

1909 年，《人间词话》64 则全部刊出。与《红楼梦评论》一样，《人间词话》在讨论本土文学时也借用了外来观念，如叔本华的"理想（理想主义）"、"摹仿自然（写实主义）"、"优美"、"壮美"，等等②。但二者又有极大的区别：《人间词话》的"体"与"法"是诗性的，是中国传统式的，与哲学化、逻辑化的西方文论大异其趣。如果说《红楼梦评论》是标准的论著体，那么《人间词话》则是典型的文学化文体。话语方式的随感式和评点式，洋溢着论者的真性情真情感；思维方式的直觉感悟和单刀直入，体现出儒道释文化的诗性濡染；排比、对偶、取譬、连类等文学修辞手法的娴熟运用，常使人处于一种阅读的欣乐之中。

《人间词话》前 9 则提出"境界说"这一理论纲领，后面的 50

---

① 钱钟书：《谈艺录》，中华书局 1984 年版，第 351 页。
② 参见王攸欣：《选择·接受与疏离》，三联书店 1999 年版，第 95～101 页。

多则以及《删稿》和《附录》的若干则，均可视为以"境界说"为基准的具体批评。这种结撰方法在中国传统文论中是常用的。比如钟嵘《诗品》，先有"序"提出理论要旨及品评方法，然后是对100多位五言诗人的具体识鉴和品第。又如严羽《沧浪诗话》，先有"诗辨"标举"论诗如论禅"的诗学纲领，然后依次论及"诗体"、"诗法"、"诗评"和"考证"。由此可见，中国诗性文论并非没有内在的逻辑层次和体系结构。正如一棵常青的大树，它的勃勃生机，它的旺盛的生命力，是由自身的主干、分枝、根柢、枝叶等部分自然而有机地组成，而非凭借外力拼凑而就。而且，《人间词话》还是一个开放性的文本，王国维亲手删定、刊于《国粹学报》的 64 则为其主体，而王氏所删弃者以及各家所录王氏论词之语为其羽翼，主体与羽翼构成一种互文性关系。

《人间词话》的文论言说，虽然也有西学的影响，但从理论关键词到批评对象，从文体样式、语言风格到思维方式、批评方法等，都是本土的、诗性的。因此，《人间词话》在处理"外来观念"与"本土作品"时，才能成功地避免"强合则两贤必至相厄"而走向"利导则两美可以相得"。虽然就批评文体而论，王国维之后的中国文论更多地是采用《红楼梦评论》式的论著体，但论及思想深度、理论价值以及对后世的影响，应该说《人间词话》有着更强大更长久的生命力。笔者大胆预言，百年之后，人们在回首并总结 20 世纪中国的文学理论和批评时，能够记住并圈点的，可能不是《红楼梦评论》式的论著体成果，而是《人间词话》式的诗性文论，如钱钟书的《谈艺录》和《管锥编》等。

21 世纪的文学理论和批评，应该吸纳中国诗性文论的传统。在高科技时代，技术理性或科学主义成为主宰性的价值标准。表现在文学批评领域，则是非诗意的栖居和唯理性的思维，导致文论话语的艰涩、干涸和板滞。文学批评常常远离文学作品本身，在一个丢失了上下文的虚空之中，毫无目标地抛掷新术语新名词的炸弹。文学理论则是无视本民族的文化语言环境，热衷于为各种进口的"主义"或"流派"做着似是而非的诠释；或者似懂非懂地盯着外来的文论"蓝图"，随心所欲地搬动着本民族的文论"部件"而建构着沙滩上的"理论大厦"。这种"大厦"既缺乏内在的精神支撑，又没有外观上的"好看"（诗性的言说）。另一方面，从事文学批评的学者大多集中在高等院校，由于对高校教师在职称评聘、业绩考核和学术奖惩等方面越来越严格的"数字化"管理，使得包括文学批评在内的学术研究成为一种越来越"规范化"或"模式化"的文字制作。中国传统文论那种特有的灵性、兴趣和生命感受被丢弃，古代批评文体所特有的开放、多元和诗性言说的传统亦被中断。毋庸讳言，从事当代文学批评的人并不太关注中国古代文论。然而，我们是否作过这样的比较：一篇书信体的《报任安书》或《与元九书》胜过多少篇核心或权威期刊的论文？一部骈体文的《文心雕龙》或随感式的《人间词话》又胜过多少部国家级或省部级出版社的巨著？在文学批评的研究及写作领域，我们需要吸纳古代文论的诗性传统，否则，我们的文学批评则难逃如彼归宿：或者是西方学术新潮或旧论的"中国注释"，或者是各种学术报表中的"统计数字"，或者是毫无思想震撼力和学术生命力的"印刷符号"或"文字过客"。

人们常说"理论是灰色的，只有生命之树常青"，而在中国传统文论的诗性空间却生长着葱郁茂盛的"理论"之树。晶莹的露珠还在绿叶上跳动，和煦的阳光已洒满枝叶，巨龙般的根柢静卧于大地厚实而温暖的怀抱，而在绿树的身边，在高天厚土之间，万斛泉源拨动着生命的竖琴……有远古时代诗性智慧的滋润，有儒道释文化诗性精神的养育，中国诗性文论的生命之树常青。

最近十年来中国的长篇小说①

◎ 於可训

於可训，1947 年出生于湖北省黄梅县，1977 年考入武汉大学中文系，1982 年初毕业留校任教至今。现任武汉大学中文系教授、博士生导师，系中国作家协会会员、湖北省作家协会副主席、湖北省文艺理论家协会副主席、中国写作学会常务副会长、中国当代文学研究会理事、中国通俗文艺研究会理事、《文艺新观察》丛刊主编、《长江学术》执行主编、《写作》杂志主编。著有《中国当代文学概论》、《当代文学：建构与阐释》、《小说的新变》、《批评的视界》、《新诗体艺术论》、《当代诗学》、《新诗史论与小说批评》，主编《文学风雨四十年》、《80 年代中国通俗文学》、《中国现当代小说名著导读》（上、

① 本文系作者 2005 年 2 月 17 日在印度尼赫鲁大学召开的"东亚文学国际研讨会"上宣读的学术论文。

下)、《小说家档案》等论著多篇，承担过多项国家社科基金和省部级社科基金项目，曾多次获省部级科研成果奖。

长篇小说在中国现代文学史上，是一个发展得比较缓慢的文类。从 20 世纪初中国现代文学的诞生，到 20 世纪中叶中华人民共和国成立，在长篇小说创作方面，虽然也出现了诸如茅盾、巴金、老舍这样的大家，以及诸如钱钟书、张爱玲、无名氏这样的奇才，但终究没有形成大的规模，因而较之中短篇的成就，在总体上，要稍嫌逊色。

1949 年中华人民共和国成立以后，由于受着对刚刚过去的那段漫长的革命历史的叙事冲动的驱使，加之作家有了一个相对稳定的创作环境，所以在 20 世纪 50～60 年代的一个较短的时间内，就出现了一个相对集中的长篇小说的创作高潮。这个高潮中的长篇创作，就题材和主题而言，主要集中于对中国近现代革命历史的叙述，艺术上恪守现实主义的创作方法，同时，有相当多的长篇作家特别注重转化中国古代长篇小说的艺术传统，从小说的体式到叙事的方法和技巧，乃至结构和语言等方面，都注意吸收古代作家的创作经验，以至于形成了一种被今天的学者称之为"革命英雄传奇"的新的长篇文体类型。

经过十年"文化大革命"的动乱之后，在 20 世纪 70～80 年代，长篇小说创作随着整个文学的复苏，又出现了一个相对集中的创作高潮，这个高潮中的长篇创作中虽然对历史的叙述依然占有很大的比重，但相对于前一高潮中的长篇小说往往是按照政治设定的革命的本质和规律叙述历史而言，这个高潮中的长篇创作更多地是侧重于对偏离这些本质和规律的诸多历史问题的质疑、反省和思考，因而是一种带有"反思"性质的长篇小说，尤其是对于十年"文化大革命"的历史的痛切反思，是这个时期长篇小说创作的重心所在。与此同时，这期间的长篇创作，也十分关注中国社会正在开始的改革开放，并因为现实问题的激发，而对民族的历史文化传统和国民的性格，包括普遍人性问题，产生了浓厚的探究的兴趣。

后两类长篇小说，也有人套用对这期间中短篇小说的一种命名，称之为"改革小说"和"寻根小说"。因为整个社会在发生变革、走向开放，尤其是在这个过程中所受西方现代主义文学的影响，这期间的长篇创作在不断改善和更新现实主义的创作方法的同时，也吸收了西方现代主义小说的一些创作方法和技巧，因此在艺术上呈现出了与前一个时期不同的风格和面貌。

中国现代长篇小说经过了将近一个世纪的探索和发展的历程，尤其是近半个世纪以来的两次相对集中的创作高潮的推动，已经取得了重要的创作成就，积累了丰富的艺术经验，为中国现代长篇小说在未来的发展，打下了一个坚实的基础。最近十年来中国的长篇小说创作，正是在这个基础上的一种发展和延续。同时，也以它诸多鲜明的特色，构成了中国现代长篇小说发展的一个新阶段。

最近十年来，中国长篇小说的最新发展，有诸多复杂的原因。其中最主要的，有如下三个方面原因：第一个方面的原因，如上所述，是20世纪80年代的文学创作特别是长篇创作的活跃积累了丰富的经验，为这期间长篇创作的繁荣发展做好了艺术准备，奠定了创作基础；第二个方面的原因，是这期间中国政府和国家领导人对长篇小说创作的鼓励和提倡，以及逐步扩大的文化市场和读者群对于长篇作品的迫切需要；第三个方面的原因，是在20世纪80年代成长起来的一些优秀的中、短篇小说家，在这期间纷纷转向长篇小说创作，为这期间的长篇小说创作，增添了一支生力军。由于这些原因，这期间的长篇小说才得以脱颖而出，一枝独秀，不但在产量上为过去年代所不可企及，而且其中的优秀之作，在质量上也达到了新的高度。根据有关统计资料显示，从20世纪90年代中期开始，长篇小说的年生产量就达到了700多部，是"文化大革命"前十七年中国当代长篇小说生产总量的两倍。此后，又逐年递增，到20世纪90年代末，年产量已突破千部大关，是前十年（即80年代）长篇小说生产量的总和。进入21世纪以后，这种逐年递增的势头虽稍有缓解，但仍然稳定在年产800部左右的数目上。如果按上述数字计算，最近十年来中国当代长篇小说的生产总量，已经接近万部。从这个意义上说，认为20世纪90年代的长篇创作是继

80年代之后当代长篇小说发展的又一个新的高潮,丝毫也不为过。

这个数目庞大的长篇小说家族,集中浓缩了中国社会在结束"文化大革命",实施改革开放政策二十多年来,尤其是推行市场经济体制近十余年来所形成的一系列新的价值观念、人生哲学、道德理想、精神信仰等诸多新的意识形态。这些新的意识形态通过各种方式,渗透在这些长篇作品之中,构成了这期间长篇创作的不同精神取向,其具体表现,主要有以下几个方面:

第一个方面是从20世纪90年代初始露端倪、到90年代中后期渐成气候的,以张承志和张炜等作家在这期间创作的《心灵史》、《家族》(包括《柏慧》)等为代表的,一种可以称之为追求人文理想的精神取向。这种取向的创作与思想文化界当时正在进行的"人文精神"的讨论不谋而合,都是站在文化理想主义立场对市场经济背景下的社会人生进行一种自觉的理性审视,以求救治社会颓风而高扬理想的旗帜。这些作家的创作虽然不一定全都是(有的甚至完全不是)取材于当下的生活现实,但在他们的作品中所高扬的各式各样的人文理想,如宗教的、革命的,等等,对于重建精神信仰、价值秩序、道德传统和警醒世道人心、匡正社会流弊,都有一种重要的启示作用,是一种理想主义色彩很重的创作倾向。这种创作倾向还应当包括邓一光的《我是太阳》等长篇作品,这些作品中所洋溢的理想主义和浪漫精神在当今中国仍不乏一种震撼人心的艺术力量。

第二个方面是与这种精神取向相近,同样也显示了丰富的历史、文化等人文内涵的,以陈忠实的《白鹿原》、阿来的《尘埃落定》和王蒙的"季节"系列长篇为代表的,以反思民族历史文化为特征的精神取向。这种取向的创作继承了20世纪80年代文学反思历史的创作题旨,但较之80年代大多取政治的视角且多受"拨乱反正"的思维方式的影响,好作"翻案"文章而言,90年代出现的这些长篇作品对历史文化的反思,更具理性色彩,也更接近历史哲学和文化哲学的高度。

第三个方面是与这种反思民族历史文化为特征的精神取向在本质上是一致的,但却表现为不同的思维向度的,以韩少功的《马桥词典》和王安忆的《纪实和虚构》为代表的，带有文化和家族寻根色彩的精神取向。代表这种精神取向的作家大多是20世纪80年代"寻根文学"的领衔人物，故而这类创作多承"寻根文学"之余绪，而又在规模体制和深广程度上超越了80年代的"寻根文学"，成为持续十余年的"寻根文学"浪潮的一个集大成式的发展。

第四个方面是与这种带有寻根色彩的精神取向对文化和家族传统的固守有关，以张炜的《九月寓言》和贾平凹的《废都》、《白夜》、《土门》、《高老庄》等系列作品为代表，构成的一种以传统的价值立场和文化心态应对现代文明，可以称之为带有文化保守主义色彩的精神取向。这种取向的创作或者固执于一种传统的文明形式，以此来对抗现代化浪潮的冲击；或者因为这种传统的文明形式受到现代化浪潮的冲击，而产生一种恐惧、惶惑、颓废、失落乃至濒临末世的绝望心理。这类创作类似于西方现代主义文学的"反抗现代"，却没有找到正确的价值立场和新的文化认同，因而虽与"寻根文学"在文化理念上相近，却缺少"寻根文学"所应有的批判审视的文化态度和文化眼光。

第五个方面是以史铁生的《务虚笔记》和余华的《呼喊与细雨》、《活着》、《许三观卖血记》等为代表的，涉及人的生存状态尤其是普通人的世俗生存状态，以及人性和人生哲理范畴的问题，因而可以称作是一种带有人生本位色彩或人本主义色彩的精神取向。这种取向的创作深切关注的是人的存在问题，直接表现的是文学作为"人学"的基本主题，因而大都受到了现代人本主义尤其是存在主义的哲学影响，是一种带有现代主义色彩的创作倾向。这类创作还应当包括王安忆在这期间创作的《长恨歌》，这篇小说虽然与现代主义哲学和艺术无涉，但所关切的却同样是人的命运和人生问题，是这类创作中比较倾向于传统的现实主义创作方法的作品。

除了上述五种精神取向的长篇创作外，20世纪90年代中期前后一些性别倾向很重的女性作家的长篇创作，如林白的《一个人的战争》、陈染的《私人生活》和90年代后期铁凝的《大浴女》

等，也较为引人注目。这些长篇作品因为特别强调女性特征和女性权利，又受西方女性主义和女权主义的影响，因而被人称为带有女性主义或女权主义色彩的创作倾向。这种倾向的创作以一种独特的女性立场、女性经验和女性视角，切入历史文化和社会人生，从总体上展现了在这个以男权为中心的社会里为女性所拥有和主宰的一个独特的生活世界，尤其是对女性个体生活体验和成长体验的诉求，乃至个人生活隐私和身体隐秘的暴露，更使这种女性主义或女权主义写作带有很重的"私小说"色彩。这股女性主义或女权主义的长篇创作潮流，也因此而加重了这期间文学创作的"个人化"或"私人化"倾向，成为这期间"个人化写作"或"私人化写作"的一支劲旅。

在最近十年来中国的长篇小说中，最能体现现实主义创作方法，密切关注当下社会和现实人生的作品，要数在20世纪90年代中后期出现的一批以反映深入发展的改革开放和反腐倡廉为题材的长篇作品，如陆天明的《苍天在上》、张平的《抉择》、周梅森的《人间正道》、《中国制造》等，这些作品呼应了文学面向现实、反映改革的"主旋律"的提倡，敢于大胆暴露改革开放过程中各种错综复杂的社会矛盾，深入揭示围绕权力和财富展开的各种冲突和斗争。因为表达了民众的愿望，传达了民众的呼声，显示了正义和道德的力量，因而受到读者的广泛欢迎，尤其是借助影视传媒的传播作用，在民众中产生了广泛的影响，出现了自20世纪80年代中期以来少有的"轰动效应"。

在现实题材的长篇创作产生"轰动效应"的同时，历史题材的长篇创作进入20世纪90年代以后，也取得了长足的进展。以唐浩明的《曾国藩》和二月河的《雍正皇帝》等为代表的历史小说创作，在80年代历史题材的长篇创作已经形成的多元的艺术格局中，又进一步拓宽了历史观照的视野，在对历史事件和历史人物的历史评价，在历史人物的形象塑造，尤其是对人物心理和人性的深度开掘方面，以及在处理历史真实和艺术创造、艺术创造的雅、俗关系等问题上，都超越了以往的历史小说，成为当代历史小说发展新阶段的一个突出标志。

与前阶段的长篇小说创作相比，最近十年来的长篇小说在艺术上创新的幅度更大，在创造新形式和运用新的叙事方法与技巧方面，也显得更加自然和成熟。就这期间最富创新性的一些长篇小说作品而言，主要有以下几个方面的创新最具代表性：

第一个方面是新观念的形成。"文化大革命"结束以后的中国文学，一直在寻求突破已趋于定型的一些文学观念和艺术模式，在小说这种叙事性的文类中，主要是长期占据统治地位的现实主义的创作观念和艺术模式。为此，在 20 世纪 80 年代的小说创作中，作家们进行了多方的探索和实验。这种探索和实验的结果，事实上已经在实践的层面突破了现实主义创作方法的诸多规范。最近十年来的长篇创作，进一步把这种实践层面上的探索和实验所取得的感性经验，上升到自觉的理性层面，形成了一系列有别于传统现实主义的新的艺术观点和创作理念。尤其是对于真实性这个现实主义创作方法的核心问题的理解，这期间的作家更倾向于从个体的、主观的、心灵的和感受性的角度去看待"生活的真实"，从而打破了传统的现实主义所认定的那种与个体的心灵和主观情志无关的纯粹客观的真实观，这就使得作家有可能打破主观与客观、真实与虚构、纪实与想像之间固有的界限，能够在一个更广大也更自由的艺术时空中从事文学的创造活动。这期间的长篇小说如《务虚笔记》、《纪实和虚构》、《九月寓言》，以及作家余华、刘震云、莫言和上述一些女性作家的长篇小说，都是这一文学新观念的集中体现。

第二个方面是新形式的创造。如《心灵史》"用（伊斯兰教）哲合忍耶内部秘密钞本作家的体例"构造小说的形式；《马桥词典》创造了别具一格的"词典体"的长篇形式；女作家方方用"年谱"的形式创作长篇小说《乌泥湖年谱》；女作家孙惠芬以"地方志"的形式创作长篇小说《上塘书》等。

第三个方面是新风格的追求。其中最引人注目的，是被有些学者称之为"狂欢化"叙事风格的出现。较早有莫言的《丰乳肥臀》、刘震云的《故乡面和花朵》，随后又有王蒙的"季节"系列长篇小说和阎连科的《坚硬如水》等。这些作品的一个突出特点，是在一个被称之为"复调"和杂合的形式中，运用各种矛盾和悖论的形式进行文学叙事，同时叙事的话语打破了庄重与诙谐、严肃与戏谑、精致与简陋、雅训与粗俗、直陈与暗隐，以及书面与口头、古典与现代、官方与民间、本土与外来的诸多界限，构成了一种被称之为"杂语喧哗"的叙事风格。

中国小说从古典向现代的转型，本来就是受着西方文化和西方文学的影响，因此，在相当长的一个时期内，中国现代小说取用的是西方的文化和文学资源。

20世纪40年代以后，由于在文化上确立了民族化的方向，所以此后的文学，从50年代到60年代，都十分注重取用本土的即民族的和民间的文化和文学资源。但是，由于20世纪下半叶的冷战格局所造成的中西方对立，中国文学的这种民族化和民间化的追求，又往往与世界文学尤其是西方各国文学的现代化进程相疏离。"文化大革命"以后，中国文学再度"走向世界"，使中国作家获得了一种新的观照民族文化和民族文学传统的立场和眼光，从20世纪70年代末到80年代，中国作家在学习、借鉴西方文学的同时，又开始重新发掘和取用民族的和民间的文化与文学资源，并通过自己的文学创作活动，使本土的文化和文学传统向现代发生创造性的转化。最近十年来中国的长篇小说作家，就是受着这种新的文化"回归"趋势的影响，继续把关注的目光投向民族的历史文化，从中吸取艺术创作的养料和资源。如《废都》脱胎于中国古典小说《金瓶梅》；《乌泥湖年谱》和《上塘书》采用"年谱"体和"方志"体，都是立足于取用和转化本土的文化和文学资源。《马桥词典》的"词典体"虽不无外来影响，但又明显带有中国古代笔记小说的痕迹。尤其是莫言的长篇新作《檀香刑》，把流传在山东高密一带的地方小戏——"猫腔"的演唱特征、叙事风格和结构方式，化入长篇小说。为了突出这部小说的民间化特征和听觉效果，莫言在作品中"有意地大量使用了韵文，有意地使用了戏剧化的叙事手段，制造出了流畅、浅显、夸张、华丽的叙事效果"。他要通过这种方式表明：小说"原本是民间的俗艺"，在"渐渐成为庙堂的雅言的今天"、"在对西方文学的借鉴压倒了对民间文学的继承的今天"，他要使这部"不合时尚的书"，成为他在创作中

向民族和民间"一次有意识地大踏步撤退"。① 莫言的话同时也表
明，最近十年来中国的长篇小说乃至整个中国文学，经过漫长的实
验探索的过程，正在逐渐走出"西方影响"的焦虑，通过创造性
地转化民族的文化和文学传统，为世界文学提供一份真正属于自己
的独特的"中国经验"。

---

① 莫言：《檀香刑·后记》，作家出版社2001年版。

《诗经》的文化意蕴及其现代价值[①]

◎ 程水金

程水金，字二行，1957 年生，湖北新洲人。1982 年毕业于华中师范学院，获文学学士学位。1989 年毕业于武汉大学，获文学硕士学位。1997 年毕业于北京大学，获文学博士学位。1997 年始，任教于武汉大学中文系，2000 年晋升为副教授，2005 年晋升为教授。主要从事先秦文化与文学之综合研究，负责承担国家哲学社会科学基金项目。专著《中国早期文化意识的嬗变》第一、二卷作为"武汉大学学术丛书"与"国家'十五'重点图书"分别于 2003 年、2004 年出版，并荣获中南地区大学出版社协会优秀学术专著一等奖。近年来，先后在〔台〕《汉学研究》、《中国哲学史》、《文学评论》、《中国典籍与文化》、《人文论丛》等国际国内著名学术刊物上发表论文 20 余篇，在文学、史学与哲学领域皆有所突破。

① 本文系作者 2006 年 2 月 19 日、26 日于湖北省图书馆报告厅"精英讲坛"所做的学术报告。

　　《诗经》是中国古代第一部诗歌总集，收录自西周初年至春秋中叶五百年间的诗歌三百零五篇；分为风、雅、颂三个部分。

　　《诗经》的年代上限与下限，是根据《诗经》所收作品来判断的。《诗经》所收作品的年代上限是明确可知的，《周颂》中的作品，是周人"以其成功告其神明者"，基本上是西周初年开国不久而"制礼作乐"时的作品；至于《诗经》作品的年代下限，却要费一番考订工夫。一般认为，《诗经》中比较明确的时代下限，是《陈风》中的《株林》。这首诗的本事，见于《左传》宣公九年、十年，说的是陈灵公和二位大臣孔宁、仪行父与大夫夏御叔的妻子夏姬私通的故事。陈灵公君臣各自把夏姬的内衣穿在身上，并公然在朝堂上互相开玩笑。在夏姬的家里饮酒，陈灵公又指着夏姬的儿子夏徵舒对仪行父说："夏徵舒长得就像你！"仪行父对陈灵公说，"他也长得像我们的国君啊！"夏徵舒也是陈国大夫，也是有头有脸的人物，他的年龄与职位表明他不可能是陈灵公或仪行父的私生子。因此，听了这些既侮辱母亲，又侮辱自己的话，他当然很生气。于是趁陈灵公酒足饭饱走出夏府内门之际，夏徵舒便躲在马厩里把陈灵公射死了。《陈风·株林》就是讽刺陈灵公私通夏姬的。这首诗，可能大家不太熟悉。诗共两章，前一章说："胡为乎株林？从夏南。匪适株林，从夏南。"后一章说："驾我乘马，说于株野。乘我乘驹，朝食于株。""株林"之"株"即夏姬居住的都邑之名；"林"，国都较远的郊外。《尔雅·释地》说："邑外谓之郊，郊外谓之牧，牧外谓之野，野外谓之林，林外谓之坰。"因此，"株林"与"株野"，都是泛指"株邑"的郊外。"夏南"，即"夏子南"的省称，是夏徵舒的字。古人的名与字在意义上是有关联的。比如孔子的学生冉耕，字子牛；宰予，字子我；曾点，字子皙，《说文解字》解释"點"字说，"小黑也，从黑，占声"；解释"皙"字说，"人色白也，从白，析声"。则"點"与"皙"，一黑一白，其义相反。韩愈字退之，愈者，进也，进与退，意义也是相反的。那么，夏徵舒为什么字子南？先说这个"舒"字。"舒"是春秋时代比较偏远的南方小国，大概就在安徽的桐城、庐江、舒城一带。除了夏徵舒字子南之外，《左传》襄公二十二年又记楚国有一位公子追舒，也字子南。"追舒"与"徵舒"，意义相同。"徵舒"，"追舒"，王引之《经义述闻·春秋名字解诂》解释说，这是以当时所发生的历史事件作为人名的。这种以当时之事给孩子取名，现代也有。比如"文化大革命"中出生的孩子，有许多名叫"卫东""卫革""文革"。还有，武汉市1957年前后出生的孩子，不论男的女的，有不少叫"大桥""汉桥""江桥""武桥"。为什么？就因为武汉长江大桥是新中国第一座长江大桥，在1957年建成通车。陈国的夏徵舒与楚公子追舒，也是以当时发生的历史事件作为名字。当时，中原的霸主是齐桓公，他曾联络中原各国对四方蛮夷小国进行过大规模的征讨，所以《诗经·鲁颂·閟宫》说"戎狄是膺，荆舒是惩"。"戎"与"狄"是西方与北方偏远的少数部族，"荆"与"舒"是南方偏远的少数部族。"荆舒是惩"这句诗，在《史记建元以来侯者年表》中就引作"荆舒是徵"。可见，这个"惩罚"的"惩"字，与"徵召"的"徵"字，在古书里是可以互相通用的。因为"舒"国在荆楚以南，因此，叫"徵舒""追舒"的人，他们就都用"子南"为字。这首诗的"夏南"，就是夏子南，也就是夏徵舒。那么"胡为乎株林？从夏南"，是什么意思呢？这是诗人故作问语，说陈灵公为什么跑到株邑的远郊去了呀？哦，原来他是去找夏子南呀！"匪适株林，从夏南"，他可不是到株邑的郊外去干别的什么事呵，他是去找夏子南呵！如果你们已经知道了这首诗的历史背景，你就能体会到这两行诗句的特殊韵味。诗人把讥讽、挖苦与嘲笑，用一种轻描淡写的方式表现出来，让你去联想。尤其是"匪适株林，从夏南"，欲语还休，支支吾吾，让你觉得话中有话，内藏隐情。第二章"驾我乘马，说于株野；乘我乘驹，朝食于株"，马八尺为龙，六尺为驹。大夫只能乘六尺高的马，"乘马"，四匹马拉的车。"驾我乘马"，指陈灵公；"乘我乘驹"，指孔宁与仪行父。"说"，读"税"，意即卸下马车住下来。这里变换叙述角度，以陈灵公与孔宁、仪行父的口气，说："套上我的马车，到株邑的郊外去住一晚；乘上我的马车，到株邑去痛痛快快吃早餐。"应该注意，古人认为早晨的饥饿是最难忍受的，《楚辞·天问》"胡维嗜不同味，而快鼌饱"，意思是说，为什么各人的口味不同，但都以"早晨吃饱"为痛快之事。不过，古人常常以"朝饱"来隐喻性欲的满足。如《周南·汝坟》有诗句说"未见君子，惄如调饥"，"惄"字，读"ni"，第四声，饥饿之意。这个"调饥"的"调"字，应该读"朝"，这也是古音通假。"调饥"，即早晨的饥饿。"未见君子，惄如调饥"，意思是说，"心上人呀想见又见不到，就像早晨没吃饭，饿得我眼发花心也跳"！因此，古人所谓"朝饥"，意义相当于现代汉语的"性饥渴"。如此说来，"朝食于株"隐含在字面以下的意思，也就可想而知了。陈灵公与孔宁、仪行父私通于夏姬，被夏徵舒所杀，这件事发生在鲁宣公十年，也就是公元前599年。那么，这首诗就可能写于陈灵公在位的晚期。陈灵公在位十五年，从公元前613年到公元前599年，这首诗是《诗经》中可以确定的年代最晚的作品。春秋时代，从公元前770年周平王东迁，到公元前481年鲁哀公十四年春秋记事结束，约三百九十年的历史。而公元前599年正是春秋中期。所以说《诗经》收录了从西周初年到春秋中叶的作品，根据就在这里。

《诗经》在先秦，一般只称为《诗》，或者称《诗三百》，如《论语·为政篇》记载孔子说，"诗三百，一言以蔽之，曰诗无邪"；《墨子·公孟篇》也说，"弦诗三百，歌诗三百，舞诗三百"。称之为《诗经》，是从战国末期的荀子开始的，到西汉初年，尤其是汉武帝接受董仲舒的建议，"罢黜百家，独尊儒术"之后，才成为普遍使用的名称。

《诗经》为什么分为风、雅、颂三个部分？这个分类的根据是什么？这个问题，从古到今有多种不同说法，这里用不着一一介绍。不过，现在学术界关于风、雅、颂的分类，看法比较一致。认为《诗经》的这种分类，是与音乐的特点相关的。因为《诗经》在最初都是可以配乐歌唱的，由于年代久远，乐曲失传，只留下了歌词。而风、雅、颂的分类，正是与音乐的性质相关。所谓"风"，就是地方音乐。《左传》成公九年记载着一个历史故事，说郑国人抓住了一个楚国俘虏，这个俘虏的先辈是楚国的宫廷乐师，他所擅长的乐器是钟，所以他就以钟为氏，叫钟仪。郑国弱小，依附于晋国，钟仪被郑国人当做战俘送给晋国。晋国人把他五花大绑，囚禁在军械库里三年。有一天，晋景公到军械库，见到钟仪，就问："南冠而絷者，谁也？"管事的人回答说："郑人所献楚囚也。"晋景公就命为他松绑，解除囚禁，并叫上前来安慰他，问他祖上干什么职业。钟仪说"泠人"，即乐官。于是晋景公问钟仪能不能演奏音乐。钟仪回答说，这是我家祖传的职业，自我的父辈以来，就不干别的事了，会的就是这玩艺儿。于是晋景公就给他一把琴，钟仪演奏了一曲南方的乐曲，即"操南音"。后来，晋景公将这事告诉了晋国的执政大臣范文子，范文子评价钟仪说"乐操土风，不忘旧也"。意思是说，钟仪虽然当了俘虏，但仍然没有忘记自己的祖国，他演奏南方楚地的音乐，就表明了他依恋故国故都的心情。从"乐操土风"这个说法来看，"风"就是"土风"的意思，即具有地方特色的音乐曲调。因此，《诗经》中的"十五国风"，就是具有地方特色的民间歌曲。

　　《诗经》的"十五国风"包括周南、召南、邶、鄘、卫、王、郑、齐、魏、唐、秦、陈、桧、曹、豳等。不过，所谓"十五国"，并不是指十五个诸侯国。周南、召南是指周公与召公分陕而治所管辖的南方诸国，在江汉汝水一带，相当于现在的河南南部以及湖北江西等较为宽泛的南方地区。邶、鄘、卫，实际上是殷都朝歌周边的地域。王，又是指东迁之后王畿附近一带地方，也就是东都洛邑与王城周边的郊区。至于幽地，在现在的陕西郇邑、彬县一带，是周民族早期居住地之一，也不是周王朝的封国。既然十五个地名，不都是诸侯国的国名，为什么要叫"国风"呢？其实，"国"字的繁体，是一个大口里面加一个"或"字。按汉字的造字原理，"國"字本来是可以不要这个口的，"或"字就是"國"的初文，本意就是用武力圈定一块地盘，从口从戈从一，一像地，口读包围的"围"，表示圈起来的一块地盘，用"戈"守着。后来"或"字借为"或者"的"或"，借而不还，于是又在"或"字外边加一个大口新造一个"國"字，来表示"或"字的本意。由于社会与文化的发展，"国"字具有政治区划即现在所谓"国家"的意义，于是又在"或"字旁边加一个"土"旁，写成"域"字来表示"或"字原来的意思。这样说来，"或"字、"國"字、"域"字，其本意都是地域的意思。因此，"十五国风"，就是十五个地域的乐曲，而"国风"中收录的诗歌，也就是十五个地域的民间歌曲。

"国风"中的民歌，内容十分丰富。有些讽刺统治者荒淫无耻。如上面讲《诗经》年代下限时提到的《陈风·株林》。此外，《邶风·新台》、《鄘风·墙有茨》等，都是这方面的例子。如《邶风·新台》：

> 新台有泚，河水瀰瀰。燕婉之求，籧篨不鲜。
> 新台有洒，河水浼浼。燕婉之求，籧篨不殄。
> 鱼网之设，鸿则离之。燕婉之求，得此戚施。

这首诗，根据汉代人的解释，说是讽刺卫宣公的。卫宣公给他的儿子公子伋在齐国说了一门亲事，又听说这位齐国女子长得非常漂亮，卫宣公就想据为己有，于是就派人在黄河边上搭了一座新台，在半路上把她截了下来。因此，卫国的老百姓非常痛恨卫宣公这种荒淫又横蛮的行为，就作了这首诗来讽刺与挖苦他。这首诗用当前事与眼前景作为开端，说"新台有泚，河水瀰瀰"，"泚"，明亮的样子，这个字与"玼"字的意思一样，都是新色鲜亮的意思。"瀰瀰"，盛大的样子。诗句是说，那新搭的高台明亮亮，那黄河大水满荡荡。可是接下来，诗人又说，"燕婉之求，籧篨不鲜"。"燕婉"，美好，英俊，漂亮；"籧篨"，丑恶，粗糙，臃肿。"鲜"就是《左传》所谓"葬鲜者自西门"之"鲜"，杜预注说，"不以寿终曰鲜"，所以"鲜"有短命，不以寿终，不得好死的意思。这两句诗就是说，可怜那个年轻漂亮的齐国女子呀，本来是要嫁一个英俊潇洒的后生子，却不幸嫁给了这个老不死的丑东西！最后，诗人说，"鱼网之设，鸿则离之，燕婉之求，得此戚施"。"戚施"，癞蛤蟆。"鸿"，由汉唐到明清，学者都解释为"鸿雁"，一种美丽的大鸟。近代闻一多认为"鸿"是"苦龙"的合音，说这个"苦龙"就是癞蛤蟆，与"戚施"是同样的东西。自从闻一多提出这个说法，经过郭沫若的大力煽扬，于是中华人民共和国建立以后出版的《诗经》注释本，几乎不约而同地采用了闻一多的说法。事实上，这个说法是不可取的。闻一多在写了《诗新台鸿字说》的十年之后，又在另一篇文章《说鱼》中否定了这一说法。说自己先前把《新台》诗中的"鸿"字解释为癞蛤蟆，当时觉得证据还算坚确，但现在看来，这个"鸿"字仍然以解释为鸿雁为宜。可见闻一多对自己的"《新台》鸿字说"并没有自信。而后来的注家们不问青红皂白，一律盲从，则不免有些势利眼。因此，这个"鸿"字应以汉唐旧说为当，解释为鸿雁。这两句诗与后两句诗形成对照。意思是说，人家张网捕鱼，却捕到了一只美丽的鸿雁，是喜出望外；我本想找一个如意郎，却得到一个挺着肚皮缩着脖子鼓着眼睛的癞蛤蟆，是得非所求！这首诗讽刺统治者的荒淫无耻，非常尖刻。再如《鄘风·墙有茨》：

墙有茨，不可扫也，中冓之言，不可道也。所可道也，言之丑也。

墙有茨，不可襄也，中冓之言，不可详也。所可详也，言之长也。

墙有茨，不可束也，中冓之言，不可读也。所可读也，言之辱也。

这首诗以墙上不能清扫、不能拔除、不能捆束的蒺藜刺为喻，说统治阶级的宫闱丑行，说不完道不尽，不仅说不完道不尽，更难于启齿。

国风中还有些诗歌，是表现劳动生活的。如《周南·芣苢》：

采采芣苢，薄言采之。采采芣苢，薄言有之。

采采芣苢，薄言掇之。采采芣苢，薄言捋之。

采采芣苢，薄言袺之。采采芣苢，薄言襭之。

"芣苢"，车前子。据说车前子能治妇女难产，《本草纲目》也有这个说法。车前子是不是能治难产，不得而知。我想《本草》的说法，大概也是沿袭汉唐经学家的旧说。车前子能不能治难产，这是药物学家们研究的问题。但经学家们说，世道太平，风俗和美，于是妇女希望生孩子，这就不是药物学家的问题，而是文学家关注的问题了。不过，还是宋代的朱熹比较谨慎，他说："化行俗美，家室和平，妇人无事，相与采此芣苢，而赋其事以相乐也。采之未详何用。或曰其子治难产。"意思是说，车前子有什么用处，不知道，有人说能治难产。但不管车前子有什么用处，就采车前子这件事本身而言，也是有意味的。因为国泰民安，风俗淳美，家庭和睦，妇女在家无事，于是到野外去采采野菜，晒晒太阳，说说笑笑，这是一种美的享受。这就是国家太平，民情安乐，风俗和美的表现。所以朱熹的说法，对于这首诗的理解，还是有意义的。后来，清代有一位叫方玉润的学者，作了一部《诗经原始》，又对这首诗的意境作了很好的发掘性描述。他说，"读者试平心静气，涵咏此诗，恍听田家妇女，三三五五，于平原绣野风和日丽中，群歌互答，余音袅袅，若远若近，忽断忽续，不知其情之何以移而神之何以旷"，又说，"今世南方妇女登山采茶，结伴讴歌，犹有此遗风"。可见，《芣苢》这首诗，反映的是劳动过程中的欢快情景。

如果说《周南·芣苢》再现的是劳动过程，那么《魏风·十亩之间》反映的却是劳动结束之后的轻松与悠闲。诗说：

> 十亩之间兮，桑者闲闲兮。行与子还兮。
> 十亩之外兮，桑者泄泄兮。行与子逝兮。

劳动结束了，采桑者轻松愉快地走出桑树林，准备回家了。于是她们呼朋唤侣，结伴而归。说，"走吧，回去吧，我和你一起回家吧！"第二章的"泄泄"，与"詍詍"相通，"詍詍"，就是言语杂沓的意思。这一章是说，这些采桑者，一路上有说有笑，七嘴八舌，说说笑笑，打打闹闹着回家去。《诗经》中这些反映劳动生活的民歌，具有十分浓郁的乡土气息。

国风中还有些民歌，是表现征人思妇题材的作品。如《王风·君子于役》：

> 君子于役，不知其期，曷至哉？鸡栖于埘，日之夕矣，羊
> 牛下来。君子于役，如之何勿思。
> 君子于役，不日不月，曷其有佸？鸡栖于桀，日之夕矣，
> 羊牛下括。君子于役，苟无饥渴。

这首诗，描写一位乡村妇女，在日暮黄昏之际，思念自己远役在外的丈夫。说"君子"在外行役，不知道有多长时间了。由于思念之切，就觉得时间格外的漫长。"不知其期"，既是"不知"他走了多少时日，也是"不知"他什么时候才能回来。所以她在心里盼望着，他到底什么时候才能回来呢？你看那家里养的鸡呀，羊呀，牛呀，天黑了都知道回家来，可是我们家的那一位呀，远役在外，怎么能不想念他呀！这首诗意境深远，日落黄昏的景色，禽畜归巢的喧鸣，依门伫望的乡村思妇，构成了一幅生动的乡村思妇图。

如果说《王风·君子于役》描写的是一位乡村妇女对丈夫的企盼，那么《卫风·伯兮》描写的则是一位贵族妇女对丈夫的思念。诗是这样的：

> 伯兮朅兮，邦之桀兮。伯也执殳，为王前驱。
> 自伯之东，首如飞蓬。岂无膏沐，谁适为容。
> 其雨其雨，杲杲出日。愿言思伯，甘心首疾。
> 焉得谖草，言树之背。愿言思伯，使我心痗。

"伯"是这位贵族妇女对丈夫的称呼。"朅"，勇武的样子。"殳"是一种竹制兵器。这位妇人说，她的丈夫威武雄壮，是国家的杰出人才。现在他武装上阵，作为国王的先锋出征了。她既为自己的丈夫是国家的杰出人才而感到骄傲与自豪，又因丈夫出征打仗夫妻分离而感到刻骨的相思。她说，自从丈夫出发东征之后，她就没有精心梳洗打扮过，头发整天乱蓬蓬的，像个鸡窝。并不是没有

洗发水，也不是没有润肤露，因为丈夫不在家，梳洗打扮得再漂亮，又给谁看呢？所以说，"岂无膏沐，谁适为容"。诗的下两章，就描写这位妇女的刻骨相思。"其雨其雨，杲杲出日"，"其"字表示揣度的语气，意思是说，"天是不是要下雨了呢"。"杲杲"，阳光灿烂，光线明亮的样子。"其雨其雨，杲杲出日"，天天盼望着老天爷下雨，可是天天都是阳光灿烂，一丝儿云彩都没有。盼雨就来雨，这是心想事成，天随人愿；盼雨反晴，这是天不作美，事与愿违。因此，这是比喻她"夜夜盼郎归，夜夜郎不归"的相思之情；所以接下来又说，"愿言思伯，甘心首疾"。由于痛切的相思，她头疼，生病了。于是她想摆脱这种痛苦，希望能够在哪里找到一种忘忧草，如果能找到它，就把它种在北堂上，它可以缓解我的相思之苦。可是忘忧草找不到，仍然陷入无尽的相思之中，致使她的心发痛。这也是《诗经》中的名篇，从"甘心首疾"到"使我心痗"，宋代女词人李清照《一剪梅》说，"一种相思，两处闲愁，此情无计可消除，才下眉头，却上心头"，就是从这首诗里提炼变化出来的。

国风中表现婚姻恋爱生活的诗篇，也有不少。这些诗歌，多方面地反映了恋爱生活中的各种情境和心理，也反映了一定的社会问题。这些婚恋诗，大抵都是《诗经》中的名篇。有的描写爱情中的大胆追求；有的描写真挚的相爱与刻骨的相思，有的描写幽期密约的兴奋与不安；有的描写恋人相处的快乐与失恋的痛苦。还有些作品，描写对于外来干涉的反抗情绪，张扬强烈的个性。内容淳朴健康，情感率真热烈。如《邶风·静女》描写一对青年男女的幽会，十分生动有趣。诗总共三章：

> 静女其姝，俟我于城隅。爱而不见，搔首踟蹰。
> 静女其娈，贻我彤管。彤管有炜，说怿女美。
> 自牧归荑，洵美且异。匪女之为美，美人之贻。

第一章说，有位漂亮的姑娘约"我"到城角楼去幽会，当"我"兴冲冲地赶到约会地点，她却没有来。"我"左等右等，急得团团转，又是抓耳，又是挠腮，以为她变卦不来。正在"我"焦急无奈、火急火燎的时候，她突然从暗处闪出来。原来，她没有爽约，只是故意捉弄"我"，躲在暗处，瞅着"我"那焦急的样子偷偷好笑。第二章说，这姑娘送"我"一个信物——"彤管"，"彤管"是什么，经学家们不得其说，总之，是这位姑娘送给"我"的爱情信物。这个"彤管"闪闪发光，"我"非常喜爱它，高兴地收起来。第三章说，那姑娘又从郊外带给我一棵柔嫩的小草——"荑"，这棵小草也生得漂亮而且别致。倒不是这小草真有什么好看的，因为是这漂亮姑娘送我的，它当然就格外地好看了。这首诗描写两情相悦的男女幽会，十分生动。那姑娘的活泼、风趣，还有点小调皮，都历历在目。又如《王风·采葛》描写情别之后的相思，也非常深刻。

> 彼采葛兮，一日不见，如三月兮。
>
> 彼采萧兮，一日不见，如三秋兮。
>
> 彼采艾兮，一日不见，如三岁兮。

诗人爱慕那位采野菜的姑娘，一日不见，就如同"三月"、"三秋"、"三岁"那么漫长。

总之，《诗经》国风中的民歌，内容十分丰富，而且自然朴素，没有任何雕琢的痕迹。

"十五国风"是十五个地域的民间歌曲，那么，"雅"呢？所谓"雅"，相对国风而言，就是宫廷乐师们所制作，用之于朝廷大型晏享的乐曲，所以称为"雅"乐。这个"雅"，就是《论语》中"子所雅言，《诗》《书》执礼"的"雅言"之"雅"。意思是说，孔子平时说话，操的都是鲁国的方言，只是在读《诗》读《书》，还有在做礼仪主持人的时候就用当时的"官话"，这就是"雅言"。当然，当时的"雅言"，是以西周镐京一带的语音为标准的。西周镐京一带的语言为"雅言"，那么西周朝廷所用之乐为"雅乐"，也是顺理成章的。不过，"雅"里面又有"大雅"与"小雅"。其所以"雅"分"大""小"，并不是说"大雅"的篇幅长，"小雅"

的篇幅短，而是以时代先后为"大""小"。"大雅"大部分产生于西周初年，小部分产生于西周末年；"小雅"大部分产生于西周末年，小部分产生于西周初年。西周初年的"雅"诗一般反映出周王朝上升时期励精图治的气象，西周末年的"雅"诗则反映出王朝衰落时期国步维艰的历史。因此，"雅"诗中有不少"史诗"性的作品。这些作品，是研究周代历史的重要资料之一。从文学的角度来看，"雅"诗中的大量政治抒情诗，可以说，奠定了中国古代政治抒情诗的传统。如《小雅》中的《北山》：

> 陟彼北山，言采其杞。偕偕士子，朝夕从事。王事靡盬，忧我父母。
>
> 溥天之下，莫非王土，率土之滨，莫非王臣。大夫不均，我从事独贤。
>
> 四牡彭彭，王事傍傍，嘉我未老，鲜我方将。旅力方刚，经营四方。
>
> 或燕燕居息，或尽瘁事国，或息偃在床，或不已于行。
>
> 或不知叫号，或惨惨劬劳，或栖迟偃仰，或王事鞅掌。
>
> 或湛乐饮酒，或惨惨畏咎，或出入风议，或靡事不为。

这首诗是《诗经》中有名的政治抒情诗，表现了西周末年的某些政治状况，也表现了诗人在不公平、不公正的现实政治环境中的苦闷心情。这首诗的抒情主人公，是一位为"王事"也就是为"国事"奔走操劳的士大夫。"偕偕士子，朝夕从事"，是说像他这样精明强干的士人，一天到晚都得不到休息。一件事接一件事的奔忙，长时期不能回家，家中的父母也无人照顾。可是"溥天之下，莫非王土；率土之滨，莫非王臣"，王的国家这么大，做官的都是王的臣，为什么偏偏我就一定要努力工作？我一天到晚，马不停蹄，东奔西忙。国王总是说我身体不错，年轻力壮，可以为国家大事奔走，处理各方事务，"经营四方"。但为什么人跟人就这么不一样！有的人不知多么快活，逍遥自在，整天饮酒作乐，游手好闲，或者干脆就躺在床上睡大觉。吃苦受累的事，他不沾边，好处却让他们得尽，风头也让他们出够；而干事的人吃苦受累还不说，还常常忧心忡忡，生怕有个闪失。可见，这首诗的基调，是忧愤而愁苦的，诗人既感到社会的不公，也感到政治的混乱。但是，他不过是发泄一下愁苦以及对同僚的怨愤而已。总之，压抑自己的感情，诉说自己的苦衷，哀怨自己的命运。这种哀而不伤，怨而不怒，可以说，是中国古代士大夫最为典型的情感范型，也是中国古代政治抒情诗的传统。

至于"颂"，就是周王朝进行宗庙祭祀所用的乐歌。郑玄说，"颂者，以其成功告于神明者也。"《说文》解释"颂"字说，"皃也"。"皃"即"貌"字，就是容貌。清代大学者阮元说，"颂"就是"容"，即舞容，也就是跳舞的样子。因为周人举行大型祭祀活动时，往往伴有大规模的歌舞盛会。《论语·季氏》篇说，"季氏八佾舞于庭，是可忍，孰不可忍？""八佾"就是八列每列八人总共六十四人的舞蹈阵容。因为是祭祀宗庙的乐歌，"颂"诗在内容上往往是赞颂祖先的功德，或者是祈求祖先神灵的福祐。在形式上往往凝重雍容，节奏缓慢。《周颂·有瞽》"喤喤厥声，肃雝和鸣，先祖是听"，说的就是这个意思。由于"颂"诗在内容与形式上跟"风"诗和"雅"诗不同，因此，王国维说，"颂"诗之有异有"风""雅"者，虽不可得而知，其可知者，"颂"诗较"风""雅"者为缓。所谓"缓"，就是节奏缓慢，《有瞽》"肃雝和鸣"，就是这个意思。所以"颂"诗的篇幅往往短小，多数不押韵，有散文化倾向，在章法上也不重叠。比如《周颂·丰年》：

> 丰年多黍多稌，亦有高廪，万亿及秭。为酒为醴，烝畀祖妣，以洽百礼。降福孔皆。

这是秋冬报赛的祭歌，说粮食丰收了，到处是高高的谷垛子。用这些粮食来酿造好酒，进献给先祖先妣。各种礼节仪式都完成了，祈求先祖先妣在来年降下更多的福分。由这首《丰年》，我们大致可以了解"颂"诗的基本特点。

前面我们简单介绍了《诗经》的时代以及《诗经》的编排分

类情况，也介绍了各类诗歌的大致内容，对于各类诗歌中的著名作品，也作了极为粗略的讲解。下面，简单说说关于《诗经》的编纂及其编纂目的，也就是关于"诗教"的问题。

通过以上的简单介绍，我们已经知道，《诗经》所涉及的时代是相当漫长的，从西周初年到春秋中叶，将近五百年的时间；而《诗经》的总数只有三百零五首，如果加上《小雅》中的《南陔》《白华》《华黍》《由庚》《崇丘》《由仪》六篇"有声无词"的笙诗，也不过三百一十一篇，平均每年还不到一首诗。而所涉及的地域也十分广泛，相当于现在大半个中国的广大地域。这些诗歌，如果不经过专门的收集与整理，能够集中在一起，是不可想象的。

汉代的学者认为，先秦有采诗制度，说当时周王朝定期派人到民间去收集民歌，然后一层层地献上去，最后由王朝乐官之长——太师，给它们配上音乐，演奏给周王听，让周王知道民情风俗的好坏，并从中了解政治的得失。除了采诗制度之外，当时周王朝的士大夫也可以向周王献诗，以表达自己对政治的看法，甚至也可以对周王或者其他执政大臣提出批评。如《小雅·节南山》最后一章说"家父作诵，以究王讻"，就是名叫"家父"的大臣，作了这首诗来批评周王的错误。

司马迁说，古诗有三千多篇，孔子进行了删订整理。司马迁说孔子整理《诗经》做了两件事，一是去掉了大部分重复的内容，二是选择其中合于礼仪的诗歌，这样剩下来的就只有三百多首诗了。司马迁的这个说法影响很大，历史上有不少学者愿意接受这种说法。但是，自东汉的诗经大家郑玄以及唐代的孔颖达开始，就有些不相信。如孔颖达说，"书传所引之诗，见在者多，亡逸者少，则孔子所录不容十分去九，迁言未可信也"。意思是说，如果孔子在三千多篇诗歌中删掉了十分之九，只录存了十分之一的话，那么先秦文献中所引用的《诗经》情况，就应该是见于《诗经》中的少，而不见于《诗经》中的多，可是事实上恰恰相反，见于今本《诗经》中的多，不见于《诗经》中的少，可见，司马迁的说法是不可信的。再说，根据《左传》襄公二十九年记载，吴国有一位有名的贤人名叫公子季札，来鲁国作国事访问，鲁国的乐工特地为他举行了一次专场音乐会。当时鲁国乐工所演奏《诗经》"国风"的乐曲,与今本"国风"的次序是一样的。而鲁襄公二十九年,孔子还不到十岁,鲁襄公二十一年孔子才出生。一个不满十岁的孩子,是不可能做这样重大的典籍整理工作的。

《诗经》的删订整理工作,不是孔子完成的。但《诗经》又一定是经过加工与整理了的,这个整理者应该是谁,当然是周王朝的太师。因为太师就是宫廷乐师之长,整理歌诗,配乐演奏,都是他的职责。

周王朝花这么大的人力物力来收集整理诗歌,还要一一配上音乐,除了在宫廷的重大典礼仪式上演奏之外,还有一个更为重要的目的,就是"诗教"或"乐教",即发挥诗歌与音乐陶情怡性的教育作用。所以《周礼·大司乐》的职掌之一,就是"以乐语教国子"。我们知道,周代的教育科目有所谓"六艺"。"六艺"的"艺"字,在甲骨文与铜器铭文中的写法,就是一个人手里拿着一棵小树苗跪在地上往土里栽。所以"艺"字的本意就是"种植""栽培"的意思,这个意义,现在还保留在"园艺"这个词语里。当然"栽培""种植",需要一定的知识、技术与方法,"艺术"、"手艺"、"工艺"这些词语中的"艺"字,都是这个意思。因此,"六艺"就是用六种科目培养后辈子弟。早期的"六艺",包括"礼、乐、射、御、书、数"。"礼",就是各种礼节仪式,每个人都必须按照自己特定的身份地位,待人接物,立身行事。这里面除了等级规范之外,还有责、权、利的规定。责任与义务不可推卸,权力与利益不可僭越,这就是"礼"!现在有不少学者,满足于一知半解,一提到"礼",就以为是"等级制度"呀,就是"专制"呀,就是"吃人的礼教"呀,就是"为统治阶级服务"呀。其实,持有这种看法的人根本就不懂中国传统文化,更不用说理解它的精髓了,不过是道听途说,人云亦云罢了!"乐",就是音乐,其中也包括诗歌,因为诗与乐是密不可分的,有诗必有乐,有乐必有诗。"射"和"御",就是射箭与驾车,"书"就是"六书",是关于文字方面的知识,包括写字认字以及其他语文知识。"数"就是关于算术与数学方面的知识,包括"小九九"、开方、乘方以及勾股计算、商均工程等其他数学知识。因此，"六艺"就是按照这六个方面的知识与技能培养文武兼能的军政两用人才，"出使长之"，"入使治之"。行军打仗，就能担任军队里的各级军帅；战争结束了，就能充任各级政府组织中的管理者。比如晋国的"六卿"或"八卿"，就是晋国的六位或者八位执政大臣，同时也是晋国三军或四军的主帅。三军是中军、上军和下军，再加上新军就是四军，后来中军主帅荀林父与另一位军帅死了，又缩编为三军。因此，以"六艺"培养出来的人才，就具有多方面的素质。因为春秋以前都是车战，战国后期赵武灵王胡服骑射之后才发展了骑兵。所以行军打仗固然要有高超的射箭与驾车的技术，但是平时的政治与外交，能够自如地运用"礼"与"乐"的知识也显得非常重要。

由于列国君臣的文化素养非常高，他们平常的行政与外交，都具有极高的文化内涵。所以《论语·子路》篇记载孔子的话说，"诵《诗》三百，授之以政，不达；使于四方，不能专对，虽多，亦奚以为"，意思是说，如果没有实际应变与运用的能力，让你去做某一方面的行政领导，你做不好，七处冒火，八处冒烟，尽出纰漏；让你到别的国家去办理外交事务，你又不善言辞，不会谈判对话，难以完成使命，就是把《诗经》从头到尾背得滚瓜烂熟，又有什么用呢？这样说来，《诗经》在当时政治军事外交场合的实际作用就非同小可了。

那么如何"用"《诗》呢？《论语·阳货》篇又载孔子告诫他的学生说："小子！何莫学夫《诗》？《诗》，可以兴，可以观，可以群，可以怨。迩之事父，远之事君。多识于鸟兽草木之名"。"迩之事父，远之事君"，"迩"，近的意思。近与远，分指在家与在国，但当时是家国不分的，所以是泛指一切政治事务，与"授之以政""使于四方"的范围相等。除了日常政治生活中的用处之外，学《诗》还有一些附带的好处，可以多认识一些花鸟虫鱼的特征与特性，增加博物学的知识。当然"事君""事父"是更重要的，如何"事君""事父"，那就是所谓"兴""观""群""怨"的基本方法。

"兴"、"观"、"群"、"怨"是什么意思，我们暂时不忙解释概念。先给大家讲个故事，从这个历史事例之中，自然就会明白它们的意思。《左传》襄公二十七年，记载了这样一件事：晋国的执政大臣赵孟，也叫赵武，"武"是他的名，"孟"是他的排行，在赵氏家族中他是老大。这个人不仅军事上外交上都十分厉害，文化方面的修养也非常高，所以他死后又有个谥号叫赵文子。这位赵文子代表晋国到宋国去参加弭兵之会，因为这是春秋后期，各国互相征伐，打了一百多年的仗，现在觉得累了，就要求停战，不打了。于是晋国就以盟主的身份在宋国召开"弭兵之会"。为什么到宋国去开这个会，因为宋国是个小国，又地处中心地带，几个大国一打起来，宋国往往就成了战场。所以宋国一位大臣向戌就乘机为自己捞个好名声，也力主"弭兵"。这个"弭兵"大会结束以后，赵文子就经过郑国境内的垂陇（在今河南荥阳县东北）回国。郑国也是当时的弱小国家之一，也免不了要做一些迎来送往的接待工作。于是郑简公就率领子展、伯有、子产等七位大臣，在垂陇这个地方宴请赵文子。席间，赵孟就对郑简公的七位大臣说，你们七位先生不辞劳苦，跟随你们的国君来看望我，我感到非常荣幸，可见你们的国君真是给我长脸了。那么现在就请你们各赋《诗》一首，我也可以借此知道你们各人心里是怎么想的了。赵武说的意思，就是春秋时代"赋《诗》言志"的方法。于是子展首先赋《召南·草虫》，这首诗的第一章说，"喓喓草虫，趯趯阜螽。未见君子，忧心忡忡，亦既见止，亦既觏止，我心则降"。子展赋这首诗，当然是以赵孟为君子，并暗示郑国对赵孟的依赖之情。从子展的赋诗中，赵孟明白了子展之意在于忧心国事，并表达了作为小国的郑国对强大的晋国的依赖。所以他听了子展的赋诗之后，就说，"好啊，有这样的想法，真不愧是百姓的当家人。可是你对我的期待过大，我又怎么经当得起呢！"第二位赋《诗》的是伯有，字良宵，他赋的是《鄘风·鹑之贲贲》。这首诗是这样的："鹑之奔奔，鹊之彊彊，人之无良，我以为兄；鹊之彊彊，鹑之奔奔，人之无良，我以为君。""人之无良"，意思是说，那个人不是个好东西，可是我还把他当做哥哥，还把他当做我的君主。伯有赋这首诗，用意在第二章，借以发泄对郑简公的不满。赵孟听了伯有的赋诗之后就

119

说，夫妻两人在枕头边上说的私房话，哪里能走出房门之外来说呢？何况还跑到外人很多的地方说，那就更不成体统了。你的这个想法，不是我这个外国客人所应该知道的。显然，赵孟指责伯有在外交场合当着国宾发泄对本国国君的私怨，这是极为失态失礼的行为。因此，完了之后，赵孟下来对晋国的随行人员叔向说，伯有这个家伙恐怕不得好死，听他赋的诗，就知道他心里想的啥，他老是挖空心思如何找机会说国君的坏话，并自以为公开在国宾面前表示对君主的怨恨为快心得意，这样做，不是找死吗！果然，三年之后，郑国就把伯有给杀掉了。这次宴会上，除了伯有之外，郑国的其他几位大夫所赋的《诗》也与子展一样，都是向赵孟表达友好之意，希望能与晋国永远保持友好邦交关系。

从这个故事，就知道所谓"兴""观""群""怨"是什么意思了。具体来说，"兴"，本是站起来的意思，引申为"开头"，又引申为"感发"、"打动"。所以孔子说"《诗》可以兴"，就是指在"赋《诗》言志"的过程中，可以用《诗》去启发对方，让对方知道你的意图。而对方听了你所赋的《诗》后，也就知道你心里在想什么了，这就是"可以观"。因此，"兴"与"观"是相对的，"兴"是"观"的主观前提，"观"是"兴"的客观反映。至于"群"和"怨"，则是互为相反。"群"，是友好团结，"怨"，是指责怨恨。郑国七位大夫所赋的《诗》，只有伯有是"怨"，表达自己对郑简公的怨恨，其他六位大夫所赋的《诗》都是向赵孟表示友好，这就是"群"。

当然，所谓"以乐语教国子"，《诗》与"乐"是相联不分的。上面讲的这个故事，听起来好像是郑国这几位大臣都在晋国的赵武面前像小学生一样背诵《诗经》，其实不然。因为这种宴会场合，乐队是少不了的。这些大夫只要报个《诗》名，或是哼个曲头，那些乐工自然就给演奏出来了。赵武一听这音乐，也就知道乐工演奏的是什么曲子，歌词是什么内容了。就像现在的年轻人，喜爱流行歌曲，一哼那曲调，就知道是哪首歌。因此，要能够在外交场合"赋《诗》言志"，做到"可以兴""可以观""可以群""可以怨"，前提就是熟悉《诗经》的每一首诗歌的内容，还要熟悉《诗经》每首诗的音乐曲调，并且能够自由运用，准确理解；否则就会出麻烦。例如，《左传》襄公二十七年与二十八年记载齐国大夫庆封两次来鲁国的事，就是非常典型的例子。襄公二十七年，庆封到鲁国来办外交，鲁国一位大臣叔孙穆子设宴招待。大概这个庆封小时候"礼"与"乐"的学习成绩较差，所以在宴会上举止不太得体，有失礼行为。于是叔孙穆子就命乐工演奏了一首《鄘风·相鼠》。这首诗是这样的：

> 相鼠有皮，人而无仪。人而无仪，不死何为！
> 相鼠有齿，人而无止。人而无止，不死何俟！
> 相鼠有体，人而无礼。人而无礼，胡不遄死！

意思是说，看那老鼠还有张皮，可是人却不懂得起码的礼仪，一个人要是不知道起码的礼仪，不赶快死了拉倒，还活着丢人显眼的干什么呢？显然，叔孙穆子赋这首诗，命乐工演奏这首曲子，无异于指着庆封的脊梁骨严厉痛骂了。可是这位庆封居然不知道乐工演奏的是什么。然而，第二年，这位庆封又因为齐国内乱跑到鲁国来避难。这一次又是叔孙穆子负责接待工作。可这位庆封，仍然像上次一样，不懂礼节。这回叔孙穆子知道他是个乐盲，就不叫乐工演奏音乐了，直接让人给他朗诵《茅鸱》。《茅鸱》这首诗，不在现在的《诗经》里面，因而庆封仍然不知道叔孙穆子在讽刺他。由这两个故事我们就知道，《诗》与"乐"在春秋时代或者在春秋以前，对于一个士大夫来说，是多么重要的一门知识与修养。

战国时代，由于周王朝的衰落，礼崩乐坏，"赋《诗》言志"的习惯也逐渐淡化以至于没有了。于是《诗经》的音乐曲调虽然还在，但没有人去学习传授，造成了《诗》与"乐"的分离。终于在秦始皇焚书坑儒和项羽火烧咸阳之后，《诗经》的曲谱就失传了，只剩下人们所能够背诵的歌词——《诗经》的文本本身了。汉代初年，专门传授《诗经》的有齐、鲁、韩、毛四家，其他三家传本汉以后又失传了，现在只剩下《毛诗》了。

《诗经》的音乐失传，不能歌唱，也就成了纯粹案头欣赏的文学作品。可是对于这部文学作品的理解，那就仁者见仁，智者见智了。汉唐经学家，把它作为政治教化的工具，以春秋时代"赋《诗》言志"的方法，从中引申出政治与道德的意义。比如，《诗经》的第一首诗《周南·关雎》："关关雎鸠，在河之洲，窈窕淑女，君子好逑……"可能大家比较熟悉。汉代传授《毛诗》的学者就认为，《关雎》这首诗是讲后妃"乐得淑女以配君子，忧在进贤，不淫其色，哀窈窕，思贤才，而无伤善之心"。意思是说，后妃愿意把娴淑美好的女子选配在丈夫身边，她的心思都放在选择贤惠的女子帮助她共同协助丈夫处理好国事，而她自己没有伤害贤良的坏心，也不因自己的美色而专宠。她惟一感到忧虑的是，那处在深闺幽邃贞静专一的好女子，没有机会进宫自达于我们的君王。这是《毛诗序》的说法。《毛诗诂训传》也在雎鸠鸟上大做文章，说雎鸠这种鸟虽然感情真挚专一，但睡觉却是各睡各的，从不因感情真挚而贪恋床笫之乐以致于误了事，这叫做"挚而有别"。《毛诗》的学者这样讲，其他《齐》《鲁》《韩》三家学者的讲法也大致相同，只是认为《关雎》是讽刺诗。如《鲁诗》学者说，周康王有一次与妃子睡觉，起得太晚，误了早朝，于是诗人作《关雎》一诗来讽谏。可见汉代人讲《关雎》，是从"后妃之德"的角度着眼的。而且《毛诗》不仅把《关雎》讲成"后妃之德"，就是讲《周南》与《召南》其他各篇，也都与后妃夫人的品德相联系。可见，汉代人大概是用《诗经》的二《南》来教育皇帝后宫的。到了宋代，朱熹作《诗集传》，虽然也把《诗经》作为政治教化的工具，但他比较强调《诗经》的本义。朱熹讲《关雎》，接着孔子"《关雎》乐而不淫，哀而不伤"的说法，认为作这首诗的人最能得"性情之正，声气之和"。因此，读这首诗可以"即其词而玩其理以养心"，同样是注重《诗》的教化功能。

今天读《诗经》，虽然没有必要像古人那样，在《诗经》中寻找什么"后妃之德"、"王化之基"，对《诗经》作一些穿凿附会的解释，但《诗经》陶情怡性的审美教育作用也是不能忽视的。《诗经》中的优秀作品，对于培养我们的情操，处理我们的感情世界是大有好处的。尤其是在当前快餐文化盛行的时代，年轻人不仅情感世界贫瘠，处理情感的方式也极为简单草率，其原因就在于现代人的浮躁与浅薄，缺乏传统文化的起码素养。当然《诗经》不太易读，大多数人没有能力读全本，可以先找比较好的选本，如余冠英的《诗经选》就不错，注解简单易懂，白话翻译也比较到位。希望读读《诗经》的朋友，不妨先从这个选本下手，然后再读全本。全本的《诗经》，现在可以在书店里买到的，有程俊英的《诗经注析》，这个本子对每首诗的思想内容与艺术手法都有注释与讲解，适合于初学。至于要做研究，那就要找更多的本子参照了，不过，这是后话，就不在这里多说了。

巴特与克娃：文本双人舞^①

◎ 赵一凡

赵一凡，中国社会科学院外国文学研究所研究员，博士生导师。专长欧美文学与文化理论，现从事英美文学及文化研究。1973 年毕业于安徽大学外语系，1981 年毕业于中国社会科学院研究生院，获文学硕士，1986 年毕业于美国哈佛大学文理研究院，获哲学博士。1981 年至今在中国社会科学院外国文学研究所工作，美国文学研究会常委理事，中华美国学会常务理事。主要代表作有：《美国文化批评集》（论文集）、《欧美文论思潮》（专著）、《资本主义文化矛盾》（译著）、《爱默生文集》（译著）、《美国历史文献》（编译）等。

---

① 本文系作者 2005 年 11 月 1 日在武汉大学外国语言文学学院所做的学术讲演。

1965 年，风云际会、暗流涌动，巴黎学界发生了分裂。一方是盘踞索邦、因循守旧的学院派，另一方是酝酿革命的高等研究实验院。针对此案，法国社会学家布迪厄在《学院人》中分析说，它反映"不同权力间的结构关系。"

具体来说，保守一方控制了索邦教学大楼及笛卡儿阶梯教室（按：五月风暴中大楼率先被攻占，阶梯教室成为革命师生集会场所）。激进一方，此时形同草莽。他们一面在雷恩街44号举办符号研究班，一面经营先锋杂志《太凯尔》。

1965 年 7 月，索邦教授皮卡尔，将多篇谩骂文字编成一本《新批评还是新骗术》出版。被攻击一方，即那个"结构主义怪物"、符号研究班导师罗兰·巴特（Roland Barthes），随即反唇相讥，掀起一场新旧批评之争。

论战打到圣诞节前夕，巴特因祸得福，成了新批评旗手，他的研究班听众爆满。叫好声中，有一个来自保加利亚的女生克利斯蒂娃（Julia Kristeva），她这样记叙老师的光辉形象：讲台上的巴特，显然喜爱苏格拉底式对话，而非柏拉图式教诲。他的噪音自由洒脱，洋溢着个性魅力。其中的"性感震颤"，几令学生眩晕。

克娃的讲述，替我们留下一幅鲜活的巴特肖像。专家公认：此公多才多艺，一生涉及不下十种文化活动，读者远远超出文学范围。面对如此传奇人物，我们切不可套用"钢铁是怎样炼成"的眼光，去看待他那流动不居的秉性。巴特说，他这辈子之所以荒诞不经，主要是因家境贫寒、疾病缠身、求职艰难。

新批评家巴特

巴特 1915 年生于法国瑟堡。未满周岁时，他爹，一名海军中尉，便在海战中阵亡。巴特的外祖父在法国殖民史上威名赫赫，一度官拜象牙海岸总督。轮到母亲这一辈，早已家道中落。母亲倔强，一面装订书籍，支撑门户，一面将自己的诗画才情，悉数传给了儿子。生活拮据，让巴特染上肺结核。自幼被女性亲属包围，养成他的羞涩内向，乃至后来的同性恋。专家认为，巴特苦苦遮掩几十年，是怕母亲伤心，因为，"我一直依附在母亲身上，她是我的中心"。

假如说，萨特代表那一代法国文人的阳刚果敢，巴特就象征它的阴柔诡谲。以天资论，这个小神童本可紧随萨特，考入巴黎高师。然而肺病耽误了一切。萨特从军，巴特被免除兵役；萨特被俘，巴特在山区疗养；萨特参加抵抗运动，大量发表作品，巴特百无聊赖，竟以排练古装戏为乐。用他的话说，肺病"塑造了我的生活方式"，诸如按时作息、谨小慎微、重视一切系统与秩序。

1968 年前，法国高教制度偏狭迂腐。美国教授乔纳森·卡勒讥讽道：一个青年想当大学讲师，须经十年国家博士进修。皓首穷经的目的，并非鼓励竞争，而是要压抑新进。由此产生一大怪状，即战后法国思想精英大多徘徊于大学门外。其谋生手段，要么自由写作（如萨特），要么海外教学（如福柯），要么栖身于新建科研机构（如拉康、戈德曼）。①

巴特一无文凭、二无学历、三来总也完不成博士论文。无奈，他只好出走罗马尼亚，远赴埃及，充当扶贫性质的合作教师。这期间他不甘寂寞，一面结交朋友，一面笔耕不辍，先后发表《零度写作》（1953 年）、《神话学》（1957 年）、《批评文集》（1964年），成为巴黎文坛一颗冉冉上升的新星。

《零度写作》　　"二战"后，萨特发表《什么是文学》，称伏尔泰、雨果、巴尔扎克为法兰西文学的一代天骄。然而，1848 年资产阶级一统天下后，法国作家偃旗息鼓，各谋生路。启蒙战斗事业，就此沦为文学游戏。福楼拜与马拉美，便是这类非介入文学的代表。20 世纪，超现实主义装神弄鬼，堕落为一种"词语癌症"。身为抵抗运动老战士，萨特振臂高呼：作家职责在于再现历史。什么是文学？文学将你投入战斗，写作是一种追求自由的方式。

巴特在《零度写作》中回应道：1848 年前，法国作家迷信再现性语言，并把文学视为有序的世界。他们的写作，因而带有普遍性、可理解性。1848 年革命失败，导致文学剧变。当时巴黎城中，有一位名叫埃贝尔的报刊主笔。此人鬼神不敬、脏话连篇。巴特

---

① 卡勒：《罗兰·巴特》，1983 年。

说：粗野咒骂蕴含着波拿巴政变之后，法国作家遭受的惨痛幻灭。埃贝尔不再欢呼巴士底狱的烽火，却要添加某种"语言之外的东西，这既是历史，也是人们在历史中采取的立场"。

福楼拜身后，没有一个法国作家能躲避资产阶级的压迫利诱。过去，他们凭良心谱写时代旋律。如今文学成了私有财产，并造成巴特所谓"现代作家被撕裂的条件"：一方面，他们不再与文学一体同心，因为文学已经被污染、被赎买，而他们不甘随波逐流、模仿俗套；另一方面，这批心存异志之士，无时不在幻想以某种方式，重张文学义帜、再现语言反叛。

德国左派思想家卢卡契一度谴责欧洲现代派。萨特也斥其为萎靡颓废，矫揉造作。巴特初出茅庐，斗胆向两位左翼大师叫板。他辩称：现代主义既是文体变革，也是思想解放。过去那种充满正义感的再现文学，早已让位给一种貌似荒诞的实验文学。他又说，写作绝非简单的政治承诺，它关系到作品"如何介入文学秩序"。既然现代派文学不再追求普遍意义，那么对于福楼拜之流，写作就是写作。换言之，1848年后，法国作家学会了如何暗中攻击传统，扰乱秩序。他们"自觉地与文学作斗争"，可分如下几个阶段：

"首先是文学制作的匠心别具，它被精致化到痛苦的程度（福楼拜）。其次是将文学写作提升为理论的勃勃野心（马拉美），然后是逃脱传统套式的梦想（普鲁斯特），接着是处心积虑，有系统地针对字词意义实行无限扩张（超现实主义），最后翻转回来，拼命简约词意，使之达到一种文学语言的亲历感受，或一种写作的中性化（罗伯特·格里耶）。"

比较了新旧差异后，巴特总结道：文学自有它离奇善变的表现方式，哪怕是埃贝尔的粗话，亦含有历史印记。但"没有哪一种文学是永远革命的"。每一次反叛，都会导致新的文学形式产生。于是乎，欧洲现代派的妖姬之媚，胡旋之舞，也都有了革命性与艺术性。

战后法国文坛一大公案，便是萨特与加缪反目。萨特反感加缪的《鼠疫》（1947年），指责它逃避现实。巴特出面袒护，并将加缪的晦涩手法，称作一种不及物的"零度写作"。不料加缪对此毫不领情。巴特只好自拉自唱道：现代派作家蔑视世俗，专注于写作。在此零度写作层面，他们冲破陈规陋习，展现文学变革潜力。一如当年福楼拜和马拉美，加缪"历史地介入写作的另一层面"，并由此获得了精神自由、语言超越。

《神话学》 巴特在埃及教书时，结识了语言学家格雷马斯，从此迷上符号学。1954～1956 年，他在《新文学》连续发表"本月神话"。这套名为《神话学》的社会批评，几乎涉及巴黎生活的一切时髦噱头：从汽车展、时装秀、脱衣舞，到明星艳遇、政治丑闻。巴特统称其为当今神话，或资本主义麻醉民众的符号伎俩。他的志向，是要发展一门符号破坏学（Semioclasm），揭露现代神话的虚伪。

19 世纪末，巴黎一跃成为资本主义的宏伟工厂、现代文明的顶级橱窗。它那层出不穷的生活景观，足称光怪陆离。它那充满诱惑的浮华，不但吸引了流浪汉和登徒子，还启迪了许多满腹牢骚的诗人与思想家。波德莱尔的《恶之花》，本雅明的《巴黎拱廊》，便是针对这一都市文化的强烈迷恋。

轮到巴特写《神话学》，巴黎生活的特征，不复是波德莱尔的堂前燕、后庭花，也不再是本雅明的碎瓦当、半截碑。以巴特之见，现代巴黎远远超越了当年的纸醉金迷、声色犬马，进入一个机器轰鸣、财源滚滚的大众文化时期。简言之，发达资本主义借助文化生产，编织出一张铺天盖地的符号网——它晶莹璀璨、巧夺天工，犹如神话般令人陶醉。

请看那锃亮的雪铁龙轿车，它宣扬富人的闲适优裕，鼓励小资的浪漫自由。再看那人头攒动的摔跤或拳击比赛，它们让普罗大众发泄怨恨，也为小姐太太表演暴力。红磨坊的青春艳舞，嘉宝的漂亮脸蛋，均被剥去自然美，改装成"理念的秩序"。波尔多葡萄酒，作为法国人的图腾饮料，不仅能卖大价钱，还可造就一种"全社会团结仪式"。一句话，巴黎百姓乐在其中，死而无忧。他们的日常生活，"无不依赖这一再现理论。这是资产阶级拥有的，并且也是我们拥有。资产阶级的规范，在此被体验为天经地义的自明法则"。

符号的转换重复,竟将这许多欺诈玩意儿,变做大众追捧的流行观念。巴特忿然道:真伪混淆,十面埋伏,宰你没商量,可"我偏要挖掘其中的意识形态荒谬"。他又说:资本主义神话规范(Doxa),就像希腊神话中美杜莎的头颅,她能让一切凝视者死于非命。因此,批评家只能去偷听神话背后的真谛,并努力运用符号学方法,致力于资本主义的神话。

身为业余符号学家,巴特一再混淆语言与象征。专家说他分析的那些文化现象,其实与语言结构并不吻合。举例说,巴特某日在报上偶见一幅照片:一个黑人小伙,身着军服敬礼。于是他侃侃议论道:黑人士兵、法国军礼,指向一个象征系统,此即法兰西军队、神圣帝国及其辽阔的殖民地。那帝国的伟大,"在于她所有的儿子,不分肤色,无不效忠于蓝白红三色旗"。

分析精彩,但个中毛病是该神话涉及两个系统:第一级为索绪尔语言系统,第二级才是神话象征。巴特提供了神话构成,却未解答其设计动机与转换模式。对此,英国《泰晤士报》借用法国诗人瓦莱里的名言,狡猾地评点说:"新批评因其寻找而伟大,却时常因其发现而荒谬。"

巴特:结构主义变色龙

上一讲,我们在冰雪覆盖的俄罗斯,目睹一位饱经磨难、终以副博士头衔告别人世的巴赫金。如今在巴黎,我们得以见识资本主义的系统森严、结构挤压,以及因此而发达的学术游戏。与巴赫金一样,巴特羸弱多病,无门无派。在他身上,自由思想与学术制度的较量,却表现为一种黑猫白猫式的竞技比赛。

1960 年,巴特结束流浪,受聘高研院。待到克娃入学时,他已声名鹊起,成了结构诸大侠之一。1977 年,巴特入选法兰西学院,就任文学符号学教授。《就职讲演》中,他自述一路风尘,逢凶化吉,全靠了善于忘却。忘却一词,希腊文为 Sapientia,原指智慧,或像蛇一样聪明。巴特说他"无需权势,仅凭一些知识、少许智慧,以及尽可能多的趣味"。专家从此咬定,说他是条结构主义变色龙:纤细滑腻、游走如风、一路不留痕迹。

《论拉辛》：寻求结构　符号研究失误，迫使巴特重返文学。1963 年，他在《结构主义活动》中扬言：他与拉康、福柯、德里达不分阡陌，均以结构方式，"揭示支配对象运作的潜在规则"。何以研究？惟有结构。

《论拉辛》中，巴特将拉辛的悲剧主题，归纳为性爱、权力与暴力。又将其笔下人物，分为强弱两类。强者代表父亲统治，弱者由反叛的儿子组成：他们受欲望驱动，充满嫉恨，无时不在觊觎王位。结构上，他将拉辛作品，看做一个封闭体系，进而圈出三个悲剧形成区，即王室内庭（权力中心）、宫外世界（放逐之地），以及介于两者间的王宫前厅，那里是阴谋、爱情与血腥冲突的舞台。在此天地里，权力保障秩序稳定，爱欲却作为冲突根源，时时挑起矛盾。矛盾公式是：A 对 B 拥有绝对支配权；A 私恋 B，但 B 不爱 A，反而深爱年轻的反叛者 C。

《论拉辛》一反人文批评传统，驱逐作者、剔除历史。巴特胆大妄为，终于触犯了索邦。法国专家多斯说：那年头的索邦长老，眼看巴特像头野猪，径直冲进古玩店，莫不气急败坏。身为《拉辛全集》主编，皮卡尔教授更是恼羞成怒。然而索邦的攻讦，造成"整整一代结构主义者拥护巴特"。[1] 论战中，有人夸奖《论拉辛》，说它"将卢浮宫石雕的精美原貌，明明白白重现于世"。可巴特提出的模式，并不等于悲剧通用语法。生性机敏的他，一击不中，立即瞄准一个更伟大的古典标靶——巴尔扎克。

《S/Z》：颠覆结构　1970 年巴特发表《S/Z》，做出三项惊人之举：(1) 蔑视作家，只关注作品；(2) 不理会巴尔扎克《人间喜剧》宏伟系列，仅挑其中一个无名中篇《萨拉辛》，作为杀鸡用牛刀的解剖对象；(3) 一反他追求结构的初衷，开始展示他的化解之功、游戏本领。

《萨拉辛》原文 30 余页，讲述 18 世纪一个性变态故事。小说主人公萨拉辛（Sarasine）是个孤儿，他被巴黎富翁波夏东收养，惨遭精神阉割。小萨逃往意大利学习雕塑，又爱上人妖桑比奈拉

---

① 多斯：《结构主义思想史》，1991～1992 年。

(Zambinella)。这桑氏原为男身，只因他酷似古希腊美男子阿多尼斯，竟被人造成成美艳歌女、罗马大主教的男宠。靠了教廷庇护，桑氏红极一时，大发色相财。待到年老色衰，他又以郎丹家族名义，回国购置豪华庄园。不料，因他家中放置了小萨为其雕刻的男身裸像，引起来访侯爵夫人的好奇，抖露出一段骇人隐私，以及接踵而至的可怕血案。

《萨拉辛》古典味儿十足。在巴特眼里，它凸显资本主义原始积累，尤其是它最诱人的两套符号：其一为金钱，即大批客人在豪宴上窃窃私语，揣测郎丹家来历不明的财富；其二为萨拉辛追求的绝色美貌，即桑氏的性象征：它雌雄莫辨，阴错阳差，成了象征系统的浮动盲点。萨拉辛爱恨交织，欲罢不能，渐起杀心。故事结局，反倒是罗马枢密院派来杀手，取了小萨的性命。

这故事令巴特胡思乱想，议论横生。他将《萨拉辛》全文切割成 561 个词语段，逐一解剖其中谜语、意象与隐喻。再辅以心理分析，对两位主角的同性恋纠葛，进行反复推敲、铺张蔓延，总共写出 98 处离题评论。外科手术的目的，并非要对巴尔扎克敲骨吸髓，倒像是发扬上海人的捣浆糊精神，颠倒是非、混淆黑白，制造一个无奇不有的语言万花筒。

譬如文中巴尔扎克写道：萨拉辛渴望有一"灯光昏暗的小屋"，好让他挥剑杀向对手，一举解决死亡与爱的难题。巴特捣乱说：萨拉辛的冲动幻想，原本是一种激情流露（代码Ⅰ），巴尔扎克工笔描画，构成庄重文学叙事（代码Ⅱ），可他这个后世批评家心痒难熬，忍不住要以反讽手段，质疑大作家对于人物的单纯处理（代码Ⅲ）。代码交错的后果，便是恣意阐释："它不断超越成见，无休止地嬉耍玩闹，促成一种潜力无穷的写作。"

我们知道，英美批评家一向信奉文本细读。他们不计繁琐，力图证明文中每一细节、每一比喻，都能呼应整体，达成作品的美学统一。巴特却压根儿瞧不上什么明晰阐释。他离题发挥，想入非非，硬是要将清纯单一的文本，搅做缠夹不清的乱麻。此一复杂语义网络，便是克利斯蒂娃发现的互文性。说白了，巴特此时的目标，并非展示文本可理解性，而是要激活其中的意义产生。

《S/Z》鬼话连篇，长达200多页。随着萨拉辛身世展开，以及叙事者的断续解说，金钱与性爱的秘密，相继浮出水面。然而它们最终指向虚无：美貌遭遇阉割，金钱掩盖丑恶，爱慕导致凶杀。就连书中两位主角名字的首字母，也成了意义悬置象征。巴特说：从镜中看，S与Z是彼此颠倒的同一字母。其间那条阻断斜线，既是幻觉之镜、反讽之刃，也是旋转风标、死亡墓碑。

对此，哈佛教授笆笆拉·拉翰逊尖刻批评说：巴特夸大阉割意识，将其变作了最终所指。可他忽略巴尔扎克的原意，即通过小萨自恋，表现他对爱人的冷漠。也就是说：老桑作为他者，性质空泛，只不过是小萨"顾影自怜的对象"。

从《论拉辛》结构分析，走向《S/Z》文字游戏。这一脑筋急转弯因何而起？巴特承认：此前他迷恋结构主义，渴望以它破解作品普遍结构。然而各类文体大相径庭，迫使他放弃统一模型："我必须突出每一文本的特殊性，而这恰是尼采和德里达所说的差异。"

另外，巴特的理论兴趣，多半来自索绪尔、雅各布森、格雷马斯。他在研究班的课题，也相应排列为：（1）当代意义系统（1962年）；（2）修辞学研究（1964年）；（3）话语语言学（1966年）；（4）叙事结构分析（1968年）。但从第3课起，巴特受到了克娃旋风般的袭击。

1965年冬，克娃飘然一身，来到符号研究班。她发现，巴特不像其他老师那样，"急于在学生论文中发现自家影响"，却热衷于听取不同见解。于是这位兼通俄法文的姑娘，向老师谈起巴赫金的《陀氏诗学》与《拉伯雷》。对此巴特一无所知，却兴奋莫名，当即建议她去班上宣讲一次。

巴特研究班实为一座开放实验室。法国专家卡尔韦说：由于巴特在此试讲自己的文章，该班成了巴黎名噪一时的公众讲坛。那一代年轻学人，竞相阅读拉康、福柯与巴特著作，从中寻求大学教育无法提供的"非传统话语"。结果，他们不仅在巴特班上找到了自由探索、热烈竞争，还在课后的聚餐闹饮中，发现一个思想与爱情比翼齐飞的乌托邦。①

1966 年秋季开学，雷恩街 44 号，又一拨英姿勃发的年轻人，在研究班上大展身手、各抒己见。克娃回忆说：热奈特宣讲差异，麦茨介绍电影符号，索勒斯重读马拉美，我则大谈巴赫金。"我还记得，老师在听我讲对话原则时那种有礼貌的惊奇。罗兰不甚了解这个题目。但这台文学园地的新机器，无疑给他留下了深刻印象。他懂得如何让别人的符号学工具，为自己的风格服务。"

1967 年秋，克娃离开巴特，去听拉康的心理分析。此时她新婚燕尔，夫婿是巴黎鬼才、《太凯尔》主编索勒斯。巴特落落寡欢，在班上乱讲《萨拉辛》。不料五月风暴骤至，校园一片沸腾。巴特的学生成立一个"语言行动委员会"。他们热烈争论意识形态与符号学关系，并给巴特贴出大字报，说他远离游行队伍，远离阶梯教室。这种"结构不上街"的立场，岂不反动透顶？

1968 年 5 月，克娃在一片骚乱中通过毕业答辩。论文导师戈德曼，高度评价克娃成果，说她摆脱结构主义束缚，勇敢返回社会历史批评，更"以区区一部论文，超越一代老师"。戈德曼所言，并非溢美。但人人听得出，那个左派理论大腕，是在暗中挖苦巴特。

巴特悲叹：五月风暴改变了符号学性质。风暴平息后，这位温文尔雅之士，依旧与朋友夜夜笙歌，高谈阔论。克娃却发现他神思恍惚，"仿佛有什么东西崩溃了"。巴特承认：《萨拉辛》成书过程中，他既得克娃启示，也受索莱尔鼓励。最终他接受小索的建议，将此书定称为《S/Z》。

克娃：互文性革命

1968 年后，克娃连续出版《符号论》（1969 年）与《作为文本的小说》（1970 年）。1974 年，她的国家博士论文《诗语革命》面世，引发一场互文性革命。正如哥德曼所说，此女令巴黎人大跌眼镜。巴特不甘落后，也在《异邦之女》中赞美道：一个异族女

---

① 卡尔韦：《罗兰·巴特传》，1997 年。

子（ètrangère）引入异己思想。她的符号分析学（Sémanalyse）专究差异，突出否定。其新颖处，恰恰在于关注他人，倾听不同声音。

何谓符号差异？我们知道，每一语言系统中，众多字词，语意各别，其细致区分，全靠一种任意性的符号差别：譬如 Tree 指树，Free 为自由，Breed 是繁殖。这些能指与所指的关系，原本无可理喻，偏能构成一套严谨有序的语意结构。如此怪状，令索绪尔苦思不得解。西方思想史上，最早涉及这一难题的，竟是柏拉图对话中的《克拉梯卢斯篇》（Cratylus）。文中有一圣哲，名叫黑尔摩吉涅斯。此人坚称：名词与所指对象之间，一无任何联系。

与以上西洋正宗相比，克娃只配归入左道旁门。套用中国武侠类型，她大致相当于黑木崖圣姑任盈盈，云南五毒教教主蓝凤凰。然而克娃天资出众，悟性高超，机缘无人可比：她先得巴赫金秘传，后蒙戈德曼扶持，继而受到本瓦尼斯特的悉心指教。正邪交织的背景，造就她博采众家的一派武功。

巴赫金：超语言学之剑 结构语言学一心自闭、封杀历史。巴赫金却要求超越该系统，了解话语规律。他又说：话语离不开语言法则，可它更依赖超语言学因素，诸如话语行为、对象与语境。克娃窥出破绽，便将此说化作一柄利剑，接连刺向结构主义命门。她声称：结构主义的科学偏执，是要消除差异强求同一。可它镇压的结果，是让世人遗忘结构之外的一切：诸如前结构、后结构、结构形成、以及那些不断流入结构、并对其加以破坏的外在因素。

以上非结构因素，在克娃目中，恰是孕育结构、并与之互动的历史语境。一旦将其删除殆尽，结构主义还剩下什么？无非僵尸一具、死水一潭。破解之道，首先来自巴赫金的对话、杂语与狂欢。换言之，一旦打破静止模式，即可形成一种内外互动、我他对话的生动局面。这一由静态转向动态的超越战略，大有利于她把握从符号（signe）到意义生成（signifiance）的反应过程。关键是：如何才能历史而又唯物地描述语言系统之外的一切？

戈德曼：西马生产论介入 戈德曼是左派理论名家，卢卡契的思想传人。他亲自为克娃争取奖学金，鼓励她深造。在他开设的

《小说社会学》研究班上，克娃得以了解西马文化生产论，并将其引入符号研究。

《符号论》开篇便讲马克思："马克思关于交换体系的批判考察，令人联想起符号与意义流通。"克娃发现：一旦打开语言结构，它理当在人类劳动（马克思）与生命欲望（弗洛伊德）支配下，呈现出一派符号交流与意义生产永无止境的生动场景。在此层面，巴特提前打破了作品封闭，将其偷换为写作（écriture）。德里达试以其消解语义的文字学（Grammatologie），取代作品研究。

与之相对，克娃提出一项建设性见解：文本乃意义生产装置。此话怎讲？根据索绪尔，语言以传达信息为功能。据此，能指与所指，体现为一项二元图式。然而小说文本在关注生命、体现劳动之际，处处感动读者、引发争议。所以克娃说它是一种"能指的实践"。反过来讲：尽管文本受语法支配，可它不能还原为传达图式。其中无法归结的多余物，便是意义生产。在此伟大装置中，语言秩序不断被外界力量打破，反复交叉分配，生成源源不绝的新义。

本瓦尼斯特：结构长老的遗愿　克娃的另一理论启示，来自索绪尔的大弟子本瓦尼斯特。在其自述中，克娃将他追忆为一个爱才若渴的学界耆宿。老人弥留之际，克娃奔到他的床前，目睹他写下一个古希腊字 Theo（神）。

《基本语言学问题》中，本氏坦然展示尊师的一系列失误。他表示：在话语与语言问题上，存在一种自相矛盾。其中一篇关键论文，《语言中的主体性》，则明确宣称："众多语言学概念，一旦我们将其重新置于话语范畴，它们便会在不同光线下显露异常面目。迄今为止，话语是这样一种语言：它由说话者掌握、并在一种互为主体的环境中展开。这一互主性，恰是语言交往赖以实现的唯一条件。"①。

克娃的革命　得此神助，克娃遂发展出她的互文性概念。我们已知，巴赫金指责独白批评，说它无法解释书中的众声喧哗，以及

---

① 《基本语言学问题》，迈阿密大学 1971 年英译本。

新旧文本的渗透穿插。所以克娃说：老巴虽未明确提出互文性，此法已埋藏在他的著作中。

《作为文本的小说》中，克娃小试牛刀，探究法国小说起源。她的分析样本，是一部法国传奇《让·萨德烈》。此书成型于 15 世纪，堪称早期小说萌芽。借用老巴的犀利目光，克娃一一指认隐含其中的各色文本：从苏格拉底、圣保罗、奥古斯丁，到大量中世纪文献，诸如武功颂、宫廷诗、志怪奇谈、野史笑料。这些文本均以引述、联想、反讽形式，流入这一传奇。它们又不分贵贱，彼此搅拌，造成丰富意义层次。在此基础上，绽开出一朵稚嫩的法国小说之花。

待她完成国家博士论文《诗语革命》，克娃有关互文性的理论，已经蔚为大观，自成一体。受篇幅局限，这里节略评点她的成就如下：

克娃第一项突破 是将差异植入系统，建立符号动力学。这一动力学糅合古今，设想一套正负相交的语义发生律。我们知道，巴赫金的矛盾法则，有关文化向心力与离心力。拉康试以想象界与象征界的心理对立，描述主体形成。古希腊的柏拉图，则在《第迈欧篇》中说，宇宙之大，莫不归为三种比喻类型，一是生成场域（母亲），二是生成模型（父亲），三是生成物（孩子）。

克娃称，意义生成也依赖父母机制：象征态与符号态。象征态（le symbolique）代表意义体系，支配象征手段，确保它在秩序下产生意义。符号态（le sémiotique）作为孕育场，开启语言欲动（chora）。欲动兼有生理与心理机能。其中暗含的否定性，往往大于意识的肯定性。克娃说，双方矛盾无法克服，也不能扬弃，只能经由心理不断发泄。

身为女性学者，克娃婚后去了拉康讲习班，哺乳期又去巴黎托儿所，以便亲身体验符号态：它包括前主体期婴儿的牙牙学语、以及主体崩坏后的妄言谵语。在此基础上，她提出一种过程主体。就是说，欲动流变、渴望成型，却时时遭受制约。主体生成，因而不可能一蹴而就，同时它也并非坚如磐石。借用中国老话，西洋主体是个"不打不成人"的孽子：它在父母呵护管教下，鼻涕哈拉，逐渐长大，又在对话与争议的漩涡中，频繁发生崩解与再生。

克娃第二项突破 是打通学科界限，从哲学互主性走向文本互文性（Intertextualité），此即进入哲学、语言、历史和心理交叉领域。西洋哲学史上，胡塞尔从自我意识出发，率先提出互主性（Intersubjektivitaet）。可他老先生功亏一篑，未能克服主体偏狭。克娃反其道行之，将否定引入意识，用他者颠覆惟我，又在文本层面，确认一项相生相克、循环不已的流动主体。

克娃说：对话既是主体言语活动，也是他者解读的言谈。"巴赫金的对话原则，因此指向作品的互文性。"她又说，"一旦我们承认此说，所谓作家主体，就要让位给另一种观点：即作品具有两面性。"互主性命题，至此扩展成一个文本三维空间：其中既有作者与读者的往来对话，也有内外文本的差异并存，及其身后涌动不息的社会历史语境。

过程主体，适用于所有作者与读者。譬如一个作家提笔写作时，他免不了要模仿经典、挑战权威、与其他文本开展外交。作为读者，他首先进入一种浑然无主的状态，以便他鉴赏各家，联想古今、比较优劣。此后他逐渐明确立场，决定取舍，进而借用他人，重构自我。此处的问题是，克娃必须提供一项链接措施，以便在文本层面证明，互文性与互主性密不可分。

克娃说，意义生成既是语言编织物，也是自我意识刷新。如是，文本概念便可一分为二：现象文本与生成文本。现象文本（phénotexte）是已完成的静止文本，它适合语言结构分析。譬如《萨拉辛》就是一个好端端的例证。巴特写作《S/Z》时，将它变作了生成文本（génotexte）。此刻文本是一对话空间，或意义发生场。换言之，前者限于独白，后者转向互主。两种文本缺一不可，共同左右阅读与创作过程。克娃又说：文本包容阅读、批评与生产。作为一项否定/肯定过程，它繁殖主体，再造文本。如此互文性，不啻是在酝酿革命。

《诗语革命》便是上述构想的示范。我们知道，巴赫金曾将诗歌归入独白类。克娃却十分重视诗语的革命功能。她发现，索绪尔晚年破译字谜（anagram），虽说半途而废，却留下三条重要提示：

（1）诗语反映符号无限性；（2）诗语是创作与阅读的双重行为；（3）诗语乃一网状结合关系。据此，她提出一项诗语扩张说（Paragrammatisme），以支撑她的互文分析。

拉丁语中，gramme 即书写文字，para 为泛泛相关。克娃说，诗语虽是再现语言，却有无限象征潜力。它不像独白那样呈线状延伸，却依照对话原则，广泛辐射，铺张语义。作为病句或拆字游戏，它兼有肯定与否定动能。诗语扩张，造就一个既破坏又创新的生产场。在此网状结构中，充满空隙、龟裂与碎片。字词进入其中，"与其说再现意义，不如说是散播开来，造成意义流动"。

诗语扩张说呼应自然，也吻合社会发展。《诗语革命》中，克娃重读法国诗人马拉美与劳特莱蒙，指其在危机年代，以否定姿态挑战传统，发起诗歌革命。这一革命，发生在"现象文本与生成本文相交的零时刻"。在马拉美身上，克娃见出他对瓦莱里的矛盾继承，以及他在模仿波德莱尔时，发明的某种破坏性变奏。劳特莱蒙的《诗》，则是一个多文本镶嵌体。这位诗人在引述经典文本之际，打碎庄严，歪曲肃穆，更以大量模拟戏仿，引发读者的笑声与认同。

就在他俩竞相否定传统主体、涂改前文本的语言动乱中，克娃找到文本开放与生产的契机，以此证明诗歌发展的矛盾机制。显然，新主体的诞生，既非简单模仿，亦非绝对排斥，而是引进差异，混杂出新。

巴特：批评的狂喜

1973 年夏，面对一群十足巴黎品位的听众，克娃进行国家博士论文答辩。她在个人陈述中赞扬巴特，说他"在先锋理论研究中，努力保持可理解性与沟通性，这也是我一向追求的目标"。听众愕然，因为巴特素以含混著称。听完克娃的答辩，巴特并不提问，却当堂朗诵一份感谢辞："你多次帮助我转变，尤其是帮助我从一种产品符号学，转变到一种生产符号学。"

读克娃论文，犹如大漠苦旅中，忽见一异族女子翩然起舞。她的即兴表演，不乏拼合之嫌，可她左旋右转，美目顾盼，足以表现人类交往的亲善愿望。当今西方学术中心消散，人文各科纷纷另谋出路。就在它们沦落天涯、殊途同归之际，克娃提倡互文，鼓励对话，这无疑有助于克服偏见，消除隔阂。所以她倩影摇曳，掌声四起，莲步所至，宾主相宜。

克娃不可能一人独领风骚。在她身旁，巴特转寰如蛇，另有一翻奇怪舞姿。他二人有关互文性的差异，相继出现在巴特后期文本理论中。这些流传甚广的作品，主要有《文本的快乐》（1973年）、《意象—音乐—文本》（1977年）、《恋人絮语》（1977年）。此时巴特，已由一个结构传道士变作一个后结构浪人。只见他妙语横生、插科打诨，继而拥抱虚无、推崇享乐。下面列举三项概念，作为对其流动主体的小结。

作者之死　关于文本和互文性，巴特写过好几篇论文，均由美国人编入《意象—音乐—文本》。其中一篇《从作品到文本》，堪称划时代宣言。该文称：西方语言观剧变，导致作品瓦解、文本兴起、跨学科研究盛行。在巴特眼中，作品乃牛顿封闭系统，文本是爱因斯坦开放体系。前者是作家中心论的迷信产物，后者适用于互文性生产。《作者之死》进而扬言：上帝已死，作者岂可苟活？读者的诞生，"须以作者死亡为代价"。福柯从中嗅出德里达的解构气味，于是质问巴特：若是编撰《尼采文集》，你打算如何抹去他的大名？

我们已知：巴特在《S/Z》中的真正所爱，不是巴尔扎克，而是他自己。他在此书开篇处，故意区分读者文本与作家文本。据他解释：前者一无变通余地，后者鼓励意义生产。他又说，前者仅仅可读，后者却可任意改写。粗看上去，这与克娃的生成文本颇为相似。但双方差异是：克娃描述对话语境中的互主生成。巴特却在改写过程中，发现一个伟大能指。这让巴特集作者、读者、批评家于一身，与大作家分庭抗礼，并同文本中的能指"大胆做爱"。如此潇洒身份，导致他私下里一种自恋式的极大满足。

从本文到洋葱头　作者一死，意义也就随风飘散。巴特在《文本理论》中说：一切文本都是互文本。据此，游戏便与互文性携手，意义生产也成了他寻求快感的借口。巴特称：主体一旦摆脱我思，便会服从差异逻辑。此时的意指，不再是刻板再现，而是一种意义撒播。"写作不停地设定意义，是为了不停地将其驱散。文学正是以这种方式，展开一种反神学活动。这活动是真正革命性的，因为它拒绝固定意义，拒绝上帝及其共谋：理性、科学、法则"。

《风格与意象》文中，巴特发明一个怪论，说文本像洋葱头。此说何来？据说按西方思维习惯，一向视作品为水果：果肉为形式，果核即意义。在巴特看来，此说应当废弃，改用洋葱头比喻。就是说，文本为一多层构造，其中没有中心，没有意义。除去它层层包裹的无限性，竟是一无所有！

批评的狂喜　《从作品到文本》中，巴特一一枚举文本的各种好处：（1）文本依赖话语运动，因此变化多多；（2）文本不能分类，却能打破文体与学科界限；（3）作品冷清如修道院，文本热闹像游乐场；（4）作品讲究来历，文本没爹没妈；（5）作品乃一家之言，文本主客不分，相互指涉；（6）作品令人消极，文本让你积极参与；（7）阅读作品是一种消费，阅读文本却让你进入极乐世界。①

1973年，当巴特发表《文本的快乐》时，他已彻底放弃意义追求，转向尼采的享乐主义。在那套"被压抑了几个世纪的耻辱哲学"中，他领略主体的麻醉、能指的狂野，以及主体瓦解为身体之后，他所发现的快乐（plaisir）与狂喜（jousissance）。书中，他玩味两种不同的阅读方式：其一是左拉式快乐文本，它使读者获得理解的快乐；其二是乔伊斯式狂喜文本，它打乱读者心境，破坏他的期待，引领他走向放荡不羁。这种怪诞文本，在萨德侯爵笔下首开记录，继而在后现代小说中发扬光大。借用克娃的欲动说，巴特称这种狂喜文本具有欲望发泄的"感官意义"。

晚年的巴特，不断发表有关享乐的文章。这令他身价倍增。他的文本策略，也因此成为后现代写作秘诀。然而得意之余，有人指其为恐怖分子，"专对文学实行绑架谋杀"。有人说他目空一切，

---

① 《意象—音乐—文本》，纽约1977年英译本。

"任意呼唤和驱赶伟大作家"。还有人说他步萨特后尘，变成一个"对意义充满恶心"的存在主义者。

私生活中的巴特，变得越来越喜欢抱怨，时常闷闷不乐。1974年，当他与《太凯尔》同仁一道来中国访问时，他的沉默寡言，几乎成了一种病态。1980年春，巴特突遇车祸。一个月后，他撒手人寰，并留下一个后结构难题：这位先生真的快乐吗？

迈向二十一世纪的语言学①

——语言学的八大发展趋势

◎ 王铭玉

王铭玉，1986 年获语言文学硕士学位，1993 年获语言文学博士学位。1993 年破格晋升为副教授，1996 年又破格晋升为教授。现为黑龙江大学校长助理、俄语学院院长、俄语中心主任、教授、博士生导师、外国语言学博士后流动站站长。兼任全国语言与符号学研究会副会长、中国俄语教学研究会副会长、《中国俄语教学》编委、世界文化艺术研究中心研究员暨大型国际交流系列书刊特约顾问编委、南京师范大学外语学院兼职研究员、青岛海洋大学外国语学院兼职教授、哈尔滨师范大学客座教授、普通高等学校人文社会科学重点研究基地黑龙江大学俄语语言文学研究中心兼职研究员。

王铭玉教授在语言符号学、普通语言学、句法—语义、功

---

① 本文系作者 2005 年 12 月 1 日在武汉大学所做的学术报告。

能语言学、外语教学论等方面造诣较深，先后出版《现代俄语同义句》、《外语教学论》、《迈向 21 世纪的语言与文化》、《符号学研究》、《语言符号学》、《符号语言学》等 22 部专著译著和教材，公开发表论文 50 余篇。1998 年中国社会科学研究评价中心正式来函告知："根据《中文社会科学引文索引》（CSSCI）当年的统计，王铭玉同志在国内语言学学科发文量排序中列于前 10 位。"目前，他作为第一主持人承担的国家及省部级重点课题 3 项，作为第二主持人承担的课题 2 项。从 1993 年起他开始指导硕士研究生工作，先后培养硕士生 13 人；2001 年获得博士生指导教师资格，共培养博士生 6 人；2004 年开始指导博士后 2 人。

面临世纪之交，人们都会很自然地提出一个问题：21 世纪是怎么样的？对此问题的研究和探索，会给人们带来思考与启发，指明方向与目标。所以，对各个学科和领域来说，这是一个无法避开的世纪"门坎"问题。

语言学被许多学者看做是先行科学。回顾现代语言学的发展，透视 21 世纪的前景，是语言学领域亟待研究的课题，也是每个语言工作者的责任与义务。近几年，此类相关文章时有发表，先声已奏。这里，我们从八个方面来谈一下语言学的发展趋势，以就教于同行方仁。

一、由微观研究转向宏观研究

（一）语言学研究对象的宏观化

语言学研究对象的宏观化，指的是语言学不再把语言体系作为自己的惟一研究对象，其视野正向言语活动和言语机制延伸。

20 世纪是语言作为一门独立学科飞速发展的时代，学说纷繁，学派林立。但纵观百年历程，以瑞士语言学家索绪尔学说为支柱的结构主义始终占有相当重要的地位。结构主义建立了三种理论框架，其语言对象观把语言学研究紧紧束缚在了微观领域。（1）索绪尔（F. de Saussure）认为："语言是每个人都具有的东西，同时对任何人又都是共同的，而且是在储存人的意志之外的。语言的这种存在方式可表以如下的公式：1 + 1 + 1 + …… = 1（集体模型）。"也就是说，语言是一种纯系统的框架。（2）结构主义"关于语言的定义是要把一切跟语言的组织、语言的系统无关的东西，简言之，一切我们用'外部语言学'这个术语所指的东西排除出去的"。显然，这种观点把语言视做一种自足、封闭系统的框架，把语言与民族、社会、文化、政治、时空等因素割裂开来。（3）在语言学史上，第一次明确提出语言和言语概念并加以严格区分的是索绪尔，但他对言语采取了"搁置"的态度，认为"言语活动的整体是没法认识的，因为它并不是同质的"，语言学"是以语言为惟一对象的"。实际上，他所承认的语言学仅是"就语言和为语言而研究的语言"，语言学是单一语言的框架。客观地讲，三个理论框架的思想对语言系统的研究曾起过非常积极的作用，但随着语言学的发展，这些"框架"亟待打破。首先，语言在本质上是非纯一的，而是一个多维的层级符号装置，除了共同的东西之外，在每个人的意志之中还储存着语言的种种变体形式。比如各种地方方言和社会方言的存在，各种语体的作用等；再则，语言学领域只留下属于系统内部成分的做法不仅影响语言研究的质量，甚至导致研究者根本无法真正触及语言的本质，因为"外部要素"是不可须臾离开的"关系要素"。"人是使用语言的主体，人们正是在一定的时间地点、一定的社会环境、一定的文化中使用语言的。"最后，语言和言语之间是一种互为依存关系。尤其不能忽视，语言存在于言语之中，语言体系是在言语活动中变化发展，所谓语言交际正是在特定言语环境中通过选择语言材料、建构活动来完成的。所以，离开言语活动而研究抽象的语言体系会使语言体系本身陷于枯竭境地。

由此可以作出判断，在语言学由微观研究向宏观研究转向时，首先是语言学研究对象的扩大，不仅要立足于语言体系，更要放眼于异质系统、外部系统以及言语系统。实际上，近些年语言学家对方言学、文体学、语言文化学、语言国情学、语用学、话语语言学、信息语言学、社会语言学等语言分支学科的关注就充分证实了这一转向的存在。

（二）内部学科交叉向纵深发展

索绪尔为语言学提出了三项基本任务，其中之一就是要"确定自己的界限和定义"，目的在于使语言学尽可能摆脱对其他科学的依赖而成为一门独立的科学。但科学的发展正在冲破各种条块分割的樊笼，学科渗透、交叉已成为一个富有时代特色的宏观发展趋势。可以说，到21世纪，任何一个学科"独往独来"的局面必将不复存在。

学科渗透首先表现在语言学内部分支学科彼此间的交叉上。传统语言学条分缕析，各自都固守自己的阵地，在为其独立地位而奋争。但是语言现象十分复杂，单从某一分支学科很难看到语言的本质与全貌。所以，各学科不仅要吸收并采用其他分支学科的研究成果，而且要做跨学科的深入研究来完善自己。我们以语义学和话语学这两门热门学科为例。

语义学一般被认为是研究语言单位（词素、词、词组、句子、熟语等）意义的科学。现在，这门科学实际上已成为研究语言所有层次和单位意义方面的科学，它和语言学的许多分支学科都挂起钩来，形成了词汇语义学、构词语义学、词法语义学、句法语义学等。

话语语言学同样如此。作为一门独立学科，它的任务在于对连贯性言语进行超句分析，以探索言语构成规律。但自该学科形成以后，它便成为各门学科竞相"联姻"的对象。以下简单介绍五种交叉学科：（1）话语语用学——其任务在于调查不同的话语中不同的言语行为有哪些组合与排列的可能性，寻找语用共存性；（2）话语语义学——其任务在于探索话语语义接应的基础，描写并解释各种相互接应的话语的语义关系；（3）话语语法学——研究话语的形式接应问题；（4）话语修辞学——研究话语的表达方法和技法，研究各种语言手段在篇章中的修辞功能和各种功能语体中语言使用的特点；（5）应用话语语言学——主要研究话语语言学与文学理论和语言教学的关系问题。

（三） 边缘学科研究成为主流方向

从语言学发展的轨迹来看，18 世纪是哲学的世纪，19 世纪是历史比较的世纪，20 世纪是描写和转换生成的世纪，21 世纪将是多学科交叉研究的世纪。

步入 21 世纪之后，学科渗透将超越学科本身，语言学同社会科学、自然科学的外部横向交叉将成为语言学的主流方向，边缘学科的研究会大大促进语言学本身的发展。

首先，语言学和社会科学的交叉会产生或完善下列一些边缘学科：哲学语言学（philosophical linguistics），它包括三个分支：哲学语法、哲学语义学和逻辑语言学；民族语言学（ethnolinguistics），也叫人种语言学，在美国习惯叫人类文化语言学；人类语言学（anthropolinguistics）；生态语言学（ecololinguistics）；文化语言学（cultural linguistics）；社会语言学（sociolinguistics），它包括理论社会语言学（一般社会语言学、结构社会语言学、描写社会语言学、比较社会语言学、社会语言学史等），具体社会语言学（社会方言学、交际语言学、族际语言学、性别语言学、广告语言学等）以及应用社会语言学（语言规划学或语言工程，语言政策学或语言政治学）；地理语言学：语言人口统计学；军事语言学；民俗语言学；情报语言学；艺术语言学；经济语言学（商业语言学）；政治语言学；教学语言学和未来语言学等。

作为"反映当代社会发展的特殊晴雨表"的语言，不仅是语言学的研究对象，而且也早已成了自然科学（包括技术科学）的研究对象。现代科学技术革命和信息化社会的进程，使得语言学和自然科学之间共同研究领域日益增多，边缘学科层出不穷。

比如，数理语言学（mathematical linguistics），它一般包括组合语言学（亦叫非数值语言学）、定量语言学（亦叫数值语言学）、统计语言学、计量语言学、语言年代学、代数语言学、算法语言学和模糊语言学；计算语言学（computational linguistics）以及与此相关的边缘学科——机器翻译、语言信息处理和人工智能等；声学语言学（acoustic linguistics）；生理语言学（physiological linguistics），包括神经语言学和神经心理语言学；病理语言学或临床语言学

（clinical linguistics）；心理语言学（psycholinguistics），包括理论心理语言学、应用心理语言学、哲学心理语言学、社会心理语言学、人类心理语言学、生物心理语言学、神经心理语言学、发展心理语言学、犯罪心理语言学和实验心理语言学；生物语言学（biological linguistics）；宇宙语言学（cosmical linguistics）；化学语言学（chemical linguistics），等等。

二、由单一转向多元

（一）由单一层面的研究转向多层面的研究

这里，最明显的例子就是语言研究的超极化倾向。所谓"超极化倾向"就是指语言研究突破两极的扩量发展，一方面追求超大，一方面追求超小，从而打破了把语言看做是从音位到句子的层级系统的框架，开辟了语言研究的新领域。

在传统语法和结构主义语法中，历来是句本位思想占主导地位，研究对象一般不超出句子的范围。但客观事物、现象之间存在着密切的联系和相互制约的关系，句子与句子之间同样如此。语言学的发展充分证明，句子的价值体现于连贯言语的组成之中、体现于与其周围的上下文不可分割的联系之中，必须要把句子看做是整体的一部分。通常不是句子而是由一组句子构成的复杂整体，才是连贯性、独白性言语的实际单位。只有这种复杂的整体，才能表达一个复杂完整的思想，并在上下文中具有相对的独立性，这一独立性是单个句子所没有的。这样一来，当代语言学就要求开展对大于句子的结构——超句、句群、段落、篇章的研究，研究句子与句子、段落与段落之间的各种关系以及它们的衔接手段。语言学这一发展的结果是直接促成了话语语言学、篇章语言学、语篇分析、言语交际学等新兴学科的建立和兴盛。

在结构语言层级系统的理论框架思想影响下，语言层次一般公认有四层，即句子—词—词素—音位，它们都是可视可听的层面。那么音位这个下限层面是否可以突破呢？这是当代语言学家一直关注的另一个问题。

在19世纪下半叶，科学的发展揭示了物质结构的多层次性，

人们相继发现了质子、中子、电子等这些"基本粒子"。到了 20
世纪 50~60 年代，人们又深入到基本粒子内部的更深层次，再次
证明基本粒子也是可分的。事物无限可分性的思想对语言学的研究
形成了冲击，带来了方法论的启迪作用，于是语言学家不再满足于
对可视、可听的单位的研究，还要探究更为深入的层次。先是受基
本粒子思想的影响，于 20 世纪 20~30 年代由布拉格学派的特鲁别
茨科依（N. Trubetzkoy）突破音位概念，提出了"区别性特征"理
论；紧接着，语义学家打破了义项下限的束缚，把词义分成了义
素；继而，语言学家利奇（G. Leech）把意义也分成了 7 种类型，
即理性意义、内涵意义、社会意义、情感意义、反映意义、搭配意
义和主题意义；语法研究同样不甘落后，比如菲尔默（Ch. Fill-
more）的格语法就把名词性语义成分的功能细分为施事、受事、受
益、对象、工具、时间、地点、方式等。这样，将一种语言现象再
细分为更小的组成部分，从中捕捉更为微妙的性质、变化、特征、
差异，使语言研究向更深入的方面发展。

　　语言学突破下限的超极化研究给当代语言学带来了两个影响深
远的变化，值得引起我们的关注。

　　（1）出现了"梯度"概念。所谓"梯度"是指一种语言现象
不一定非此即彼，而可能是一个模糊的变量，"此"和"彼"可以
互相过渡、渗透、转化。以下列两个图表为例：

　　①名词可数性程度的梯度表

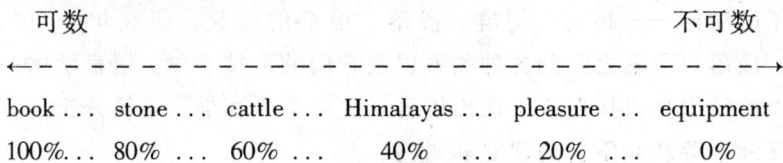

可数					不可数
←	-	-	-	-	→
book ...	stone ...	cattle ...	Himalayas ...	pleasure ...	equipment
100%...	80% ...	60% ...	40% ...	20% ...	0%

　　②名词的各种功能作主宾语的梯度表

　　主语：　施事〉对象〉受事〉受益〉工具〉时空〉方式
　　宾语：　对象〉受事〉受益〉工具〉时空〉方式〉施事
　　（2）出现了"连续性"概念。"梯度"概念的出现对语言的固

有性质——离散性带来了新的认识。过去大家认为，离散性是语言的一个普遍的共性，它不允许与连续性有半点妥协。但从梯度分析来看，语言又有非离散性即连续性的一面，只有连续性才能构成一个呈现梯度的连续统。以反义词的"语义连续统"为例：

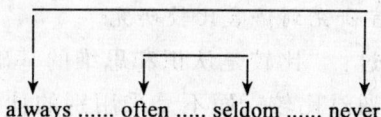

$$\text{always} \ldots\ldots \text{often} \ldots\ldots \text{seldom} \ldots\ldots \text{never}$$

连续性的发现具有重要意义，它为运用系统和层次、连续和间断、可分和不可分、渐变和突变、精确和模糊等对立统一范畴来深入研究语言提供了理论依据。

（二）由单级分析转向多级分析

当代语言学讲究多维化，其中一个突出例子就是突破传统语言学的单级语言学研究方法，采取多级分析法探究语言现象。

后期乔姆斯基（N. Chomsky）理论在研究句法时采用的就是表层结构和底层结构相结合的多级分析法：表层负责信息的合理而经济的负载与传输，担负语法和语用功能；底层负责意义的逻辑生成。例如，N^1-Ving N^2（如 peace-loving people，street-sitting people）就可以对应 5 种不同的底层结构；N^1-Ven N^2（如 tailor-made coat，air-conditioned office，tongue-tied boy）就可能对应 3 种不同的深层结构。

俄语同样如此，多级分析法日渐扩展。比如，当代语言学家什维多娃（Н. Ю. Шведова）就是用一种"非线性的、多级的、从最抽象的特征和特性到较为具体的特征和特性"的方法来分析俄语简单句。她首先把简单句一层一层地分解成各种不同抽象程度的形式和意义要素，然后从最抽象的句子形态组织出发，逐级进行分析和描写，最后深入到较为具体的语义结构和语调、词序的变化，构成一个从抽象到具体的完整的简单句体系。什维多娃采用多级分析法的结果是把简单句区分为形态组织（即不取决于语境的静态结构，主要指体现述谓性的、可切分出主语和谓语的结构模式）、语

149

义组织（即句子的意思组织，它是从语义方面对句子信息内容类型的概括，可以切分出主体和述体）和交际组织（即取决于语境的动态结构，句子依赖它实现交际，可切分出主位和述位），从而对句子这个语法核心单位进行较为透彻的研究，并给予其他语言研究以启迪作用。

（三）从单语言研究到语言比较研究

乌申斯基曾说过："比较是认识和思维的基础。我们认知世界上的一切事物都是通过比较，而不是采用别的什么方法。"哈特曼结合语言说得更具体："比较是人类研究事物、认识事物的一种基本方法，也是语言学研究的一种基本方法。如果说语言学的根本任务是对语言的某种现象加以阐述的话，那么可以说语言学的所有分支都是某一种类型的比较，因为对某一语言现象的阐述总是要涉及和包含对这一现象中的各种表现的比较分析"。

比较方法运用于语言学研究可以说是源远流长，而对语言学的第一次系统比较是发端于18世纪末的历史比较语言学。它是对一些属于同一亲缘关系的不同语言进行历时的比较，其目的在于探求这些语言的历史渊源，发现它们的变化规律，推断重构它们的共同原始语。"历史总是呈螺旋式上升的"，语言在经历了两个世纪的发展之后，今天再次转向了比较研究。但这次转向不是简单的重复，其比较面之广、涉及程度之深是历史比较语言学所无法比拟的。归纳起来，主要有以下三个特点：

1. 对比语言学方兴未艾。对比语言学也是一种比较，不过是一种具有特定含义的语言比较。因为它所进行的是不同语言之间共时的比较，而且，所对比的语言之间不一定具有亲缘关系，比较的目的则是描述语言的相似和差异。当前，对比语言学的发展呈现出三个趋势：（1）对比领域从传统的语音、语法对比向篇章、语用、语义对比扩展；（2）理论对比语言学研究受到格外的重视；（3）应用对比研究兴盛，而且更注重与其他应用语言学的研究相结合。

2. 语言的普遍性对比研究向纵深发展。语言的普遍性对比研究主要涉及语言类型学和语言特征学两门学科。前者的目的是通过比较找出世界上各种语言在形式结构上的典型不同之处，对世界上的语言进行类型分类。后者的目的是揭示语言中有限的区分性特征。与以往不同，当代语言学家在进行此项研究时非常重视客观性、科学性和精确性的统一。

3. 语言与文化的对比研究迅猛发展。语言学的发展大大扩大了对比研究的领域，使得语言与文化的对比也席卷而来。众所周知，"语言是文化的符号，文化是语言的管轨"。谈交际离不开文化，而语言又是文化的载体、交际的工具。语言与文化的对比主要与三个新兴交叉学科密切相关：

（1）跨文化交际学。该学科源于美国，始于20世纪60年代，目前几乎是世界各国语言学界研究的热点。一般认为，跨文化交际学的产生与三大因素相关：现代高科技的发展产生的世界性时空的紧缩所带来的全球化意识；形形色色的文化交融、各种各样文化群体间的交往所形成的集体意识；在当今文化交织而且多变的世界上想成为善于跨文化交往的现代人的个人意识。跨文化交际学是一门多学科渗透的边缘学科，其中对其影响较大的有人类学、社会（语言）学、社会心理学、文化学、哲学、民族交际学等。但作为一门学科来看待，其理论核心是普通交际学的交际论，即：跨文化的交际过程和同一主流文化同人际交往过程所涉及的变量基本一致：任何人际间的交际在本质上都是跨文化交际，差异是程度上的，而不是本质上的。从总体上来说，跨文化交际学主要研究交际和文化的关系，具体地讲，其研究内容包括5个方面：（1）学科的理论概念（诸如交际、文化、社会、跨文化交际、交际过程概念）；（2）学科的哲学思想（主要涉及研究方向，动态多变的交际过程及其制约因素，文化、知觉、赋义及交际行为之间的关系）；（3）影响跨文化交际过程、交际行为及编译码过程的诸因素；（4）言语和非言语行为的文化异同；（5）探究干扰交际的文化因素，实现有效交际。如果结合外语教学，跨文化交际的研究内容尚可更具体一些，包括9个方面：词汇的文化内涵；词汇缺项；有文化内涵的人名和地名；常用的文学典故；语篇结构；文体特点；语用规则；讲话顺序；非语言交际。

（2）国情语言学。国情语言学源于前苏联，兴起于20世纪70

年代。它最早是作为对外语言教学的一个方面提出来的，并把它列为与语音、词汇、词法、修辞并列的第五个方面，强调通过俄语和在学习俄语的过程中介绍国情知识，从而达到向教学对象进行文化移入之目的。国情语言学目前已成为一门独立的学科，并在教学与学术领域呈现发展的态势。之所以如此，我们认为是由该学科的两个重要性质所决定的。（1）文化语言性——国情语言学注重联系社会文化对语言进行研究。换言之，它以语言为中心，综合社会、历史、地理、文化等方面，以称名单位（主要是词汇，包括成语性词组、成语、谚语、格言、典故等）为剖析、对比的对象，一方面研究社会生活的变化所引起的语言诸因素的变化，一方面联系语言对社会、文化进行对比研究，揭示蕴含在语言体系之中的、反映民族文化特色的国情知识。（2）语言文化性——语言作为一种社会现象具有多种功能，其中有三种功能构成了国情语言学的理论基础。第一，交际功能（коммуникативная функция），即语言是"人类交际最重要的工具"；第二，载蓄功能（кумулятивная или культуроносная，накопительная функция），即语言是民族文化和知识的载体及集体经验的储藏器；第三，指导功能（директивная функция），即引导、影响和培养人的个性的功能。交际功能体现了语言作为传递信息的手段，其首要任务是要把正确的国情知识正确无误地教授于人；载蓄功能体现了语言作为民族文化的存储器，要尽可能通过语言把全部知识、民族文化和文明移入学习者；指导功能体现了语言作为民族文化的镜子，要在学习语言的过程中对学习者施加正面影响，使其在获取知识的同时受到民族文化教育。总之，作为语言与文化的对比学科之一，国情语言学的研究将受到更多人的瞩目，尤其是它所倡导的语言教学必须同国情知识的传授紧密结合这一原则思想必将会影响到21世纪语言学的发展。

（3）文化语言学。文化语言学开创于中国，兴起于20世纪80年代中期。文化语言学是研究、比较汉语及其方言、汉语以及汉民族文化相互之间关系的科学。它的产生并非偶然，首先是语言和文化的关系使然。一般认为，文化有三个层次，即物质文化、制度文化与心理文化。而语言同这三种文化均发生关系，在语言中都可以找到三个层次文化的投影。另外，从外因上讲，文化语言学受到国内外其他学术界"文化"热的影响，试图沟通语言与文化的内在联系，从而重新确认语言本身的文化价值；再则，从内因上讲，汉语学界长期偏重于形式研究，而文化语言学就是试图摆脱旧理论模式的束缚，在文化、社会、历史、心理等方面获得深层的诠释。依据邢福义先生的观点，文化语言学的方法应是文化学方法和语言学方法的融合和提炼，其中有三种方法被认为是基本方法：一是实地参与考察法，即调查的方法；二是共层背景比较法；三是整合外因分析法。因为文化语言学是一种民族人文科学，所以它要求在中国文化的背景中去考察、对比中国的语言和方言。在宏观上结合文化背景研究语言和方言生成、分化和融合的过程；在微观上从文化背景出发，寻找某一种语言或方言的各种特点生成的原因。由于文化语言学覆盖面较广，加之众多学者在一些理论原则等方面尚存分歧，所以由此形成了三大流派：以游汝杰为代表的"双向交叉文化语言学"，以陈建民为代表的"社会交际文化语言学"以及以申小龙为代表的"全面认同文化语言学"。文化语言学的兴起，对中国语言学的发展无疑是一个很大的推动，它不仅有利于揭示语言与文化的奥秘，还会促进邻近学科的发展，所以，它的生命力在21世纪的语言学潮流中将会充分显示出来。

（四）由单一理论转向多元理论

从19世纪直到20世纪上半叶，语言学的发展以语法为主流。就语法理论而言，传统语法、历史比较语法和结构主义语法各领风骚几十年，分别在它们的时代处于主导和独尊的地位。但从20世纪下半叶开始，这种"归于一统"的局面逐渐被打破，出现了众多的语法理论，形成了流派林立、诸说纷呈的景象。新的态势表明，独家理论无法解决语言的机制问题，只有变单一理论为多元理论，才能真正接近语言的真谛，这就是20世纪后半期的语言革命，也是21世纪语言研究的希望所在。

语言理论多元化现象，依据其渊源关系，大致可分为三条线索。择其主要理论简述如下：

1. 受结构主义影响发展而来的语法理论

（1）层次语法（Stratificational Grammar）——形成于20世纪60年代，由美国的耶鲁派学者兰姆（S. M. Lamb）创立，以他的《层次语法纲要》（1966）为代表作。

（2）法位学（Tagmemics）——也形成于20世纪60年代，由美国的密歇根派学者派克（K. L. Pike）创立，以他的《语言与人类行为体系通论》（1967）为代表作。

（3）依存语法（Dependency Grammar）——这是在欧洲发展起来的结构语言学理论，创始人为法国学者特尼埃尔（L. X. Tesniere），理论系统地表述于其身后出版的《结构句法基础》（1959）一书之中。

2. 受转换生成语法影响发展而来的语法理论

（1）生成语义学（Generative Semantics）——形成于20世纪60年代末，中心在美国芝加哥大学，以乔姆斯基（N. Chomsky）的同事或学生雷科夫（G. Lakoff）、麦考莱（J. Macawly）、罗斯（J. Ross）等人为代表。

（2）格语法（Case Grammar）——兴起于20世纪60年代末，由美国学者菲尔默（Ch. Fillmore）创立，其代表作为《"格"辩》（1968）。

（3）关系语法（Relational Grammar）——形成于20世纪70年代初，由乔姆斯基的第一代弟子波斯塔尔（P. Postal）和第二代弟子帕尔玛特（D. Perlmutter）共同创立，他们主编的《关系语法研究论集》第1、2卷（1983～1984）为代表作。

（4）蒙塔古语法（Montague Grammar）——形成于20世纪70年代，由美国数理逻辑学家蒙塔古（R. Montague）创立。这是一种试图从逻辑角度来对语言进行精密化、形式化研究的理论，代表作是《普通英语中量化的特定处理》（1970）。

（5）对弧语法（Arc Pair Grammar）——这是波斯塔尔和约翰逊（D. Johnson）在关系语法的基础上发展而来的一种体系更为严密的语法理论，他们合编的《对弧语法》（1980年）一书为其代表作。

（6）词汇—功能（函项）语法（Lexical-functional Gram-

mar）——形成于 20 世纪 80 年代初，由美国的布列斯南
（J. Bresnan）和卡普兰（R. Kaplan）创立，其理论研究中心先在
麻省理工学院，后转换到斯坦福大学，代表作为《现实转换语法》
（1978 年）、《语法关系的心理表达》（1982 年）。

（7）广义短语结构语法（Generalized Phrase Structure Gram-
mar）——形成于 20 世纪 80 年代初，代表人物为盖茨达（G. Gaz-
dar）、普鲁姆（G. Pullum）、萨格（I. Sag）、克莱因（E. Klein）
等，他们的活动中心为美国的斯坦福大学和英国索塞克斯大学。

3. 与形式主义相对立的功能主义语法理论

无论结构主义，还是转换生成理论，实际上都属于形式主义范
畴。到了 20 世纪 70 年代中叶，在语言学界崛起了逆形式主义潮流
而动的功能主义学术思潮。它超越了形式主义的视野，除了结构之
外，还同时研究整个交际过程，它的侧重点不在于构造模型，而是
把语法问题放在实际的语言交际情景中来考察，关注语言的交际功
能和社会功能。

（1）布拉格学派（Praque School）——它是当代功能主义的滥
殇，在语音学、形态音位学、风格学等领域具有开拓性贡献。主要
代表人物是马泰休斯（V. Mathesius、丹奈什（F. Danes）、费尔巴
斯（J. Firbas）、马丁内（A. Martinet）、雅各布森（R. Jakobson）
等。

（2）系统功能语言学（Systemic-Functional Linguistics）——形
成于 20 世纪 70 年代，由澳大利亚学者韩礼德（M. A. K. Halli-
day）创立，其代表作为《语法理论范畴》（1961 年）、《语言结构
与语言功能》（1970 年）。

（3）美国功能主义学派——亦称美国西部功能学派，与大本
营在东部的转换生成语言学派形成有趣的对照。主要代表人物有格
林伯格（J. Greenberg）、鲍林杰（D. Bolinger）、吉汶（T. Givon）、
唐姗迪（D. Thompson）等。

（4）荷兰功能主义学派——形成于 20 世纪 70 年代末，由狄克
（S. Dik）创立，以类型学研究为主，他的《功能语法》（1978）
为代表作。

(5) 苏联功能主义学派——亦称语义功能主义学派，因为它坚持以语义范畴为出发点和分类基础，遵循从"内容→形式"的研究方向。代表人物为班达尔科（А. В. Бонларко），《功能语法理论》（第 1 卷，1987）为代表作。

三、从系统转向运用

现代语言学自索绪尔倡导纯语言研究以来，已经走过了将近一个世纪的历程。在此期间，对语言系统的研究无论在理论上还是方法上都有重大进展，取得了丰硕的成果。但从另一方面来看，对语言使用的研究相对来说显得十分薄弱，言语的语言学没有能够建立起来。针对这种状况，许多语言学家极力主张开展对语言使用的研究，因为"语言的研究不应局限于语言本身，也要研究人们怎样使用语言，研究语言在人类生活中的作用"，否则，语言将成为无本之木、无源之水。

从 20 世纪 60 年代开始，语言学家们开始打破语言系统的垄断地位，对语言使用的研究渐成气候。时至今日，这种研究势头正旺，引起了越来越多语言学家及相关学科学者的关注。语言研究的这一转向主要体现在以下三个方面。

（一）从语言系统理论的探讨转向对其应用价值的分析

在迈向 21 世纪之际，语言学的形象大为改观，它已不是先前那种"有钱人的游戏"（rich men's game），它不仅能让研究者获得一种智力上的满足，而且还能充分体现自己的价值。比如，语言学的理论研究开始直接与信息产业、知识经济挂起钩来；对语音的研究已经发展到可以用来破案的程度；对语言障碍的研究与医疗目的有机地联系在一起；语言学理论已成为计算机科学发展的基础科学，等等。

（二）语言系统理论走出幽谷，投入应用的天地

首先，在语言学内部，语言系统理论开始广泛用于具体语言现象的分析。"例如，原来只是描写语音和音位，现在要把这种认识用于语音合成；原来描写构词，现在要把构词法运用于机器翻译；原来只是描写句法规则，现在要探讨句法结构的不同功能；原来描

写单个词的意义,现在要解释词在特定环境中的意义;原来描写语言结构的抽象系统,现在注意运用这个系统时的各种规则。"

再则,在语言学外部,当代语言学的系统理论被越来越多地应用到其他领域。比如,(1)索绪尔的横组合关系和纵聚合关系理论广泛见于符号学、民间故事形态学、人类学、精神分析学、戏剧研究、文学研究以及音乐、电影学等领域。(2)乔姆斯基的转换生成理论被大量吸收进机器翻译、人工智能、自动机理论、心理学、模糊理论、儿童语言研究、神话学、人类学、民族学、文学理论和西方哲学等领域。(3)语言交叉学科的理论,如工程语言学涉及了机器翻译、情报自动检索、人机对话、人工智能等;心理语言学及神经语言学理论被运用到失语症治疗、儿童言语发展等领域。

(三)对语言的应用研究导致一些新兴学科的建立和发展

(1)语用学(Pragmatics)——一般认为,语用学作为一门独立的学科建立于20世纪70年代。有趣的是,这门学科曾被形式语言学视为不屑一顾的语言"垃圾袋",而由于对语言使用的研究使其一跃成为语言学界的新宠儿。尤其在我国,可以说20世纪90年代最风光的语言学科就是语用学。语用学主要有两个研究领域:言语发生理论和言语行为理论。前者的研究对象是话语的语用意义(即言语实际运用的意义);后者的研究对象有二:一是有一定要求的言语行为(如肯定、请求、命令等);二是引起一定反应的言语行为(如高兴、怀疑、恐惧等)。

(2)话语语言学(Textlinguistics)——这是一门与语用学几乎并行发展起来的学科,其对象是连贯性话语,研究话语的发生和理解及话语模式等问题。

(3)语篇分析(Discourse analysis)——它以合乎语法、意思连贯的语篇为研究对象,主张突破孤立的句子界限,在更大的范围内对言语进行研究和分析。最能体现语篇分析应用价值的,主要有两个方面:谈话分析和完整语篇分析。具体的研究课题包括指示、指称、外在接应和内在接应、话题和说明、替换等。

(4)言语交际学(Speech communication)——这门学科建立

于 20 世纪 70 年代初，是研究言语交际现象及其规律的学科。其主旨有二：一是把处于交际中的言语形式看做是一种过程（过程观把一切人类行为看做是动态的、进行着的、不断变化的连续体）；二是设计出言语交际的模式（即制订出一种分类的封闭系统，对过程中潜在的变项进行抽象并使之范畴化）。

四、从描写转向解释

根据研究目的来看，语言学大致可以分为三类：规定性的（prescriptive）、描写性的（descriptive）和解释性的（explanatory）。

"从古希腊语法一直到 18 世纪的语言研究，属于所谓的传统语法，都是规定性的。它们大多以拉丁语法为模式，以古代名家的文句为标准，把一些规则强加给其他语言，强加给当时的口语形式。"显然，这种规定性的语言研究缺乏客观性，在一定程度上是与科学研究的原则相悖的。所以，规定主义作为"非科学"到了 19 世纪实际上已经"寿终正寝"。

从 19 世纪迄今，语言学研究基本上都是在描写性的与解释性的之间来回摆动。所谓描写，是指对语言的历史现状作细致的描写，从纷纭繁杂的语言现象中寻找出带有规律性的东西；所谓解释，是对挖掘出来的语言规律进行合理的解释，探索这些语言规律的前因后果。简而言之，描写使人知其然，而解释使人知其所以然。

客观地讲，起源于 18 世纪、而在 19 世纪下半叶发展到了巅峰状态的历史比较语言学属于解释语言学范畴。其研究者们根据当时已有的语言材料，构拟了原始母语的状态，并且拟定了种种演变阶段和演变规律，从语言的历史发展角度来解释语言之间在静态上呈现出来的系统对应现象。

到了 20 世纪初，历史比较语言学一统天下的局面逐渐被打破。瑞士的索绪尔、捷克的马泰休斯、丹麦的叶尔姆斯列夫（L. Hjelmslev）、美国的鲍阿斯（F. Boas）等都纷纷提出以语言的共时系统为对象进行研究。正是从此时开始直到四五十年代，以共时描写为特征的结构主义语言学渐渐成为欧美语言学界的主流。这个时期的语言学研究，不论是日内瓦学派提出的关于语言学研究的一整套基本概念，还是布拉格学派关于音位系统和音位特征的理论；不论是哥本哈根学派关于语符的研究，还是美国学派对美洲印第安语精细的探索，基本上都没有超出对语言的描写。与历史比较语言学相比，它们把自己的研究对象从语言的历史演变转为语言系统本身的结构成分及其相互关系，语言学研究的主要目的从对语言之间的系统对应现象进行解释转移到了对各种语言的系统本身进行客观描写。虽然其间也有人在描写语言事实的同时，做了一些探源究委的解释工作，但同当时语言学研究的主流相比，对语言系统的精密描写一直被看作语言学研究的主要目的。而语言学界大规模地、明确地将主要研究目的从描写转移到解释则是 20 世纪下半叶的事了。

语言学研究再次走向解释方向是由形式主义学派开始的。这个学派的领袖是美国转换生成语法的创始人乔姆斯基，由于他和他的追随者对语言的研究采取内省的方式，对研究结果的表达采取高度形式化的表达方式，因此人们把他们统称为形式主义学派。乔姆斯基在 20 世纪 50 年代中期就曾公开提出存在着描写语言学和解释语言学这两种不同的语言学，语言理论的强弱决定于解释能力的强弱。他认为，作为一门科学，语言学不应该仅仅以描写和分类作为自己的最终目的，而应该提出种种假说，对人类认知结构中特有的语言能力作出解释。换言之，他的目标是对人类利用有限的语言符号生成无限的话语的能力做出解释，以求发现人类一切语言的基本规则，即普遍语法。

从 20 世纪 70 年代开始，美国和欧洲许多不同意乔姆斯基的理论与实践的语言学家，渐渐形成一个颇有号召力的功能主义学派。从总体上来说，这个学派也属解释语言学的分支，因为它同形式主义一样，也把解释语言普遍现象作为自己的主要研究目的，从而有别于以语言事实的描写为主要目的的结构主义学派。然而，功能主义学派和形式主义学派在理论原则上的对立也是明显的。形式主义学派信奉句法自主论，认为语言普遍现象的最终解释要从由人类的遗传所决定的普遍语法中去寻找，即从语法系统内部去寻求解释。语言学家只要确定这部普遍语法的形式特征，就完成了解释语言普遍现象的任务。而功能主义学派既反对先前索绪尔把语言（lan-gue）与言语（parole）截然分开的做法，又反对后来乔姆斯基把语言能力（competence）与语言运用（performance）相割裂的思想，认为语言研究应该把二者紧密地结合起来，把语言放到使用语言的环境中去，联系语言的使用者和语言的交际功能，才能看到语言的真实面貌。尤其主张从语言的实际运用或人类的其他认知能力等外在方面寻求对于语言现象的认识，确定对语言结构的成形（motivating）和制约起重要作用的各种因素，从而对语言现象做出解释。

语言研究表明，20 世纪下半叶的语言学是以解释语言学为主流的，而且可以断定，这种主流还一直会持续到 21 世纪相当长的时期，甚至整个 21 世纪。但对解释语言学的发展我们尚需有一个正确的认识。首先，"解释是在描写基础上进行的，没有描写也就无所谓解释"。试想，如果没有包括传统语法、结构主义学派等在内的各家各派对于语言系统的深入探索和细致描写，很难设想今天解释学派会取得可观的成绩。再则，解释与描写之间不存在孰优孰劣之问题。虽说描写是解释的基础，但解释又将进一步推动更高层次的描写，然后做出新的解释。这一方面从历史比较语言学→结构主义语言学→形式、功能主义语言学的发展轨迹中可以得出结论，另一方面，语言这种发展进程也符合客观事物"螺旋形循环上升"的发展规律。所以，那种"描写是低层次，解释是高层次的；描写只是研究的初级阶段，解释才是研究的高级阶段"的说法显然是片面的。另外，语言学研究走向的变化（如从解释转向描写，又从描写转向解释）并不是偶然的。可以说，每当占统治地位的学派或理论发展到高峰之日，也是人们的注意力开始转移之时。因为，此时，挑战性很强的研究题目越做越少，而学派或理论内部的矛盾却暴露得越来越多，"另辟蹊径"是正常的，也是必然的。不过，从目前解释语言学发展的现状来看，已有的解释是少量的，而且还是探索性的、准备修正的。从这个意义上说，21 世纪的"解释"任务是非常艰巨的，还有许许多多的问题等待人们去解决。

五、从结构转向认知

这里的"结构"指语言学中的泛结构主义，即它们都以研究语言的结构为中心任务，包括描写结构主义和解释结构主义（亦称形式主义）。我们之所以把"结构"作为当代语言学向"认知"转向的"参照源"，是因为结构主义语言学一反传统语言学研究，把心理学理论作为自己的思想基础，从而与后起的认知语言学构成了渊源关系。

众所周知，在20世纪初的心理学领域中，冯德（W. Wundt）的心灵主义（mentalism）理论受到了极大的挑战，其中，最直接的反对者是华生（J. Watson）。华生以洛克和休谟的哲学思想为基础，认为任何知识的取得都靠直接经验，只有通过客观的、可观察的实验而获得的材料才是可靠的。于是，他在20世纪20年代领导了一场心理学的革命，用行为主义（behaviourism）代替了心灵主义。行为主义的实质就是研究人的行为与客观环境之间的对应关系，主张"刺激反应论"（即一切社会行为无一不是在外界条件的刺激下而产生的，它们根本与"意识"、"心智"、"灵魂"无关）。

心理学的革命迅速波及了语言学领域，描写结构主义的创始人、美国语言学家布龙菲尔德（L. Bloomfield）很快便接受了行为主义心理学理论，用"刺激—反应论"来解释语言的产生和理解过程。他在《科学的语言学诸方面》中明确提出了严格的行为主义原则，即科学只能同当时当地每一观察者都能感受到的现象打交道。继而，他在《语言论》中又用实例论证了语言是一个刺激—反应过程，并且提出了一个著名的公式：S→r. ……s→R（S—外部实际刺激；r—语言的代替性反应；s—语言的代替性刺激；R—外部的实际反应）。

描写结构语言学后来走到了极端就产生了解释（interpretive）结构语言学，这就是以乔姆斯基的理论为代表的转换生成语法学说。乔姆斯基在研究语言中发现，有许多现象是描写结构主义语法和行为主义心理学所解释不了的。比如，儿童一般在五六岁时就可以掌握母语，这个事实用"刺激—反应"或"模仿—记忆"等观点都是无法解释通的，而惟一的可能就是，儿童天生就有一种学习语言的能力——"语言习得机制"（Language acquisition device），语言学的任务正是要揭示儿童大脑的初始状态和内化了的语法规则。由此出发，乔姆斯基宣布语言学是心理学的一部分。乔姆斯基的观点曾被人指责为"天生主义"，实际上他的思想是对行为主义的一种叛逆，是对心灵主义的一种继承与补充。冯德认为，"心理学就是研究人类的意识或心灵"；"心理学研究所有的经验——包括情感这类主观因素——这些经验直接呈现于意识并取决于观察者的心理状态"，为此，冯德提倡一种具有严格规定的内省心理学。他认为，"人只要有经验，就能够描述它们，而无须去观察正在发生的经验"。乔姆斯基并没有直接把心灵主义拿来，但他却极力推崇人类的本能意识，认为语言学的研究对象应该是人们的"语言能力"，它如同人类天生具有走路的能力、鸟儿天生具有飞翔的能力一样，也是与生俱来的。在对待立论所据的语料来源问题，更可看到乔姆斯基理论的心灵主义痕迹。解释结构主义一贯注重"内省"（introspection）方法，主张自造例句，以自己的语感作为判断标准。他们声称，举凡语言学上有重大价值的发现，其所据语料全由内省而来，涉及语法现象中精细微妙之处，非靠讲本族语人内省分析不可。无论是行为主义，还是内省主义，在今天看来，他们都有不足之处。行为主义的局限性在于：一是它把直觉排除在素材之外，从而大大限制了材料范围；反对内省主义并不能说人根本没有可内省的东西。二是它使产生语言和理解语言的过程过于简单化了，无法解释人所特有的复杂思维过程。而内省主义同样具有局限性。首先，它对语言本质解释的方法和材料难以验证，其科学价值常常难以令人信服。再则，它坚持理性主义的研究方法，但却在一定程度上忽视了客观标准。

正是在这种背景下，认知语言学开始形成，并以迅猛之势迎面而来，极大地震动了语言学界。所谓认知，是指人们感知、认识世界，获得知识，解决问题等一系列认识过程中的心理活动。它使用的方法是通过分析人的思维过程，列出人的信息加工模型，交计算机模拟，以检验信息加工模型正确与否。认知既不同于内省法

（内省法经常受人的主观思想的支配，其实验往往缺乏客观性），也不同于行为主义（行为主义采取直接观察的方法，虽然有一定的客观性，但是人的认知过程往往是无法观察到的），它要排除个人的世界观、方法论、情绪等对实验的影响和干扰，把人的思维过程从客观和主观两方面辩证地结合起来，重新把对人的意识的研究放到重要的位置上。认知语言学是语言学同认知科学的交叉学科，它建立在我们对世界的经验以及观察和概念化世界的方式基础之上，研究与知觉、知识相关的人类语言。由于认知科学的飞速发展，使得认知语言学也成了一门热门科学，不少学者预料，21世纪将是认知语言学的时代。综观国内外认知语言学研究的现状，可以把认知语言学的主要研究领域概括为七个方面：

（1）范畴化与典型理论——从亚里士多德时代到维特根斯坦时期，亚里士多德关于范畴的"经典理论"一统天下。但到了20世纪末，这一理论却受到了认知科学的有力挑战，罗施（Rosch）提出了"典型理论"（prototype theory），证明"经典理论"起码有两点是不妥的：一是大多数自然范畴不可能制定出必要和充分标准；二是一个范畴的成员之间地位并不相同，而且总有典型成员的存在。这样，认知语言学就把注意力集中在了内部结构上，集中在范畴具有"核心"和"边缘"这个事实上。

（2）概念隐喻——隐喻是"我们对抽象范畴进行概念化的有力的认知工具"，"是理解人类认知能力的惟一方法"。认知语言学认为，隐喻是从一个概念域（通常是较为熟悉的、具体的概念域）或称认知域向另一个概念域或认知域（通常是不太熟悉的、抽象的概念域）的结构映射；隐喻的认知基础是"意象图式"（image schemas），它们是基本经验，来源于我们的日常生活（完全不带隐喻的句子大概只占极少数），在概念域的映射中起着重要作用。

（3）意象及其维度——意象（imagery）是人类知识的基本成分之一，是头脑构思情景的不同方式。认知语言学的一个中心内容是：语言表达式体现约定俗成的意象，即说话人选择某个表达式时，是以某种方式构思情景，为表达目的而构造其概念内容的。最明显的例子是同义句，它们在体现共同的概括类型意义的同时，还

163

以彼此间的差异表明自己的生存价值。而制约差异的因素可用意象的描写维度来说明，主要有：a. 基体（base）与侧面（profile）；前者指相关范围（相同之处），后者指凸显部分（相异之处）；b. 具体程度；c. 比例（scale）和辖域（scope）；d. 视角、观望点或方向。

（4）框架理论和脚本理论——计算机科学认为，知识是以框架（frame），即数据结构（data-structure）的形式储存在记忆中的，这个框架是"连接一个语言形式所涉及的多个认知域的知识网络"。例如，要描写"母亲"框架，就涉及婚姻域、遗传域、生殖域、哺育域等。与框架理论（frame theory）类比发展出来的是"脚本理论"（script theory）。"脚本"是指"专门为经常出现的事件序列设计的知识结构"，具有动态性、依赖性，并以"预料"为基础。比如，话语中的某些信息被省略了，但我们在理解时却无意识地从脚本中提取信息进行填补。

（5）拟象性——拟象性（iconicity）的研究是对索绪尔提出的任意性原则的反叛，它指语言结构与人的经验结构之间的自然联系，是近年来认知语言学研究的热点。比如，在研究句法结构时，拟象性主要表现在图像序列、图像近邻以及图像数量三个方面。图像序列指语言成分序列与各个事件范畴序列之间的相似关系；图像近邻指范畴之间的心理邻近，即在语言结构中，与中心词关系越紧密的词就越紧靠中心词；图像数量指语言表达式的长度与用来描写所指对象的概念结构的复杂性之间的关系，概念结构越复杂，语言表达式就越长。

（6）语法化——语法化（grammaticalization）概念的最初之意与中国传统语言学所言"实词虚化"相差无几，但认知语言学重提此概念的目的在于沟通形态、句法与话语之间的关系，并用语法来分析句法和话语的特征，把语法化视为话语向形态句法的透视。

（7）认知语用学——以关联理论为中心的语用学便称为认知语用学。关联原则是一个认知原则，又称中枢认知系统理论。它认为，交际过程就是一个认知过程，交际双方之所以配合默契，是因为有一个最佳的认知模型，即"关联性"。关联性由两个因素决定：语境效应和加工力（processing effort）。在相同情况下，关联性与语境效应成正比，与加工力成反比。人类的信息加工总是朝着最大的关联性努力的，即是以最小的加工力获得最大的认知效应。

六、静态转向动态

"唯物辩证法承认事物的相对静止，但认为静中有动，并必然转化为显著变动。

语言学的发展同样如此。自索绪尔创立现代语言学以来，占统治地位的结构主义基本上属于静态语言学范畴。它坚持"纯一性"、"封闭性"、"自主性"、"框架性"等语言研究方法，注重语言的静态描写，始终使语言处于理想化之高阁。但任何一种静态都是有条件的、暂时的、过渡的，因而是相对的。在现实中，包括人类行为在内的一切都是动态的、进行着的、不断变化的连续体。从20世纪下半叶开始，具有动态性特征的语言学研究悄然兴起，目前日渐成熟，并且必将成为21世纪语言学研究的主流方向。

语言学由静态研究转向动态研究有三个主要标志。

（一）动态研究直接促进了语用学、话语语言学、交际语言学、社会语言学等新兴学科的建立与发展

以社会语言学为例，社会语言学是联系社会对语言进行动态研究的学科，它强调实地调查，强调量化分析，注重考察语言的社会功能以及语言结构在社会环境中的变化规律。近些年来，社会语言学主要在三个领域成绩卓著：（1）宏观的社会语言学——主要研究带有整体性和全局性的社会语言问题，探讨语言在社会中的地位和社会对语言的选择（包括语言规划、语言政策、语言维护等问题），该领域以美国学者费什曼（J. A. Fishman）为代表。（2）社会文化语言学——研究特定社会文化集团的语言交际习惯和规范，重点放在如何分析人类的交际行为，认识语言在不同社会中的功能。以美国学者海姆斯（D. Hymes）为代表的"人类学派"的言谈民俗学、沃尔夫（B. Whorf）的语言相对性假说、苏联学者提出的语言国情学等都属此领域的研究对象。（3）社会语言学主体（Sociolinguistics proper）主要涉及语言社群、社群团结性和忠诚感、

语言的社会分层和社会身份符号性、言语调节等问题，英国学者伯恩斯坦（B. Bernstein）的"有限语码论"、美国学者拉波夫（W. Labov）的"语码切换"和"言语调节"理论为该领域的主流思想。

从发展的眼光来看，社会语言学将关注五个方面的问题：（1）语言结构变异的研究，如各种社会因素对语言使用的影响以及由此而引起的在语言使用上的差异；（2）社会环境和言语行为关系的研究，如语码转换规律、各种专业语言的特点等；（3）语言状况的研究，如语言总和及其功能分布、语言及其变体的功能分类等；（4）双语（多语）和双言（多言）现象的研究；（5）语言规划和语言政策的研究等。

（二）动态研究扩大了句法研究的领域

长期以来，语言学界一直从传统观点（即结构观点、静态观点）出发来研究句法现象。而最近二三十年，句法研究发生了质的变化，许多学者开始强调把语言当作交际工具来研究，他们强调语言的社会交际功能，认为应该从交际的角度来研究句法，从而突破了传统句法在研究对象（句子的静态结构、单个的句子等）、研究方法（从形式到内容）等方面的局限。以俄语为例，可以从三个方面对此加以说明：（1）交际决定句子的结构和意义。前苏联语法学家拉斯波波夫（И. П. Распопов）、科夫图诺娃（И. И. Ковтунова）认为，同一形态组织的句子由于交际任务的不同，由于上下文或语境的不同就会有不同的结构，不同的意义。这就说明，一方面句子的结构不是静态的而是动态的，句法研究应该揭示句子交际组织的类型以及它们的词序和句重音变化的规律；另一方面，句法研究不能与句子的实际意义相脱离，而以交际观点来研究句子的实际意义，也就是揭示句子在相应的连贯言语（即上下文或语境）中的直接的、具体的意义，即实际切分。苏联学者用动态的交际观点研究句法的新成果已经编入了科学院 1980 年版的《俄语语法》之中。（2）交际打破了句法的界限。传统句法的核心内容是"造句"，其基本单位（也是上限单位）是句子。而从交际观点来研究句法，就必然触及新的句法单位——超句统一体（又

166

称复杂句法整体）。语法学家菲古罗夫斯基（И. Р. Фигуровский）认为，超句统一体大于句子的结构——语义统一体，它由两个以上的句子构成，是具有结构上完整性和意义上独立性的一段话语。在结构上超句统一体以联系手段把独立的句子联结成一个整体；在意义上它具有自己特殊的小主题，统一体中每个句子都是为揭示小主题而联结在一起的。目前，对超句统一体的研究已成为话语语言学、语篇分析等领域的主要研究对象。（3）交际体现功能。语言的基本功能是交际，从交际角度研究句法就是要揭示多种语言单位在交际过程中所表示的句法功能。苏联语法学家佐洛托娃（Г. А. Золотова）曾提出了句法单位的三种基本句法功能：第一句法功能是独立话语的功能（体现此功能的位置有：文章标题、情景说明、舞台指示、人物和情节交待等）；第二句法功能是话语构成部分的功能，即直接用做句子的结构要素；第三句法功能是话语构成部分中的从属部分的功能（可能体现在依附于动词、名词、形容词或副词的位置上）。

（三）动态研究重视过渡层面现象

动态与静态的显著区别之一，就在于前者要求人们在考察任何事物时，必须从整体上把握事物发展的全过程，尤其不能忽视过渡层面现象，注重事物之间的相互关系以及各种变量随时间推移而发生的变化。

仍以句法研究为例。随着句法结构研究的深入，语法学家纷纷对句法结构间的过渡结构的研究表现出了浓厚的兴趣，而且这一趋势逐渐发展成为当前句法研究中的一个重要倾向。

所谓过渡结构是指介乎单部句与双部句、简单句与复合句、并列复合句与主从复合句、两种不同类型的主从复合句、句子与超句统一体等之间的结构，它们通常兼有在语法上对立的两个范畴的特征，而且往往以其中一个特征为主。过渡结构的产生并引起人们关注的原因是多方面的：社会政治、经济、文化生活的需要，大众信息传播媒介（广播、电影、电视）对语言的要求，人民大众的语言、日常口语的地位和作用的日益提高，口语与书面语的相互渗透等。诸如此类的因素通过融合、分解等手段必然使语言产生新的过渡结构，它们构成语言体系的联结环节，我们只有对这些现象做出理论上的阐述，才能看到一个完整的语言面貌。

七、由分析转向综合

分析和综合是思维的基本过程和方法。分析是在思想中（头脑）把事物分解为各个属性、部分、方面；综合是在思想中把事物的各种属性、部分、方面结合起来。两者彼此相反而又互相联系。

传统语言学重视分析的方法，即把语言作为一个自然物来描写、分析；而当代语言学注重综合的方法，从语言总体出发，深入语言的本质、把握语言发展的规律。语言学的这一发展趋势主要表现在以下四个方面。

（一）主体与客体的综合

所谓主体，指运用语言的主体，即语言运用者；客体是同主体相对举而提的，也是指主体所运用的语言。以前对语言的研究，基本上是集中在语言的自身，亦即以语言的本体作为研究的出发点和归宿。比如，传统语法研究的是用词造句的规律，即以语言"固有"的规则为依归；美国描写语言学的一整套描写语言的手段也都是为描写语言的结构而服务的，等等。

众所周知，语言的创造和运用不存在于人之前、人之外，而存在于人的活动、人的社会之中。不进行语言交际，就没有语言，也就不存在语言的规律。语言的运用离不开人，人的活动是有目的的，因而语言的运用是合目的性和合规律性相结合的产物。对语言的研究深入下去，就要揭示合目的、合规律二者相结合的机制，这就是主客体的结合。目前，社会语言学、心理语言学、应用语言学、交际言语学、公关语言学、话语语言学、语用学以及语义学的许多语言模式，所研究的都是语言运用主体同语言客体所结成的关系以及主体的参与对客体的影响，其中如语用学研究的合作原则、礼貌原则、指示语等，都是极明显的例子。

注意主客体结合，重视主体对客体的参与和影响，这一趋势给语言研究带来了许多新的课题：（1）对主体性的研究。主体性作为人的规定性，主要内容体现为人在运用语言时的能动性和创造性，是人在运用语言时对自我地位的意识，对客体进行驾驭的意识。主体性的核心问题之一是主体的表现方式。我们认为，在语言研究中，它可以是"句法主体"，一般与传统语法中的主语成分相吻合；还可以是"语义主体"，一方面，当它同客观世界相联系时是特征的载体，另一方面，同主观世界相联系时是判断关系的被确定者；还可以是"语用主体"，即实义切分中的切分主体、传递信息的信源主体以及表现说话人的内在主体。（2）对普遍语法的研究。由于语言运用的主体的大脑存在着语言机制这一假设的提出，普遍语法的研究愈来愈受到当代语言学者们的高度重视。（3）对功能语言学的研究。功能语言学研究语言交际的机制和交际语言的模式，实际上就是人在不同的交际环境中对语言的影响的结果。由于研究语言的运用要揭示主客体合目的性、合规律性结合机制的产生和完善，这就使语言学家提出：被运用的语言是一个三层次的符号系统，不但包含语言的符号和规则层，还包括一个参照层。对参照层的认识、开掘就必然形成了功能语言学的一个重大课题。

（二）定性和定量的综合

定性和定量是针对语言研究方法而言的。

以往的语言研究多采用定性的方法，因为结构主义的描写方法脱胎于人类语言学，人类语言学使用的基本上是人类学和社会学的定性研究方法。按照桂诗春和宁春岩两位学者的理解，定性法的观察对象是词语，其基本出发点有四个：（1）不能孤立地研究语言；（2）使用语言的环境十分重要；（3）各种语言有很大差异性，只能对它们作具体的描述和分析；（4）语言理论有可能从实际的现场调查和对语言功能的分析中产生。定性方法最主要的特征是自然观察，它强调全面的观点，对语言系统和语言结构的不同部分、不同因素、不同层面进行描写、比较和分析，从而找出共同性和规律性。

客观地讲，定性的方法对语言研究所起的作用是积极的，尤其是对母语的研究，在一定程度上可以依赖我们对母语的直觉观察来进行思考，提出理论模型。但问题在于用这种方法研究的结果往往难以令人信服，很难登上大雅之堂，因为研究者使用的是简单的思辨性的方法，随机性太大，而在对非母语进行描述性和实验性研究时，数据是至关重要的，所以，定性的方法必须通过定量的方法加以补充和完善。

"和定性的方法不同，定量方法观察的是数字，所以在某种意义上说，定量方法也就是数学化和计算机化，这是现代科技发展的一个重要趋势。"定量方法非常注意两个或更多的变量之间的相互关系（如因果关系、相似性关系、差异性关系等），而要在纷繁复杂的语言现象中去控制和把握各种变量，只有采取实验的途径，并且要把实验数据用统计的方法来进行分析和推断。因此，准确地说，定量方法意味着实验方法和统计方法的侧重或结合。实验方法的主要原理是抽样的原理、控制的原理、有效性的原理和无差别假设的原理。目前，应用语言学、心理语言学和认知语言学较多地采用这种方法。统计方法是定量分析的基础方法，研究者要么运用描写统计方法，即通过有关的量度来描写和归纳数据，如计算语言学就经常使用概率统计的方法来进行自然语言的处理；要么运用推断统计方法，即根据对部分数据的观察来概括它所代表的总体的特征，如文体学就是运用这种方法建立语料库，实现对文体特征的分析与概括。

总之，依靠词语的定性分析和依赖数据的定量分析是相辅相成的，二者的综合运用可以为我们探究同一语言现象提供互相引证的可能，从而提高研究成果的信度和效度，使语言学真正实现科学化。

（三）演绎和归纳的综合

逻辑学告诉我们，人们的认识是从感性到理性，由理性再回到实践的循环往复不断前进的过程。在这个漫长的过程中，人们的认识不断地从个别上升到一般，即从对个别事物的认识上升到对事物的一般性的、规律性的认识，然后又以这种规律性的知识为指导去研究各种具体的新事物，用以丰富已有的知识。

人类这一认识过程是一个内容极其丰富、复杂的过程，它要借助各种各样的思维、认识方法来完成。其中，归纳法和演绎法起着重要的作用。所谓归纳，就是一种由个别到一般的推理方法，即从特殊的、具体的事例推导出一般的原理、原则的方法；所谓演绎，就是一种由一般到个别的推理方法，即从具有一般性知识的前提中推导出关于个别性事物的结论的方法。

语言研究属于人类认识范畴，这决定了归纳和演绎与语言研究的关系密不可分。考察语言学史可以发现，在语言学发展的过程中，归纳与演绎的方法在不同时期、不同程度地对语言学思想的形成、流派的建立发挥着重要的作用。威诺格拉德（Winograd）曾用生动的比喻勾勒出了语言学的几个重要发展阶段：（1）规定语法——作为法律的语言学；（2）历史比较语言学——作为生物学的语言学；（3）结构语言学——作为化学的语言学；（4）生成语言学——作为数学的语言学。其中，规定语法的形成主要应用演绎的方法，因为此类语法大多以拉丁语法为模式，以古代名家的文句为标准，把语法的一般性规则作为"法律文本"强加给其他语言。历史比较语言学倾向于归纳法，重视实证的手段，通过对各种具体语言的研究、横向对比来探索语言的发生、谱系关系、内部构造的异同以及发展规律。结构语言学虽然不同于历史比较语言学，但由于二者追求"变化规律"这一相似的目的，所以在研究方法上前者仍袭用归纳的方法，尤其是美国的结构主义语言学特别强调运用归纳法去研究语言的组成、结构、性质和变化之规律，从而把归纳法推向了高峰。作为对美国结构主义语法的反叛，在 20 世纪 50 年代产生了生成语言学。该学派主张采用演绎的方法，认为语言学的目标是认识人类语言的普遍现象，为此，首先应建立一个具有公理系统特征的、符合数理逻辑的形式化理论模型，然后再把它放在事实中检验，从而对科学事实的成因提供理论解释。

显然，无论是归纳法还是演绎法，它们对语言学的发展都曾起过非常有益的作用。但从人类的认识过程来说，二者是不可分的；归纳是演绎的前提，演绎是归纳的目的。我们在进行语言研究时，必须使得两种方法互为补充、达到有机的统一，当代语言学的发展趋势恰恰深刻印证了这一思想观点。比如，社会语言学既重视实证性归纳，又重视指导性演绎；心理语言学既关注实验数据，又关心人脑和认知；计算语言学更为典型，围绕着自然语言处理这一目

171

标，一方面它要求语言研究者创建语料库，对自然语言进行概率性及其他数学分析，得出规律，另一方面，它要求语言研究者用演绎的手段整理出有预测能力的规则，使之形式化，然后处理自然语言，等等。

（四）形式和意义的综合

形式和意义的关系是语言学中重要的理论问题，它直接影响到如何分析语言系统的结构、如何确立语言研究的程序、如何指导语言现象的分析等一系列重要的方法论问题。一般认为，传统语法是注重意义的，主观解释多于客观描写，这种做法的弊端在于容易把语言研究与逻辑混在一起（传统语法对从属句的分类是一典型体现），容易导致循环论证，无法真正做到客观地分析各种语言形式。与此相反，结构主义（尤其是描写结构语言学）特别注重形式，它以经验主义和行为主义为基础、以分布和替代为原则，采用对语言素材进行切分和分类的"分类主义"方法。结构主义虽然在语言结构的形式描写方面成效很大，但由于它过分强调客观性、经验性和可验证性，忽视意义的地位，所以对于语言结构内在的联系往往缺乏解释力，难以认识语言本质所在。

现代语言学研究的事实表明，形式和意义不可偏废，二者的结合体现着语言学的发展方向。这里，我们可以把转换生成语法的发展以及功能语法的形成作为发展趋势的标志做一阐述。

可以说，描写结构语言学走到了极端就产生了解释结构语言学，即以乔姆斯基的理论为代表的转换生成语法学说（TG）。在其理论的第一个阶段（经典理论），由于受描写结构主义的影响，总的特点是把语义排除在外，他认为，"语法最好独立于语义学而成为自成系统的研究，成为一个公式系统"。到了第二阶段（标准理论—ST），感到"形式乏力"的乔氏开始注意到语义问题，他把语义作为一个独立的层面看待，用以对句法基础部分生成的深层结构进行解释。第三阶段被称为"扩展的标准理论"（EST）阶段，这一阶段的主要特点是结构也对语义解释起一定的作用（不过，语义主要还是由深层结构决定）。第四阶段的学说被称作"修正的扩展的标准理论"（REST）。这一阶段最大的变化是把语义解释放到了表层结构上，由此得出逻辑形式表现。乔姆斯基的理论目前还在进一步发展之中，又有了"管约理论"（GB）和"最简方案"（NP）。从转换生成语法的整个发展来看，乔氏的许多工作都是在努力把语法同语音和语义结合起来，并着重解决语法中的语义特征的分析和描写。可以说乔氏的思想在一定程度上反映了现代语言结构认识上的发展。

与转换生成语法不一样，功能语法从一开始就非常注意形式和意义的和谐统一。从布拉格学派开始，马泰休斯在研究句子形式的同时，就提出了句子的实义切分理论。这是一种基于信息流向的意义分析法，即按实际语境将句子切分为表述的出发点（主位——已知信息）和表述的核心（述位——新知信息）。法国学者马丁内（A. Martinet）认为，语言研究的对象是人们的言语活动，其中的语言事实要依据语义功能来确定和分析。前苏联学者班达尔科（А. Бондарко）遵从前辈谢尔巴（Л. Щерба）的"积极语法"的思想，重视功能语义范畴（功能语义场）的研究，主张创建一种"从意义到形式"的功能语法，让其为人们积极表达思想服务，使形式和意义实现"动态"的结合。系统功能学说更是注重形式和意义的综合研究，它既强调语言的形式规则、衔接手段，又强调了语言在社会生活中的运用规则。该学说的创始人韩礼德（M. A. K. Halliday）提出，语言有三种元功能（纯理功能）：概念功能（"观察者"的功能）、人际功能（"闯入者"的功能）和语篇功能（"相关"的功能）。这些功能实际上是语境层和语义层、语义层和形式层的接面，它们可以解释语言既是思维（反映）的工具又是交际（行为）的工具，又可以解释语言为什么具有不同于其他符号系统的特点。正是由于形式和意义较完美的结合符合语言学发展的趋势，目前，系统功能学说正在引起越来越多研究者的极大关注。

八、由模糊转向精确

认识论指出，思想在实践中的实现，总是由浅而深、由低而高、由知之不多到知之较多逐层深入的。原来不全面、不确切、不十分完备的思想和认识，在不断修正中得到完善和发展，由原来的模糊变得相对明确。

现代语言学的发展同样如此，它"已不满足于对语言做出归纳后进行一般性的概括和思维辩证的定性说明，而是要求研究进一步精确化"。

当然，这里有一个正确认识模糊语言学的问题。"模糊语言学"这一术语目前在国内外语言学文献中已越来越频繁地出现，它的理论基础是美国加州大学控制论专家查德（L. A. Zadeh）的"模糊集"（Fuzzy Sets）理论。模糊语言学虽然研究的是语言和言语中的模糊现象，但从本质上讲，模糊性与精确性是相互依存的，二者可以互为表现对方内容的手段，模糊的表达方式往往追求的正是精确的表达效果。所以说，"精确兮，模糊所伏；模糊兮，精确所倚"，模糊语言学其实是"精确语言学"，模糊学的引入将会对语言学研究的精确化产生有益的影响。

按照徐盛桓先生的理解，语言研究由模糊转向精确具体表现在三个方面。

（一）认识对象区分的精确化

传统语言学只研究语言本身，而现代语言学的研究对象虽然扩大了，但却精确定位于"语言体系＋言语活动＋言语机制"。同时，传统语言学依据自身三大要素——语音、语法、词汇——笼统地把语言学分为语音学、语法学和词汇学。但现代语言学随着语言认识的深入，语言研究对象的区分更为精细和准确：从语音学中分出了语音学、音位学、重音学、表音法、正音法、正字法等；从语法学中分出了形态学、句法学、构词法、标点法等；从词汇学中分出了词汇学、成语学、词典学、专名学、方言学、词源学等。另外，从语言的符号性质出发，分出了语构学、语义学和语用学；从语言表达效果出发分出了修辞学、风格学、文体学等；从语言的交际目的出发分出了话语语言学、语篇分析学、文章学等。至于语言学和其他学科交叉所致而产生的边缘学科更是"条分缕析"，非常精细（上文已有介绍，此不赘述）。

（二）认识程序的精确化

科学技术的发展表明，一切科学都离不开精确数学的方法。可以说，用精确定义的概念和严格证明的定理描述现实的数量关系和空间形式，用精确控制的实验方法和精确的测量计算探索客观世界的规律，建立严密的理论体系，就是近、现代科学的特点。实际上，从19世纪开始，物理、化学等自然科学都已先后在不同程度上走向了定量化、公式化，形成了一个被称为"精密科学"的学科群。由此来看，语言认识程序精确化是科学发展使然。

语言认识程序的精确化主要表现为研究过程中分析、推理、论证过程的可操作化、程序化、数学化。以乔姆斯基所推崇的解释性语言研究方法为例。他认为，解释性方法的一个特征是要建立一个形式化理论模型，而这个理论模型应该具有鲜明的公理系统的特征，至少要包含一些数据型和运算型的"初始元素"（primitives）；解释性方法的另外一个特征是建立输出—输入、表征—推演的模块式系统，制定规则以及使用规则的条件。乔姆斯基的修正扩展标准理论之前有关语法生成的严格程序已为大家熟知，而在之后的"管约理论"（GB）和"最简方案"（MP）中精确化程度依然很高。其GB模式的最大特点是强调语法的模块性，语法分为规则系统和原则系统。规则系统主要是 a 的移位规则；原则系统共有六个，即界限理论、支配理论、题元理论、格理论、约束理论以及控制理论。"最简方案"更认为，语言只由词库和运算（computation）构成，运算结果生成形式表现；语障理论、题元理论、格理论、约束理论、控制理论、核查理论构成方案的原则部分。由此可见，语言精确化倾向在乔姆斯基的理论中得到了充分的体现。

（三）认识成果表述的精确化

由上述可知，语言学研究的过程完全可以用规则系统、原则系统加以表述。同样，语言学的研究成果也需要达到精确化的表述，以避免语言表达的游移性、多义性。在这方面，蒙塔古语法、系统功能语法都是典型的代表。

蒙塔古语法形成于20世纪70年代，这是一种以内涵逻辑为基础，对自然语言进行描写的形式语法。该语法的创始人蒙塔古

175

（R. Montaque）认为，一种理论如果要对意义丰富的自然语言进行形式化的描写，首先必须具备数学的高度精确性，他把自然语言研究视为数学的一个分支，主张采用数学中的递归定义来描写、解释自然语言和人造语言。蒙塔古语法由三大部分组成：句法、翻译和语义。句法部分包括一套语类和一套句法规则；翻译部分包括一套翻译规则，将短语翻译成内涵逻辑表达式；语义部分主要解决语义所指问题，它有一套语义规则，运用这套语义规则可以将内涵逻辑表达式在特定模型中的语义所指求出。

　　系统功能语法目前发展势头较好，这和它所具有的科学性和客观性不无关系。就精确化而言，它有如下几个方面值得推崇：（1）"近似的"（approximative）或"盖然的"（probabilistic）思想。比如，在对一个语义项目分类时，主张由一般趋向特殊，越分越细，对每一个选择点的可选项给以近似值，对相应的词汇语法项也给以近似值。（2）"阶"（scale）思想。语言范畴关系涉及三个有明显区别的可以抽象的阶，即级（rank）、说明（exponence）和精密度（delicacy）。级阶相当于等级体系的概念，指一个项目系统的层次和秩序关系；说明阶相当于分类学的概念，它将理论框架中高度抽象的范畴与语言资料联系起来；精密度阶相当于连续体的概念，表示范畴的区别或详尽程度，精密度的任何延伸都要求对大规模的语篇研究作频率统计，并对复杂的次分类制订多种标准。（3）"模式"（model）思想。语言分析有4种"度量"模式：a. 项目和配列模式；b. 项目和过程模式；c. 词和词形变化表模式；d. 项目与聚合体模式。尤其是第一种模式，主要服务于精确化，用以详细说明语素的总数、每一个语素得以体现的形式以及语素可以从中出现的语列。（4）"体现"（realization）思想。体现的概念用来说明各层次之间的关系和每一层次内不同范畴之间的关系。为了达到精确化的目的，语法制定了6种严格的体现方法：a. 插入；b. 联结；c. 特指；d. 派给；e. 重合；f. 间断。

　　以上，我们就语言学的八大发展趋势做了粗浅的阐述，问题涉及了语言学的本质、对象、方法、目的、任务诸方面。需要指出的是，语言学的八大转向是针对发展主流而言的，而在个别、局部问题上，可能会出现兼向发展，甚至逆流发展的情况，这是完全允许的，也是正常的。因为语言毕竟是一个特殊的、复杂的符号系统。囿于作者水平以及所站高度有限，文中不当之处在所难免，敬请各位学者指正。

参 考 文 献

［1］［瑞］F. de 索绪尔著，高名凯译．普通语言学教程．商务印书馆，1985.

［2］许嘉璐，王福祥，刘润清．中国语言学现状与展望．外语教学与研究出版社，1996.

［3］王福祥．话语语言学概论．外语教学与研究出版社，1994.

［4］王福祥．文化与语言（论文集）．外语教学与研究出版社，1994.

［5］伍铁平．语言学是一门领先的科学——论语言与语言学的重要性．北京语言学院出版社，1994.

［6］刘润清．西方语言学流派．外语教学与研究出版社，1995.

［7］戚雨村．现代语言学的特点和发展趋势．上海外语教育出版社，1997.

［8］王德春．语言学概论．上海外语教育出版社，1997.

［9］胡壮麟，朱永生，张德禄．系统功能语法概论．湖南教育出版社，1989.

［10］邢福义．文化语言学．湖北教育出版社，1990.

［11］陈建民，谭志明．语言与文化多学科研究．北京语言学院出版社，1993.

［12］许余龙．对比语言学概论．上海外语教育出版社，1992.

［13］俞如珍，金顺德．当代西方语法理论．上海外语教育出版社，1997.

［14］许高渝．俄汉语词汇对比研究．杭州大学出版社，1997.

［15］陈治安，文旭，刘家荣．模糊语言学概论．西南师范大

学出版社，1997.

[16] 徐盛桓. 当代语言学研究的一些趋势. 外语教学. 1992 (4)

[17] 邵敬敏. 说中国文化语言学的三大流派. 汉语学习. 1991 (2)

[18] 周流溪. 近五十年来语言学的发展（上、中、下）. 外语教学与研究. 1997 (3)，1997 (4)，1998 (1)

[19] 陈平. 描写与解释：论西方现代语言学研究的目的与方法. 外语教学与研究. 1987 (1)

[20] 桂诗春、宁春岩. 语言学研究方法. 外语教学与研究. 1997 (3)

[21] 文旭. 国外认知语言学研究综观. 外国语. 1999 (1)

[22] 吴贻翼. 现代俄语句法研究中的某些重要倾向. 外语学刊. 1988 (3)

[23] 王铭玉. 俄语功能研究概述. 外语与外语教学. 1998 (9)

[24] 王铭玉. 对俄语主体的再认识. 解放军外国语学院学报. 1995 (4)

[25] Thomas H. Leahey. A History of Psychology——Maincurrents in Psychological Thought. Prentice-Hall. 1980.

[26] Winograd, T. Language as a Congnitive Process. Vol. 1: Syntax. Addison Wesley. 1983.

[27] Hartmann, R. R. K. 1980. Contrastive Textology: Comparative Discourse analysis in Applied Linguistics, heidelberg: Julius Groos Verlag.

[28] К. Ущинский. Избранные педогогические сочинения. Т. II. М., 1939.

西方语言教育思想的发端[①]

——古罗马教育家昆提连的理论和实践

◎ 姚小平

姚小平，祖籍浙江省平湖县乍浦镇，1953 年 3 月 23 日生于上海。现为北京外国语大学外国语言研究所研究员，博士生导师，《外语教学与研究》双月刊主编，《当代语言学》、《语言研究》、《语言科学》、《外语学刊》杂志编委，沈阳师范大学、北外日本学研究中心客座教授，福建师大、西南师大、西北师大、东北师大等校兼职教授。主要研究兴趣为语言思想史和文化史。

引子

有一句西洋谚语，学过英语或者其他欧洲语言的人没有不知

---

① 本文系作者 2005 年 12 月 2 日在武汉大学外国语言文学学院所做的学术报告。

道的：

"Rome was not built in a day."（罗马不是一天建成的。）

它的意思是，凡事不能操之过急，要想做成一件大事情，尤其要有毅力和耐心。但这是它的日常含意，如果把这句话还原到西方文化的历史语境当中，我们还可以这样来理解：罗马文化不是短时间内形成的，甚至也不是罗马人独自创造的。

1. 希腊和罗马

到塔西佗（Tacitus）动笔撰写《历史》的那一年，即公元 69 年，罗马建城已有 820 年了。但罗马文化很大程度上源自希腊，在哲学、科学、技术、文艺、教育等各个方面，希腊人都是罗马人服膺的榜样。希腊人先期攀上了古典文化的峰巅，后继的罗马人只能望其项背，徒叹不及。哲学是最能说明问题的例子，因为古典时期的哲学是所有"爱智者"的乐土，是全部具体知识和抽象认识的总汇，哲学的兴盛或式微，会影响到各门知识的和谐发展。我们看希腊，先后育养出三位哲学巨子——苏格拉底、柏拉图、亚里士多德，而能与他们比肩并论的罗马哲学家有没有呢？好像一个也没有。无论思想的创造力，智识的敏锐性，还是艺术的赏鉴感，罗马人都无法跟希腊人相比。当然，这是就文化总体而言的，天才的个人又当别论。史家大多把罗马文化看做从希腊文化的主干上派生出来的枝蔓，例如罗素说，希腊人之所以被罗马人打败，是因为智力太过卓越，以至变得傲慢而不能进步，而罗马人之所以失败，丢掉了帝国，却是因为心灵沉滞，缺乏想像力①。罗马人崇尚希腊文化，多数情况下宁肯忠实地模仿，也不愿去自由创造。不过，就人类历史的总进程来看，一个民族一味模仿另一个民族，这未必是坏事。比如罗马人在各个方面都模仿希腊人，这样做的最大好处就是使得希腊文化能够保持原有的面貌，并且通过罗马帝国的统治和扩张在全欧传布开来。再说，通过模仿一些方面，就有可能在另一些方面出新，从而胜过所模仿的对象。罗马人能够在西方历史上独步多个世纪，一定有比希腊人高明之处。就以社会政治来说，至少在

① 见罗素《西方的智慧》第 149、155 等页，世界知识出版社 1992 年版。

三件事情上，罗马人做得更加成功。

一是政治管理。罗马与希腊是紧邻，两个民族自古交往频繁，当然武力冲突也接连不断。在希腊化时期，今天意大利的大部分地区是希腊人的辖土。到了公元前 2 世纪，罗马人大举东犯，征服马其顿，逐个攻陷希腊城邦。希腊城邦制的分散权力，最终被罗马人强大的中央集权政府所取代。所以，在组织政治力量、管理大型国家方面，希腊人是难以同罗马人匹敌的。

二是宗教。希腊人崇尚自然神，既没有自己的宗教，也没有把某种宗教强加于其他民族的习惯。罗马人大不相同。公元 4 世纪，君士坦丁大帝（Constantine I）在位期间（公元 312～327 年），把基督教立为罗马帝国的国教。在世界几大宗教当中，基督教无疑是最外向的，在积极的意义上说，是具有进取、开拓的意识；在消极的意义上说，则是表现出强烈、乃至过度的扩张欲望。基督教不仅能够满足罗马帝国持续扩张的文化需要，而且，当帝国在军事上遭遇失利的时候，它还可以借助教会的力量来维持精神统治和世俗权位。所以，在利用宗教推行政治理念、强化世俗体制方面，罗马人也绝对胜过希腊人。

三是语言。罗马人在这件事情上得以成功，很大程度上得益于上面两件事情造就的条件。正是由于罗马帝国的军事扩张和武力统治，加上罗马教廷的势力和基督教无所不在的影响，拉丁语在欧洲逐渐取得了显赫的地位，成为西方各国的共通语，除了在宗教、政治、法律事务和商业活动中广泛地使用它，还用它来从事教学和著述。在这之前，希腊语曾是一种文化上的优势语言，一度通行于希腊本土以外，尤其在地中海一带。但自罗马帝国时期一直到中世纪，拉丁语的传播地域之广、时间跨度之大、使用人口之众，以及渗透欧洲各国学术的程度之深，都超过了希腊语。那时候欧洲人不学拉丁语，简直就像今天我们不学英语一样，难以步出国门，走向世界。有一句流行于民间的俗话，形容旅行家出远门要备好三样东西，而拉丁语就是其中的一样：

"有钱又有马，会讲拉丁话，出门不犯愁，世界任你游。"

（With Latin, a horse, and money, you may travel the world.）

2. 古典时期的语言研究和语言教学

以上是从语言文化史的角度为今天要讲的题目作一点铺垫。现在我们来看语言学。

在语言学上，罗马人的创获也比不上希腊人。这倒不是因为罗马人缺乏创造性思维的能力，而是因为希腊人实在很聪明，已经就语言问题做了很多思考，使得罗马人在很长一段时间内感觉不到创新的必要。像巴门尼德（Parmenides）关于思维、语言、存在三者的关系的思索，苏格拉底和柏拉图有关名称的本质和起源问题的讨论，亚里士多德对修辞的钻研，狄奥尼修斯·色拉克斯（Dionysius Thrax）的语法研究等，广泛和深入的程度都让罗马人很难追及。最后一个方面，语法学，可以稍微展开一些来看：拉丁语和希腊语是近亲语言，语法结构很相似，所以，公元前一世纪狄奥尼修斯编写的《希腊语法》（Technē grammatikē）只需略微做些修订，就能用于拉丁语的语法教学。比如词类，给希腊语分出的是八个：名词，动词，分词，冠词，代词，介词，副词，连词。罗马人把冠词删掉（因为拉丁语本来就没有冠词），添上一个叹词的类，就成为拉丁语的词类体系。把叹词独立出来，算是一个发明，但基本的词类框架并没有变。

语法研究起初都是为教学服务的。把语法分为教学用的语法和研究性的语法，或者实用语法和纯语法，是古典时期以后的事情。说到教学，我们慢慢就靠近了今天的话题。

语言教学活动在古希腊就已展开，但要是把外语也考虑进来，那么语言教学的发端应该是在古罗马。古希腊人相当重视本族语言的学习和训练，但是对异族语言、外语，不管是周边的还是远来的，往往持一种轻慢的态度，把所有不会希腊语的人统统称为"bárbaroi"，意思是"发音刺耳、讲话听不懂的外乡人"（不妨把这个词跟英语的 barbarous "野蛮、没教养"，或者梵语的 barbara "结结巴巴、口齿不清" 比较一下，它们是同源关系）。这就是为什么古希腊人的教育中没有外语这门科目的缘故。罗马人面对的世界更为广大，与异族的接触更加频繁；而关键是，罗马人所处的社会语言环境与古希腊人大不相同：古希腊人不必学拉丁文，反过来，罗马人却必须学希腊文；至于后来希腊人也不得不学拉丁文，那是罗马人统治和影响的结果。明确地区分母语和外语，把两者都列为必学的科目，是从罗马人开始的。

3. 昆提连其人其学

罗马时期出了很多教育家，其中以语言教育著称的首推昆提连（Marcus Fabius Quintilianus，约公元 35～95 年）。昆提连原籍西班牙，出身于一个知识家庭，父亲以教授修辞学为业，在罗马教育界享有相当的声望。在教过昆提连的老师当中，很有几位名家，例如斯多葛学派的哲学家兼剧作家塞涅卡（Lucius Annaeus Seneca），曾经担任罗马皇帝尼禄的大臣；还有文学家兼语法学家帕莱蒙（Remmius Palaemon），把拉丁语的叹词独立为一个词类的首功，据说应该记在他的名下。昆提连本人对语法也很感兴趣，不过他不是专业的语法学家，在他的著述中关于语法的探讨也不多。虽然身为教师，他在语言教学中必须讲语法，但多数情况下他只需采用语法学的现成结论，不必亲自去做语法研究。

罗马人继承了希腊人的传统，很看重论辩、演说、修辞，并且把相关的理论和技艺更多地纳入学校的课程。昆提连的一生，基本上就是从事教育，像他父亲一样主要教修辞学。昆提连的个人生活很不幸，婚后不久 19 岁的妻子就与他死别。后来他又再婚。他有两个儿子，可是一个 5 岁时便夭折，另一个也只活到 10 岁。但事业上他极成功，是罗马皇帝钦定的拉丁语修辞学教授，社会地位比一般教师高出许多，甚至被授予执政官的称号；不仅如此，他还从政府金库定期领取俸禄，年薪至少 10 万塞斯特斯（sesterce），大约值今天的 800 英镑。这是当时教育界的行情，政府应该付给一个高级语言教师这个数目的报酬。这样一笔可观的收入，再加上其他优遇，就足以使他免除衣食之忧，全身心地投入教育事业。晚年他担任一所语言学校的校长，学生大多来自皇室和贵族家庭，毕业后多半投身政治活动、法律事务，或者从事学术研究。政治家、作家普林尼（Pliny the Younger，约公元 62～113 年）就是昆提连的学生，他的书信成为后人了解当时罗马社会生活的重要文献。甚至历史家塔西佗，可能也曾经师从过昆提连。

4. 《演说原理》是怎样一本书

昆提连留传下来一部名著——《演说原理》（*Institutio Orato-ria*）。这个书名可以有几译。有人译成《雄辩原理》，意思跟《演说原理》差不多，因为 "演说" 和 "雄辩" 在拉丁语里本来就可以用一个词 oratoria（英语 oratory）来表示。或者，也可以译做《修辞原理》，因为昆提连自己说过，拉丁语的 oratoria 其实就是希腊语 rhētorikē（英语 rhetoric）的对译词（Book 2. 14）。或者取更灵活的译法，叫做《修辞教育》或《演说教育》，像哈佛 2001 年出版的拉丁文—英文对照本 *The Orator's Education*① 那样。我觉得不如用一个词把演说、修辞、雄辩等几个意思概括起来，称之为 "言语艺术"，那样的话，*Institutio Oratoria* 就可以叫做《言语艺术概论》。

我们还是沿用习惯的称法。《演说原理》这部书，一共含十二卷。第一卷主要讲普通教育理论，特别是少儿教育。第二卷开始讲修辞学，学些什么、怎么教法，包括 "修辞" 的定义、学科的历史等。第三卷到第十一卷，大多是很专的论述，讲修辞学的各个部类、各项知识，种种实用的修辞手段，还有各式各样的案例。最后一卷，又回到修辞学和教育的一般问题上来，谈了行业道德、学者品格等，甚至还谈到就业、退休之类问题。这些卷目当中，以第一卷的第十二章在知识界、教育界传布最广，向来读者、引者最多。如果上网查找 *Institutio Oratoria*，最容易查到的就是 Book I：1 ~ 12②。但后面专讲修辞的各章，其实也有极可读的内容，不读的话，对这部书、对昆提连所从事的修辞学教师这门职业就不能算有全面的了解。有些章节的话题很特别、很有趣，跟今天的修辞学著作所论述的绝不类同。比如第五卷的第四章，讲了 tormentum "酷刑"（英语 torment "折磨、痛苦"）：一方说，严刑可以逼出真话；

---

① Quintilian. 2001. *The Orator's Education*. Edited and translated by D. A. Russell. Cambridge / Massachusetts：Harvard University Press.

② 例 如：http：//penelope. uchicago. edu/Thayer/E/Roman/Texts/Quintilian/ Institutio_ Oratoria

另一方说，严刑会迫得人胡咬乱讲。那么，用严刑得到的口供能不能作为证词呢？昆提连也没有什么好办法，只说需要具体分析，视情况而定。现代修辞学当然不会去探讨这些。又比如同一卷的第十章，篇幅很长，分析了种种可能影响证据的可靠性或者推论的倾向性的因素：

出身（血统、门第等），族籍（希腊人、罗马人、野蛮人，性情有所不同），国家或省份（不同的习俗、法规、社会偏见），性别（似乎抢劫总是男人干的，投毒往往是女人干的），年龄（不同年龄段的人，行为模式不同），教育（不同的教育背景，跟谁学、学什么），社会地位，职业，性情（贪婪、节俭、残酷……），容貌或体格（美女常被认为是淫荡的，强健会被认为有暴力倾向），财富或运道（穷人和富人，有至亲好友的人和没有亲友的人），既往史（有无前科），等等。

——这方面的内容，在今天大概是属于犯罪心理学、刑侦学的研究范围。现在我们就会明白，为什么在昆提连的时代，社会如此看重修辞学这门学问，为什么一个修辞学的教师收入会那么高。那时有一个比喻，形容修辞学或雄辩术是"世界的女皇"（the queen of all the world）。这个比喻似乎有两个意思：一个意思是，雄辩术是各门知识的荟萃、一切学问的结晶，因为要战胜论敌，就得掌握所有门类的知识（这在今天根本就不可能，但在那时，由于学科还不多，各个学科之间的区划并不分明，这是有可能做到的）；另一个意思是，掌握了雄辩术，就能够参与政治、统领民众。而一般人青睐雄辩术这门技艺，还有一种实际的考虑：为人打官司，收入是很丰厚的。不过昆提连没有忘记告诫学生：学习修辞不是为了逐取一时的利益，而是为满足求知的欲望，为充实自己的灵魂，所以，万万不可把学习修辞和雄辩当作生财之道；如果只想着赚钱致富，还不如就去做买卖。对于学生中的投机者，昆提连是很不屑一顾的。在他看来，修辞学或雄辩术"是一门高尚的艺术，是世界上最美好的东西"。

在《演说原理》的序言里，昆提连申明，他从教的目的是要培养"完美的演说家"。他心目中的"完美"，不但是指掌握高超的修辞和辩驳的技艺，更重要的一条，"完美"还指心智健全、人格高尚①。他认为，只有一个"好人"（vir bonus / a good man），一个具备优秀品格的人，在学到了论辩演说的本领之后才会处处以社会公益为重，出入政坛、行使法权能够伸张正义，研究哲学、探索学问能够求真穷理。其实这也是历来人类教育的一致目标，讲究德才兼备，重视德育甚至还在才智之上（在这一点上，中国古代也不例外：所谓孔门四科，"德行、言语、政事、文学"，就把德育排在首位）。但昆提连那样说，还涉及对修辞这门言语艺术的重新定义。因为根据亚里士多德的看法，修辞学是一门中性的学问或技艺，好人也好、坏人也好，都能利用它来达到自己的目的，而在昆提连看来，修辞学是一门传授"优良言语"（good speech）的学科，所以，能够掌握修辞的人肯定是"好人"，也必定是把修辞用于正当的目的。这样理解的话，修辞就决不等于能说会道，更不必说花言巧语、强词诡辩等，那些都属于拙劣的言辞，是不能与修辞等量齐观的。

5. 幼儿教育

《演说原理》的第一卷探讨了一般教育问题。昆提连认为，德育是教育的首要任务，也是教育的基础。这一点刚才已经说过。除此之外，第二重要的一项内容就是语言。书里面讨论的核心问题，我们不妨称之为"终身语言教育"。学习是一个人一生的活动，不能歇止，没有穷境；无论对于哪个年龄段的人，也无论对于聪明的

---

① We are to form, then, the perfect orator, who cannot exist unless as a good man; and we require in him, therefore, not only consummate ability in speaking, but every excellence of mind…Let the orator, therefore, be such a man as may be called truly wise, not blameless in morals only (for that, in my opinion, though some disagree with me, is not enough), but accomplished also in science, and in every qualification for speaking; a character such as, perhaps, no man ever was. (Preface) 这里和底下的英语译文，凡是出自第一卷的，都尽量根据网上的本子，这样便于大家查对。另可参看 Roy Harris and Talbot J. Taylor. 1989. *Landmarks in Linguistic Thought. The Western Tradition From Socrates to Saussure.* Chapter V, Quintilian on linguistic education. London and New York: Routledge.

人还是对于愚笨的人，学习都有益处。语言的学习也是如此。昆提连为受教育者设计了一个完满而理想化的语言目标，也就是"优良的言语"，任何人用他一生的心力，至多也只能接近这个标准，而不可能完全抵达。同时，这样的语言教育起步越早越好，从婴儿时期就要开始，从家庭到学校，一步一步地按计划来展开。那时还没有托儿所、幼儿园，学校也很少，而且社会上关于到学校接受教育好还是请家庭教师个别授课更好，颇有争议。有条件的家庭大都不愿送子弟上学，宁肯延聘私人教师，一是担心孩子在学校会因交友不慎而学坏，二是觉得请老师上门一对一地授课，讲得多、学得多。但昆提连坚信学校教育更可取，认为家庭教学有不少弊端，有可能把孩子惯坏，变得任性、孤僻、傲慢。再说，如果家里的奴仆品行不好，孩子照样会学坏；况且也不能保证请到家里的教师一定就合格，可以把孩子教好。他有一个说法很有意思，我们听听看有没有道理：

> "所有优秀的教师（praeceptor）都喜欢给大班上课，因为他们觉得自己理应享有更大的舞台。而只有那些比较差的教师，意识到自己在这方面有缺欠，才会去教一两名学生，满足于当一个陪学（paedagogus）的角色。"①

这里，昆提连区别了两类教师：他心目中合格的教师，称为praeceptor（英语 pre′ceptor "导师、教师"），而家庭教师是另一类，称做 paedagogus；后一个词除了教师一义，还指陪送孩子上学并且负责督导的家奴（由此而有英语的 pedagog（ue），也不无贬义，指"教师、学究、腐儒"）。他认为怎样怎样，是他的一家之言，但根据他的这段话我们可以猜出，来听他讲课的不是几个学生，而是十几个、几十个。他还有一段话，也可以证明这一点。他

① All good teachers (*praeceptor*) like a large class, and think they deserve a bigger stage. It is the weaker teachers, conscious of their own defects, who cling to individual pupils and seem content with something like the job of the *paedagogi*. (Book 1. 2)

187

打比方说："一个讲课者的话音不是一顿饭，人多了就不够吃，而是像太阳那样，可以把光和热均匀地送达所有听讲的人。"①我们甚至还可以推知，在他教过的班级上，不但有少年儿童，还有青年人，因为他说，他不喜欢让孩子跟青年混坐在一起（Book 2.2）。不过他又补充说，班级也不能太大，否则教师会不堪重负，因为教师除了讲课，还得批改作业、个别辅导等；事实上一个好教师能够把握尺寸，懂得教多少学生才适宜。我们知道，直到 19 世纪，西方上流社会还普遍延请家庭教师，而不是送学龄儿童到学校读书，所以，昆提连主张优先考虑学校教育，让孩子及早接触社会，并提出相应的教学措施，是很有一番超前意识的。当然，这跟他的培养目标也有很大关系："一个未来的演说家要生活在群众当中，要投身社会生活，所以作为第一步，他从小就不该害怕跟人接触……"②

人的整个教育过程，最关键的莫过于孩提阶段，为此昆提连向天下为父者建议：从儿子出生之日起，父亲就应该着手规划，制定一个最佳育儿方案③。这是他的名言之一，里面可能就包含着他自己对两个儿子的期待，希望他们能够成材。他相信，就像鸟儿能飞翔、马儿会奔跑，人生来就是能思维和学习的动物，区别只在于，思维和学习的能力因人的条件不同而有高低之别，但真正笨到不能思想、不会学习的人没有几个，大多数人是善于思、敏于学的④。

---

① The voice of the lecturer is not like a dinner which is insufficient for a large company, but like the sun that dispenses light and heat equally to all. (Book 1.2)

② First of all, let the future orator, who has to live in the crowd and in the full glare of public life, become accustomed from childhood not to be frightened of people or acquire the pallor that comes from that solitary life that is lived in the shade. (Book 1.2)

③ Let a father, as soon as his son is born, conceive, first of all, the best possible hopes of him... (Book 1.1)

④ You will find the greater number of men both ready in conceiving and quick in learning; since such quickness is natural to man; and as birds are born to fly, horses to run, and wild beasts to show fierceness, so to us peculiarly belong activity and sagacity of understanding. (Book 1.1)

既然思维和学习是人类生来俱有的能力，既然有些东西迟早要学，那么，教育越早开始，收效就越显著。一般说来孩子并不缺乏能力，而是缺乏成人的关心和指导①。不过他又提醒道，也不能因为孩子的接受能力很强，就强迫他学习一切东西，那样做只会使孩子产生厌烦情绪，以致长大后一谈到学习就心生恐惧。所以，最好的办法是设法让孩子喜欢上他所学习的东西，也即现在常说的"寓教于乐"。最要紧的，莫过于在孩子身上逐渐地培养起一种探索的热情，一种求知的欲望。当然，也会有这样的时候：孩子实在不愿学一样东西，却又不能不学、不能不教。碰到这种情况，昆提连说，可以试试当着他的面教另外一个孩子，而这个孩子是他平常很嫉妒、很想胜过的；或者适当地给一些奖励，因为孩子都喜欢获得奖品。这等于是要培养一种竞争意识，把学习当做比赛，学得好就是赢得了比赛。②无论如何，不能靠体罚。昆提连痛恨鞭笞，称鞭子是用来管教奴隶的，而不是用来逼孩子读书的。

昆提连又谈到教育者应当具有的资格，认为一个教师不但要拥有知识，而且对自己知识的局限须有清晰的认识。后一点格外要紧，因为，既然世上没有全知全能的人，一个人倘若不知道自身的短处，就不适合担任教育者。在早期的教育者中，尤其不能低估保姆的作用。昆提连告诫道，给孩子请保姆要慎之又慎：

第一，保姆的品行要端正；第二，她要有一些教养；第三，她

---

① ...It was not natural ability, but care, that was wanting...What every boy has to learn, he may not be too late in beginning to learn. Let us not then lose even the earliest period of life... (Book 1.1)

② It will be necessary, above all things, to take care lest the child should conceive a dislike to the application which he cannot yet love, and continue to dread the bitterness which he has once tasted, even beyond the years of infancy. Let his instruction be an amusement to him; let him be questioned and praised; and let him never feel pleased that he does not know a thing; and sometimes, if he is unwilling to learn, let another be taught before him, of whom he may be envious. Let him strive for victory now and then, and generally suppose that he gains it; and let his powers be called forth by rewards, such as that age prizes. (Book 1.1)

的言语要得体而恰当，既合乎语法，又不带口音①。

关于第三点他还解释道，幼年学到的东西往往会影响一辈子，糟糕的发音和言辞同恶习一样，一旦成为习惯就很难摆脱，所以对保姆的言语一定不能马虎。如果实在找不到言语合格的保姆，那就应该再叫一个 paedagogus 来当助手，一旦保姆发音不正或者说了不合语法的句子，他就能及时予以纠正。不过昆提连指出，这已是勉强为之的补救措施，最好还是从一开始就找到一位言语纯正的好保姆，确保孩子有良好的学语环境②。我们可以想见，那时候罗马请得起保姆的大多是体面家庭，昆提连提出几个条件，正是为这一类家庭考虑。这几个条件听起来普通，合起来却很不容易满足。我们就想想看，今天要我们找一个品行既好，又受过教育、知书识礼，还能讲一口纯正普通话的奶妈或保姆，哪是一件容易的事?! 当今社会上，"大学生保姆"应运而生，只可惜少之又少。

对保姆尚且提出这样高的要求，对父母的要求自然也不会低。昆提连说，父母本身要有一些学识，也就是说，要受过教育读过书。因为前面他说过，父亲应该如何如何负起教养儿子的责任（我们中国人也讲"养不教，父之过"），所以这里他就补充了一句，强调母亲跟父亲一样，也要有知识。他还举了历史上一些名人的例子，来说明母亲在幼儿教育中所起的重要作用。对于社会上

---

① Before all things, let the talk of the child's nurses not be ungrammatical... if possible, to be women of some knowledge... To their morals, doubtless, attention is first to be paid; but let them also speak with propriety. (Book 1. 1) (cf. Russell's translation: "First of all, make sure the nurses speak properly... had it been possible, to be philosophers.")

② We are by nature most tenacious of what we have imbibed in our infant years... Let the child not be accustomed, therefore, even while he is yet an infant, to phraseology which must be unlearned... If, however, it should not be the good fortune of children to have such nurses as I should wish, let them at least have one attentive *paedagogus*, not unskilled in language, who, if anything is spoken incorrectly by the nurse in the presence of his pupil, may at once correct it, and not let it settle in his mind. But let it be understood that what I prescribed at first is the right course, and this only a remedy. (Book 1. 1)

层，他提出的这个要求不能算高，可是对于普通民众，尤其考虑到那时西方的社会状况，从经济上说接受教育还只是小部分人的特权，这样的要求显然就太高了。这会让我们觉得，昆提连的教育理论是着眼于培养精英、为贵族服务的。但主观上，他并不排斥下层百姓，他有"有教无类"的意识。他说，正因为有些父母亲境遇不佳，没有怎么读过书，所以在孩子的教育问题上才需要更加费心，更舍得投入①。这其实是人类教育史上的一种不良循环：越是贫穷，就越没有可能享受充分的教育，而接受的教育越少，就越难摆脱贫困。中国历史上的科举制，以及现代借鉴西方建立的高考制，尽管都是基于公平竞争的理念，但也都不能彻底克服这种不良循环。整个社会的公平教育是一个难以实现的梦，但作为个人，出身卑微者却可以利用公平竞争的机会，求得良好的教育。这样的例子历史上有很多，如今在我们的生活中也不罕见。到我家的钟点工，一位来自安徽的中年妇女，断断续续已干了十多年。她在北京租住民房，有一儿一女，女儿正读高一，儿子还在读小学。她说，已经攒了几万块钱，准备供儿女上大学。当然还会有一些障碍，比如，如果目前的政策维持不变，她的女儿就不能在北京参加高考，而一旦回到原籍，升学的可能性就会降低，这就是公平竞争中的不公平因素。但是总体上看，这样一批农村人的下一代有可能接受更好的教育，前途也有可能超过那些不努力的城里人。

6. 双语教育

以上说的是幼儿母语教育。而当时罗马的上流社会和知识阶层，实际上已经在推行双语教育，就是拉丁语和希腊语都要学，都要学会用。所谓双语，除了母语拉丁语外，只能是希腊语，因为在罗马人眼里，自己的民族和希腊民族是文明人，其他民族就都是野

---

① In parents I should wish that there should be as much learning as possible. Nor do I speak, indeed, merely of fathers... Nor let those parents, who have not had the fortune to get learning themselves, bestow the less care on the instruction of their children, but let them, on this very account, be more solicitous as to other particulars. (Book 1.1) (cf. Russell's translation: "As to the parents, I should wish them to be as highly educated as possible.")

蛮人，他们的语言也是不值得学的。

争论的热点之一是，学龄儿童应该先学希腊语，还是先学拉丁语的好。昆提连主张，入学之始以先学希腊语为好，因为拉丁语是通用语言，儿童自然而然就能获得，想要阻拦也不可能，而希腊语作为一种异族文化语言，只能通过学习来掌握①。他的这种观点，在今天看来也不能说完全不对，至少理论是对头的。我们注意他用的概念，是"获得"（perbibet，这个拉丁语动词的本义是"饮、吸、吮"，转指吸纳、接收，相当于英语的 acquire 或者 pick up），与现代应用语言学上所说的"获得"这个概念的意思差不多：母语是自然获得的（acquired），外语则是刻意学得或习得的（learned）。但昆提连又警告说，如果像当时很多家长那样，让小孩子在一段长时间里只学、只说希腊语，会使孩子从发音到表达都染上外国腔，那也是要不得的。所以，在学过一段时间希腊语后，就要开始教拉丁语，然后便是双语教学同步展开。他相信，只要把握节奏、教学得法，两种语言就不致相互干扰，最后都能学好②。

也有人担心，让孩子同时学习两种语言，再加上要学多门其他科目，会给幼小的体能和智力带来重负。对此昆提连回答，人类智

---

① I prefer that a boy should begin with the Greek language, because he will *acquire* Latin, which is in general use, even though we tried to prevent him, and because, at the same time, he ought first to be instructed in Greek learning, from which ours is derived. (Book 1.1) (cf. Russell's translation: "I prefer a boy to begin by speaking Greek, because he will *imbibe* Latin, which more people speak, whether we will or no; and also because he will need to be taught Greek learning first, it being the source of ours too.")

② Yet I should not wish this rule to be so superstitiously observed that he should for a long time speak or learn only Greek, as is the custom with most people; for hence arise many faults of pronunciation, which is viciously adapted to foreign sounds, and also of language, in which when Greek idioms have become inherent by constant usage, they keep their place most pertinaciously even when we speak a different tongue. The study of Latin ought therefore to follow at no long interval, and soon after to keep pace with the Greek; and thus it will happen, that, when we have begun to attend to both tongues with equal care, neither will impede the other. (Book 1.1)

能的容量是没有限界的，孩童时期的接受能力尤其巨大，丰富多样的学习内容恰能开启心智、激发活力。其实无论儿童还是成人，也无论生活、工作还是学习，与其长时间做一件事，还不如合理分配时间，同时做几件事，效果会好得多。他把学习比作饮食：变换食品种类是生理的需要，变换学习的科目则是精神的需要①。所以不必担心儿童无法承受学习的压力。昆提连甚至说，他能用实验来证明儿童的心智具有难以限量的可塑性，他说的"实验"，也许是指他自己的教学实践，但也许他还另外做过实验，只是我们不清楚他是怎样做的，以及做到何种程度。关于童智可塑，他有一段话说：

> "心智在定型之前，最容易教授。这一点可以用这样一个事实来证明：一个孩子从开始正确地组词构句那一天起，在两年之内，实际上无需任何外来激励就能学会说所有的话。而那些从外国新来的奴隶，要用多少年才能熟悉拉丁语！"②

"两年"这个结论，他是怎样得出的？或许他真的像现代心理学家和语言学家那样，跟踪观察过儿童学语的全过程？无论如何，他的观察相当细致，思路也与现代科学相合。小孩子经常跌跤，却不容易受伤，这是一个很普通的事实。而昆提连由此想到，儿童在

---

① We must remember that variety serves to refresh and restore the mind, and that it is really considerably harder to work at one subject without intermission. Consequently we should give the pen a rest by turning to read, and relieve the tedium of reading by changes of subject. However manifold our activities, in a certain sense we come fresh to each new subject. Who can maintain his attention, if he has to listen for a whole day to one teacher harping on the same subject, be it what it may? Change of studies is like change of foods: the stomach is refreshed by their variety and derives greater nourishment from variety of viands. (Book 1. 1)

② For the mind is all the easier to teach before it is set. This may be clearly proved by the fact that within two years after a child has begun to form words correctly, he can speak practically all without any pressure from outside. On the other hand, how many years it takes for our newly-imported slaves to become familiar with the Latin language! (Book 1. 1)

智力和语言上具有更大的可塑性，是得益于生理组织的缘故，即比成人具有更强的代谢补偿、自我纠错的能力。所以儿童学任何东西都快，教什么都能学会①。

7. 读书识字，自我表达

语言习得是自然过程，读书识字则是人为教育。儿童入学就读，先要过识字关。西文字母虽不像汉字那样难学，但也需要专门教授。当时流行一种教法，让儿童先学字母的名称和排序，也即教他们背字母表，然后再学识和写。在昆提连看来，这种方法是错误的，不利于儿童从一开始就把注意力放在辨形、拼读上面，因为字母表上的顺序是固定的，会干扰儿童学习灵活多变的实际拼写。正确的方法应该是把字母的形状和名称同时教给儿童，而不必去管它们在字母表中的位置。昆提连的这一考虑不无道理，不过，他把背字母表看成没有意义的事情，似乎跟那时还没有出现词典有关系。

罗马人的"正字法"（orthography）这个概念，也是从希腊人那里学来的。昆提连把它定义为一门"关于正确书写的学问"。正确的书写必有一定的标准，要求人人都遵从，然而标准或规范却是特定时代的少数人士制订的，于是就生出一系列的问题：语音随时代而变迁，正字法是否也需要变？如果实际发音与拼写不一致，怎么办？读音往往因地而变、因人而异，拼法也会产生变异，怎样的标准才算是正确的，应该由谁来制订？那时并没有语言文字规范委员会之类的官方机构或民间组织，人们心目中的语文权威，就是当然的标准订立者，而这样的语文权威非教师莫属。昆提连认为，当实际读音与拼写发生冲突时，教师的判断就代表了权威意见，但教师又要服从大众的用法，"在用法所规定的范围内，一个词怎样发

---

① Moreover boys stand the strain of work better than you gentlemen. Just as small children suffer less damage from their frequent falls, from their crawling on hands and knees and, a little later, from their incessant play and their running about from morn till eve, because they are so light in weight and have so little to carry, even so their minds are less susceptible of fatigue, because their activity calls for less effort and application to study demands no exertion of their own, since they are merely so much plastic material to be moulded by the teacher. (Book 1. 1)

音，就应该怎样拼写"，因为字母的用处就在于忠实地记音；至于大众的用法，则又随时代而起变化，归根到底，"正字法应该为语言运用服务，所以要适时更易，经常调整"。①

过了识字关，能拼读、会写字，下一步就是阅读。昆提连提出一条原则：无论朗读默读，学生首先必须弄懂意思，能说明白读了些什么。所以，他不主张让儿童过早地去阅读和背记那些难懂的诗文。就内容来说，选作教材的文学作品起码应能丰富心灵、增长智慧。他有一句话，可以作为后世语文教育的箴言：

> "热爱文学、喜好读书，这不应该只是学生时代的习惯，而应该与我们终身相伴。"②

在讲解文学作品时，教师既要判别词类、解析语法，使学生在掌握规范用法的同时，了解不合常规的现象；又要推敲词义、明辨语体，提醒学生留意通言和方言、雅语和俗语的区别；此外还要分析韵律、探讨修辞、提高言语技巧，为培养演说技艺打下基础。根据希腊教学传统，语文教师要教会学生两样东西，一是正确说话的艺术，二是解读经籍的能力，前者属于语言"方法学"（methodice），后者属于文本"注释学"（historice）。但昆提连认为这还不够，应该把演说的入门知识和基本技能也教给学生。他本人在语文教学中

---

① Having stated the rules which we must follow in speaking, I will now proceed to lay down the rules which must be observed when we write. Such rules are called *orthography* by the Greeks; let us style it the science of writing correctly...*Orthography*, however, is also the servant of usage and therefore undergoes frequent change ···On all such subjects the teacher must use his own judgment; for in such matters it should be the supreme authority. For my own part, I think that, within the limits prescribed by usage, words should be spelt as they are pronounced. For the use of letters is to preserve the sound of words and to deliver them to readers as a sacred trust: consequently they ought to represent the pronunciation which we are to use. (Book 1. 1)

② ...The love of letters and the value of reading are not confined to one's schooldays, but end only with life. (Book 1. 1)

尤其重视"转述"（paraphrase），要求学生用自己的话把所读原作的意思重新述说一遍。无论用母语还是用外语，这样的转述起初用词用语必然是简单而有限的，然后逐渐过渡到复杂的陈述，并讲究修辞文采，最终得以充分把握原文，使叙述达到简繁两当、收放自如的高度。他把转述看做语文的一项基本功，甚至说，"学会了转述，就能学会任何东西！"①这很像中国古代的学人，对经典作品的理解、阐释和转述非常重视。只是先秦以后，中国人逐渐把注意力转到书面语言特别是文言的写作上，相比之下，西方人则一直注重口头表达，所以后来利玛窦来到中国，就发现中国学者不善于论辩演讲，指出这是中西学术传统的一个差别。现代西方人要想在政治上有所作为，必须得走竞选这条路，而参加竞选就不能不重视公开的论辩演讲。在中国，演讲直到现在也不大受重视。当然如果从历史上看，也有区别。近代大革命时期，如辛亥革命前后、北伐和内战时期，革命家需要宣传自己的主义，以激励社会、鼓动群众，于是就很看重公开演讲。像孙中山、梁启超，不但擅长演说，而且有意识地在这方面下工夫。毛泽东、周恩来也是出色的演说家。但是在和平时期，政治平稳地发展，对演讲就没有了类似的社会需要，现在政治家的公开发言大都属于应景的、场面的、模式化的。不过现在中国的一些地方，有些基层已经开始采取竞选制，还有政府各部门发言人的制度，以及律师业的逐渐发达，等等。这样发展下去，对演讲术就会越来越重视。

关于演讲的技巧，昆提连在书中讲了很多。他说，演讲一般说来包括两个方面，一是语音语调，二是体态手势，给在场者分别留下听觉印象和视觉印象（Book 11.3）。怎样控制嗓音、停顿、呼吸，怎样运用二十多种不同的手势，甚至怎样穿长袍（toga）、戴戒指、留发型，都有种种讲究。

8. 尾声

昆提连的《演说原理》，也是他个人一生教学经验的总结。在

---

① ...The pupil who handles it (i. e. paraphrasing) successfully will be capable of learning everything. (Book 1. 1)

第一卷的卷首他说，他是在从教二十年后，在一些朋友的鼓励下才发愿写这本书。我们今天读它，很多地方就好像是在聆听一个人文教师讲述他自己的教学实践。写到最后一卷的最后一章，昆提连又说：当一个演说家的事业达到顶峰，或者身体条件已经不适合公开演讲时，就要考虑退休，免得毁坏自己在公众眼里的形象；这就像一个水手，必须趁船还完好的时候收帆靠港①。他是一个很尽职的教师，很认真的著者，也是一个很理智的学者。

我们不妨回到本讲一开始引用过的那句西洋谚语上来。假如把其中的一个词换掉，改成"Rome was not built *for* a day"，这句话的意思就有点变了。现在我们可以借这句"窜改"过的西谚，来表达这样一个意思：正如罗马不止属于一个时代，在西方历史上留下了难以磨灭的痕迹，昆提连的语言教育观也不止属于一代人，它对后世产生着持久而深刻的影响，它所阐述的很多道理具有普遍的、超时代的意义。

---

① Before he is ambushed by age, the orator should sound the retreat; he should make for harbour while his ship is still sound. This done, the fruits of his studies will remain with him undiminished. (Book 12. 11)

晚清近代化方略论析[①]

——以张之洞《劝学篇》及何启、胡礼垣《〈劝学篇〉书后》为例

◎ 冯天瑜

冯天瑜，湖北红安人，1942年3月生。武汉大学历史学院教授，专门从事中国文化史方向，博士生导师，武汉大学中国传统文化研究中心主任。兼任中国实学会副会长、湖北省地方志副总纂、湖北省社会科学联合会学术委员会副主任、武汉大学学术委员会副主任。1986年被国家科委授予"国家有突出贡献的中青年专家"称号。长期从事中国文化史和湖北地方史志研究，出版有《中华文化史》、《明清文化史散论》、《中华元典精神》、《千岁丸上海行——日本人1862年的中国观察》、《新语探源》、《"封建"考论》等专著，并在国内外重要刊物上发表学术论文百余篇。近年来着力探讨中华文化近代转型、历史语义学诸问题，也做出了不俗的成绩。

① 本文系作者于2006年2月28日在武汉文史馆、武汉图书馆联合主办的"名家讲坛"之讲演稿。

公元 1983～1984 年，我在撰写《张之洞评传》时，通读了张氏的《劝学篇》以及何启、胡礼垣的《〈劝学篇〉书后》，深为这两部著作所展现的古今中西文化冲突的错综性、丰富性所吸引，遂决心以二书为研究对象，探讨以张之洞为代表的清末近代化方略的成败得失。

一

近代中国处在社会急剧变化的历史关头。公元 1901 年，敏感的梁启超指出："中国自数千年以来，皆停顿时代也，而今则过渡时代也。""中国自数千年来，常立于一定不易之域，寸地不进，跬步不移，未尝知过渡之为何状也。虽然，为五大洋惊涛骇浪之所冲击，为十九世纪狂飙飞沙之所驱突，于是穷古以来，祖宗遗传深顽厚锢之根据地，遂渐渐摧落失陷，而全国民族，亦遂不得不经营惨淡，跋涉苦辛，相率而就于过渡之道。"① 面对这种旷古未有的"过渡时代"，各个不同的社会阶层，各种不同的政治和文化派别所作出的反应各不相同：有的顽固抗拒"过渡"；有的致力于探究"过渡之道"，但关于"过渡之道"所设计的方案又各不相同。就清朝统治阵营内部而言，从 19 世纪 60 年代开始，便分化出顽固派与洋务派两大集团。顽固派如同治间大学士倭仁、光绪间大学士徐桐，企图以"忠信为甲胄、礼义为干橹"去抵挡西方工业文明的袭来，他们声言，"道"和"器"均应一仍其旧，纲常教条不得有丝毫改易，从而坚持抗拒"过渡"的立场；洋务派则有限地赞成"过渡"，他们主张"变器不变道"，即在保存君主专制制度的前提下，"留心西人秘巧"，提倡学习"西技"、"西艺"，也兼及"西政"，并在他们主持的部门和地区兴建近代化的军事和民用工业、修造铁路、创办学堂、组训新式陆海军。洋务派的代表人物，当朝大臣有奕䜣、桂良、文祥；疆吏则有曾国藩、左宗棠、李鸿章等人，张之洞是后起者。

19 世纪中叶以后，清王朝的统治面临来自两个方面的严重挑

---

① 梁启超：《过渡时代》，载《清议报》第 82 期。

战——第一，西方资本主义殖民者大举入侵；第二，不堪忍受外来
侵略和专制压迫的人民揭竿而起。清廷权衡"御外夷"和"靖内
寇"的轻重缓急之后，确立了"靖内寇为先"的方针。在这种历
史条件下发展起来的洋务派便具有明显的双重性质：一方面，他们
所经营的"制器"、"练兵"、"兴学"等事业，显示了追求近代物
质文明及部分近代制度文明的趋向，展现出对外部世界有限的开放
态度，从而为中国脱离中世纪故迹，纳入近代化轨道奠定了某些基
础；另一方面，他们的事业又未能突破君主专制制度和中古文化体
系的框架，并具有反人民性质，他们学习西方技艺，已由魏源的
"师夷长技以制夷"变为"师夷长技以制民"。洋务派所追索的
"过渡之道"并非要通向资本主义的理性王国，而是在保存纲常名
教的前提下，实行某种程度的经济、技术和文化教育的近代化改
造。洋务派的这一基本特征，在这个派别的后期巨擘张之洞1898
年所著的《劝学篇》中得到充分展现。

　19世纪后半叶，与洋务派相伴生，改良主义者冯桂芬、王韬、
薛福成、陈炽、马建忠、何启、胡礼垣、郑观应等人也开始了自己
推进"过渡之道"的活动。他们主张，不仅要学习西方的坚船利
炮和工业技艺，还要学习西方的政治学说和制度。19世纪中后期
登上舞台的改良主义者的思想，反映了新兴资本主义制度和资本主
义文化给中古末世开明士人带来的觉醒。改良派力倡发展新的生产
力，进而倡导学习与这种新生产力相共生的西方科学技术、人文社
会科学以至政治理想，从而成为中国早期资产阶级的代言人。他们
社会批判的锋芒，已不限于顽固派的冥顽不灵、深闭固拒，而且还
指向洋务派的种种弊端。他们揭露洋务大吏不过是"以洋务为终
南捷径"①，"学习西法二十余年来，徒袭其皮毛而已"②。一些改
良主义者（如王韬、郑观应）开始鼓吹变法，成为19世纪末叶康
有为、梁启超倡导的变法维新运动的先声。

　如果说，早期改良主义者中的某些人，例如冯桂芬、薛福成、

---

　① 王韬：《文录外编》卷二，《洋务上》。
　② 王韬：《文录外编》卷十，《火器说略后跋》。

马建忠，多为洋务大吏的幕僚，依附于洋务派，寄希望于洋务派，企图通过自己的劝谏和建策帮助洋务大吏完成"自强"事业，那么，稍后的何启、胡礼垣生活于西风较烈的香港，又目睹了洋务运动在甲午战争中的惨败，并感受到民营工商业在"官督"之下的艰难困顿，从而产生摆脱洋务大吏政治控制、经济束缚的要求。于是，他们明确地与洋务派分道扬镳，并且力图突破君主专制制度，发出了求"民权"的呼声——尽管这种呼声还相当微弱、怯懦。何启、胡礼垣的思想，集中反映在他们公元 1899 年合撰的直接反驳张之洞《劝学篇》的《〈劝学篇〉书后》中。

总之，19 世纪即将结束的两年间先后刊行的《劝学篇》与《〈劝学篇〉书后》，成为洋务派与改良派思想交锋的记录。洋务派和改良派这两个对近代中国影响巨大的派别在军政外交方略、经济政策、文化思想等方面的一系列差异和分歧，在这两部著作中都壁垒分明地得以展示，呈现出两种不同的近代化方略。因此，《劝学篇》与《〈劝学篇〉书后》可以作为我们研究这两大派别思想特征，进而研究近代中国文化思潮的典型文献。

二

《劝学篇》的作者张之洞（1837～1909 年），字孝达，号香涛，直隶南皮（今属河北）人，同治进士。早年任翰林院编修、湖北学政、四川学政、内阁学士等职，曾是著名的清流党人。光绪七年（1881 年）补授山西巡抚，开始由清流党向洋务派转化。光绪十年（1884 年）署理两广总督，正式展开洋务建设，中法战争期间，竭力主战，并起用老将冯子材，奏请唐景崧率师入越，会同刘永福所辖黑旗军抗法，在广西边境击败法军。光绪十五年（1889 年）调任湖广总督。此后在督鄂及暂署两江总督的近二十年间，开办汉阳铁厂、湖北枪炮厂，设立织布、纺纱、缫丝、制麻四局，筹建芦汉铁路，兴建各类学堂，大量派遣游学生，组训江南自强军、湖北新军，造成一种耸动朝野视听的格局，张氏长期坐镇的武汉，继上海、天津之后，成为又一洋务基地和实力中心，张氏的势力亦

"由武昌以达扬子江流域，糜不遍及"①。

由于张之洞在中法战争和中日甲午战争期间是主张派健将，赢得"天下之望"；而张之洞主持的"湖北新政"更使他声名大振，在 19 世纪 90 年代中期被舆论界推重为"朝廷柱石"。因此，公元 1895 年康有为发起成立强学会，曾对暂署两江总督的张之洞寄予厚望。张之洞则企图利用强学会扩大自己的影响，遂捐银五千两，列名入会，以后张又成为上海强学会的发起人。公元 1896 年张之洞返回湖广总督本任，曾札饬湖北全省官销梁启超主笔的《时务报》。同年秋冬之际，《时务报》连续发表梁启超、徐勤等人批评朝廷丧权辱国和种种社会弊端的论文，张之洞认为是"越轨"文字，便指示汪康年对梁启超加以掣肘，迫使梁于 1897 年 11 月愤而离沪赴湘。这是洋务大吏与维新志士发生明显冲突之始。

公元 1898 年初，随着维新变法运动的深入，坚守纲常名教的张之洞与这个运动的矛盾也愈益尖锐。同时，作为宦场老手的张之洞"深窥宫廷龃龉之情与新旧水火之象"②，他清楚地看到，清廷的实权掌握在反对变法的后党手中。这样，既是为着捍卫纲常名教，也是"预为自保计"，张之洞于公元 1898 年 4 月撰写了《劝学篇》。张之洞后来这样追述写作《劝学篇》的原委：

> "自乙未（1895 年——引者）后，外患日亟，而士大夫顽固益深。戊戌春，金壬伺隙，邪说遂张，乃著《劝学篇》上下卷以辟之。大抵会通中西，权衡新旧。"③

可见，张之洞写《劝学篇》，意在两线作战——一方面批评顽固派的"守旧"、"不知通"；另一方面批评维新派的"菲薄名教"、"不知本"。他企图在顽固派和维新派的主张之间寻找第三条

---

① 《张文襄公大事记·张文襄在鄂行政》。
② 《张文襄公大事记·张文襄公之学术》。
③ 《抱冰堂弟子记》。此记托名"弟子"，实为张之洞自述。

路——"旧学为体,新学为用,不使偏废"①。这便是洋务派文化思想的集中概括。其实,张之洞的这一思想酝酿已久,早在他做京官清流时,便常以"体用"这对范畴规范中华文化与西洋文化的彼此关系;19世纪80年代初,张氏出任山西巡抚时,更提出"体用兼资"、"明体达用"的论点。不过,1898年问世的《劝学篇》将这一思想系统化、理论化了。而作为那一时代的特定产物,《劝学篇》攻击的重点,是被他指为"邪说"的维新理论。诚如张氏的幕僚辜鸿铭所指出的,张在戊戌间新旧两派即将摊牌的关口作《劝学篇》,目的在"绝康梁并以谢天下耳。"②

《劝学篇》共二十四篇,四万余字,"内篇务本,以正人心;外篇务通,以开风气。"所谓"本"指有关世道人心的纲常名教,不能动摇;所谓"通",指工商学校报馆诸事,可以变通举办。全书贯穿"中体西用"精神,主张在维护君主专制制度的基本原则下接受西方资本主义列强的技艺,并以这种新技艺"补"专制旧制之"阙","起"清廷统治之"疾"。张之洞倡导的"新旧兼学"中的"新学"亦包括"西政",这比早期"中体西用"论者的"西学"="西艺"的观点进了一步,然而,张之洞所说的"西政"虽扩及"学校、地理、度支、赋税、武备、律例、劝工、通商"诸项,却对"设议院"等涉及政体的部分讳莫如深③。可见,张氏惟恐西学中那些锋芒直逼君主专制制度本体的内容在中国得以传播。一言以蔽之,张之洞的公式是:"中学为内学,西学为外学;中学治身心,西学应世事。"④

出于对无力"应世事"的顽固派那套僵化思想的不满,张之洞在《劝学篇》中多处批评"守旧者"的"不知通",而"不知通则无应敌制变之术"⑤;他责备守旧者对新学的拒绝是"因噎而

---

① 《劝学篇·外篇·设学第三》。
② 辜鸿铭:《张文襄幕府纪闻·清流党》。
③ 《劝学篇·设学》。
④ 《劝学篇·会通》。
⑤ 《劝学篇序》。

食废"①。并在《劝学篇》的外篇中力主"益智"、"游学"、"广立学堂"、"译西书"、"阅报"、"变法"、"变科举",倡导发展"农工商学"、"兵学"、"矿学",主张筑铁路以通血气,会通中西学术以晓固蔽。鉴于国民精神的不振作,张之洞还大声疾呼"知耻"(耻不如日本等新兴国家)、"知惧"(惧为印度等沦为殖民地)、"知变"、"知要"(中学考古非要,致用为要;西学西艺非要,西政为要)②。这些思想言论中无疑包蕴着爱国主义精神和若干合理的、进步的成分。

然而,张之洞的悲剧在于,作为一个专制王朝的封疆大吏,作为一个深受理学熏染的士大夫,他对纲常名教又是全力维护的,他在《劝学篇序》及《明纲》篇里揭起"三纲至上"的旗帜,认定"三纲为中国神圣相传之至教","圣人所以为圣人,中国所以为中国,实在于此。故知君臣之纲,则民权之说不可行也;知父子之纲,则父子同罪,免丧废祀之说不可行也"。在《正权》篇里,张之洞集中攻击了民权论。他认为:"民权之说,无一益而有百害","使民权之说一倡,愚民必喜,乱民必作,纪纲不行,大乱四起。"张之洞还竭力颂扬清朝的"深仁厚泽","良法善政",认为这一切妙不可言,"何必袭议院之名哉!"③ 他甚至为清廷的丧权辱国、割地赔款行径辩护,说朝廷"苟可以情恕理遣,即不惜屈己议和,不过为爱惜生民,不忍捐之于凶锋毒焰之下。"④《劝学篇》虽有"劝工、劝农、劝商"之倡,但限制在官办和官督商办的轨范之内。张之洞说:"华商陋习,常有藉招股欺骗之事;若无官权为之惩罚,则公司资本无一存者矣。机器造货厂,无官权为之弹压,则一家获利,百家仿行,假冒牌名,工匠哄斗,谁为禁之?"⑤ 认为工商业的发展,只有在官权的保护之下才能实现。而近代中国的历

---

① 《劝学篇序》。
② 《劝学篇序》。
③ 《劝学篇·正权》。
④ 《劝学篇·教忠》。
⑤ 《劝学篇·正权》。

史实际却证明，正是强势官权阻碍了工业化的步伐。可见，张之洞为中国近代工商业发展所开的处方，是不足为训的。当然，《劝学篇》外篇关于学习西政、西艺的主张，包含着不少开明意见，它们是对 19 世纪 60 年代以来洋务派学习并推行西方技艺、军事、教育等近代事业的全面概括。

《劝学篇》刊行的时机，也活生生地昭示了这部著作特有的政治色彩。

公元 1898 年 6 月 11 日，光绪皇帝诏定国是，变法运动进入关键时刻。6 月 16 日光绪帝召见康有为以后，决定变法；接着又召见梁启超，后又特授谭嗣同、刘光第、杨锐、林旭四品卿衔，充军机章京，专办新政。与此同时，慈禧也采取对策，在光绪帝颁布"明定国是"上谕后四天（6 月 20 日），即迫令光绪帝将翁同龢开缺回籍，"皇上见此诏，战栗变色，无可如何。翁同龢一去，皇上之股肱顿失矣！"① 慈禧又任命荣禄为直隶总督，掌握近畿兵权，随时准备朝维新派猛扑过去。光绪帝此刻的处境是，既想变法维新，又"上制于西后，下壅于顽臣"，无所措手足。正在这一微妙时刻，张之洞的门生、翰林院侍读学士黄绍箕以张之洞所著《劝学篇》进呈。7 月 25 日，光绪帝"详加披览"，以为"持论平正通达，于学术人心大有裨益"；遂以圣谕形式下令军机处给诸省督抚学政各一部，要求他们"广为刊布，实力劝导，以重名教而杜厄言"，又谕总理衙门排印三百部下发。

《劝学篇》因有若干新学内容，故为光绪帝所接纳；而其上篇力辟民权论等"维新"理论，又为慈禧太后所欣赏。这正表现了《劝学篇》及张之洞本人的双重色彩。而恰恰是这种双重色彩，使《劝学篇》在多事之秋的戊戌年间能够左右逢源，被帝后交相嘉许，作为"钦定维新教科书"，"挟朝廷之力以行之"，"不胫而遍于海内"，十日之间，三易版本。据在华洋人估计，刊印不下二百万册，这在当时是一个相当惊人的大数字。西方各国对此书也颇为重视，先后译成英文、法文出版。公元 1900 年美国纽约出版的英

---

① 梁启超：《戊戌政变记》，第 62 页。

文本，易名为《中国唯一的希望》。美国传教士丁韪良的《花甲忆记》也选录了《劝学篇》。清末顽固派代言人、以"挽伦纪，扶圣教"自命的苏舆为反对维新运动，编辑"首驳伪学，次揭邪谋"的《翼教丛编》，在收录死硬派王先谦、叶德辉等人咒骂维新运动文章的同时，亦选录了张之洞《劝学篇》中的《教忠》、《明纲》、《知类》、《正权》等四篇，并对张之洞和《劝学篇》大加赞颂："疆臣佼佼厥南皮，劝学数篇挽澜作柱。"① 另一顽固派官僚叶昌炽则吹捧张之洞的《劝学篇》是"拯乱之良药"。但因其外篇有若干推崇西艺、西政的内容，所以又曾遭到顽固派徐桐的攻击。

公元1898年9月，慈禧太后发动推翻戊戌变法的宫廷政变，幽禁光绪帝于中南海瀛台，并捕杀谭嗣同等维新"六君子"，通缉康有为、梁启超，罢免陈宝箴、江标、黄遵宪等支持维新变法的官员，又将已经开缺回籍的翁同龢"著即行革职，永不叙用，交地方官严加管束，不准滋生事端，以为大臣居心险诈者戒。"② 此时，有朝臣称张之洞赞助过维新派，应予惩处。但慈禧太后因张之洞"以先著《劝学篇》，得免议"。此后，清廷一直把撰写《劝学篇》作为张之洞的"一大功绩"，张去世，朝廷的《谕祭文》中有"诏荆楚之髦士，劝学成书；控江汉之上游，典兵有制"③ 的赞语。时人评论：张之洞的思想学术"初由旧而之新，复由新而返于旧者也"。"然其由新学复返于旧也；则在戊戌变政之时，其宗旨具见所为《劝学篇》。"④ 这是恰当之论。

以后，张之洞在公元1900年与刘坤一合谋策划"东南互保"，公元1902年张之洞与刘坤一合奏"变法三疏"，都是《劝学篇》阐明的路线的延伸。尤其是"变法三疏"中提出的"变法"主张，如"兴学育才"的四"大端"，以及"整顿中法十二条"，"采用西法十一条"，基本上是《劝学篇》（特别是其外篇）的具体化。

---

① 苏舆：《翼教丛编·序目》。
② 《德宗景皇帝实录》，卷四一八，第18页。
③ 《张文襄公奏稿》卷首，第3页。
④ 《张文襄公大事记·张文襄公之学术》。

张之洞也因此而成为清末"新政"的主角；也可以说，清末"新政"是《劝学篇》各项主张的实践——政治上维持专制体制，经济文化上推行若干新法。时人已透见张之洞不可解的矛盾：

（张之洞）"笃守儒家藩篱，与欧化不融，则又发为以中学为体西学为用之言，实堕宋人体用看成两橛之迷障。"①

公元 1909 年 10 月，张之洞在体仁阁大学士、军机大臣任内溘然长逝。富于戏剧性和讽刺意味的历史场景是：在张氏死后两年，中国第一次较完全意义的资产阶级革命运动——辛亥革命，在张氏经营近二十年的湖北省城武昌首先爆发，其经营的机器工业、新式学堂和新军，一并转变为打击清朝的物质力量，专制帝制随之轰然坍塌。历史揭开了新的一页。历史自身的逻辑昭显了《劝学篇》内外篇的矛盾性无法在同一框架内共存。

三

《劝学篇》刊行后不久，即遭到改良派人士的谴责。严复等着力批评其体用两橛的理论混乱；而揭起系统清算《劝学篇》旗帜，并侧重抨击其反民权思想的，则是长期居住香港，受过系统西式教育的何启、胡礼垣。

何启（1859～1914），字迪之，号沃生，广东南海人，出身于一个传教士兼商人家庭，香港中央书院（后改皇仁书院）毕业，1872 年赴英就读于帕尔玛学校，1875 年进阿伯丁大学学医，1879 年又入林肯法律学院。1882 年回香港，业律师。1887 年创办香港雅丽氏医院，免费为华人治病，并附设西医书院。自 1887 年起的十余年间用英文撰写政论，由其同学胡礼垣译为中文发表，如《中国宜改革新政论议》、《中国改革之进步论》，认为"政者民之事"，"虽君主实是民主"，国家"长治久安"的根本之策在于"行选举以同好恶，设议院以布公平"。1890 年，任香港立法局华人议

————
① 《张文襄公大事记·体仁阁大学士张公之洞事略》。

员。1895年孙中山广州起义，何启曾给以协助，并起草对外宣言。1900年义和团运动兴起，在港督卜力授意下，草拟《平治章程》，建议兴中会与两广总督李鸿章"合作"，据两广"独立"，未实现。1909年又任香港大学助捐董事会主席。1913年将所办西医院并入香港大学。

胡礼垣（1847～1916），字荣懋，号翼南，广东三水人。出身买办商人家庭，少读经书，多次科考不第，遂弃举业，入香港皇仁书院，毕业后在该书院充教习二年，1879年任《循环日报》译员，后创办《粤报》，译有《英例全书》，曾助英商在南洋北般岛修建商埠。后离粤赴沪，不久又应邀访问苏禄国（今属菲律宾），助其国王整顿国政，成绩卓著。后游日本。1894年中日战争起，中国使馆人员撤出，胡在商界有威信，被中国留日商民举为代理神户领事。战争结束即返香港。著有《胡翼南全集》。

何启、胡礼垣在1887～1900年，共同发表了一批论文，主要有《曾论书后》（1887年）、《新政始基》（1889年）、《新政议论》（1894年）、《康说书后》（1898年）、《新政安行》（1898年）、《新政变通》（1899年）、《〈劝学篇〉书后》（1899年）、《前总序》（1899年）、《后总序》（1900年）。这些论文汇编为《新政真诠》，其中收入《新政真诠》五编的《〈劝学篇〉书后》列出声讨《劝学篇》的堂堂阵式。

何启、胡礼垣作为长期居住香港，对欧日资本主义国家有广泛了解，并接受过资产阶级教育的知识分子，其思想是先进的，他们提出了反映新兴资产阶级要求的经济、政治和文化思想。他们指出，工商业只能民营，不宜官民合办，因为官有权、民无权，"是非可否皆决于官"，而官"于理财之事百计经营"，"而独于爱民一节置若罔闻"①。而只有"以民情为国脉，以商旅作邦基"，中国的民族工业方可"由剥而复，转废为兴"②。

在《〈劝学篇〉书后》中，何、胡针对张之洞维护纲常名教的

---

① 《新政始基》。
② 《新政始基》。

思想，逐篇予以辩难，又以《正权篇辩》详驳君主专制思想，较系统地阐述了新兴资产阶级的政治、经济、文化主张。何启、胡礼垣以温和的民权思想批驳张氏"民权之说无一益而有百害"的论调。何启、胡礼垣说："尧舜三代之隆"、近代"泰西富强之本"都是实行民权的结果①。"民权愈盛，则其国愈强"②，所以，"舍其君而专责其民，是不通之论也"③。关于如何复兴民权，何启、胡礼垣明确倡导议会制："民权之复，首在设议院，立议员。""议院者，合人人之权以为一国之用者也。"④

与争取民权相联系，何启、胡礼垣还对纲常名教展开批判，指出三纲说有悖于人道，认为君臣、父子、夫妇之间应是平等关系，只应服从情理，不应以"纲常"纪律之。为了揭露三纲说的不合理，他们特别揭示三纲说的非元典性，指出："三纲之说非孔孟之言也。商纣，无道者也，而必不能令武王为无道，是君不得为臣纲也。"⑤ 又指出："三纲之说，出于《礼纬》，而《白虎通》引之，董子释之，马融集之，朱子述之，皆非也。"⑥ "夫中国六籍明文，初何尝有三纲二字？"⑦ 何启、胡礼垣指出：大家都把三纲说附会到孔子和六经身上，其实，孔子和六经并无此说，"三纲说"不过是后儒制造的"不通之论"。这种"釜底抽薪"的论说，既大体符合中国思想史的实际，又尤具策略意义：在以孔夫子为"至圣先师"、六经为"万世圣典"的中国，揭露"宗经"及"三纲"说并非出自元典，而是后儒的制造，这颇能动摇"宗经说"、"三纲说"的神圣性。

何启、胡礼垣还以资产阶级个人主义对抗宗法集体主义："合人人之私以为私，于是各得其私，而天下亦治矣。各得其私者，不

---

① 《〈劝学篇〉书后·正权篇辩》。
② 《〈劝学篇〉书后·正权篇辩》。
③ 《〈劝学篇〉书后·同心篇辩》。
④ 《〈劝学篇〉书后·正权篇辩》。
⑤ 《〈劝学篇〉书后·明纲篇辩》。
⑥ 《〈劝学篇〉书后·明纲篇辩》。
⑦ 《〈劝学篇〉书后·明纲篇辩》。

得复以私名之也。谓之公焉可也。" "但能不以己之私夺人之私，不以人之私屈己之私，则国家亦无患其不富，并无忧其不强。"①这种崭新的"公私之辩"是反传统的，具有鲜明的近代人文主义色彩。

何启、胡礼垣反对"宗经"，他们指出："儒者不过九流之一。夫各流皆有其所谓精，亦有其所谓病，未可以一流而概众流也。以一流而概众流，势必是非蜂起，是率天下以相争也。"② 明确地反对以"儒学独尊"为特征的文化专制主义，提倡一种异彩纷呈、百家共生的多元文化。此外，何启、胡札垣还主张废科举、兴学校，并对帝国主义瓜分中国的危局充满了愤恨和忧虑。

对于张之洞大力宣扬的"中体西用"论，何启、胡礼垣也力加抨击。他们看出，张氏之说是在保存旧学的前提下增添若干西方新学，这种"中学为内学，西学为外学"方针的荒谬之处在于，"不知无其内，安得有其外"。"今止言学其外而不学其内，此而名之曰'会通'，何'会'之有？何'通'之云？"③ 何、胡虽未详加阐述这一思想，但其意蕴却是相当精辟的：一种新文化的建立，必须从内到外都来一番改造，内旧而外新，是不可能真正建立新学的，这与严复批评洋务派"增其新，而未尝一言变旧"④ 的意见大体相似。从这一观点出发，何启、胡礼垣指斥《劝学篇》"不特无益于时，然且大累于世"，"深恐似此之说，出自大吏"，"又害我中国十年"⑤。对于《劝学篇》内篇和外篇的关系，何启、胡礼垣也作了有见地的分析："自《同心》至《去毒》，所谓内篇者，细按其自治之法，竟无一是处。由此以观其外，则外篇虽有趋时之言，与泰西之法貌极相似者，苟仿而行之，亦如无源之水，可立而待其涸；无根之木，可坐而见其枯。"⑥ 又说："综观劝学外篇各

---

① 《〈劝学篇〉书后·正权篇辩》。
② 《〈劝学篇〉书后·宗经篇辩》。
③ 《〈劝学篇〉书后·会通篇辩》。
④ 《上皇帝万言书》，《严又陵全集》卷一。
⑤ 《〈劝学篇〉书后》。
⑥ 《〈劝学篇〉书后·去毒篇辩》。

论，其合于西法者，不无一二。然皮之不存，毛将焉附。以内篇诸说，蔽塞于中故也。"① 这里揭示了一个道理：专制主义的内学阻碍着学习西方新学；不除内学之旧，无法勃兴外学之新。

作为中国人对西方工业文明袭来的一种反映，"中体西用"论的最先提出者，是早期改良主义者冯桂芬（1809～1874）。冯氏1861年说："以中国之伦常名教为原本，辅以诸国富强之术"②，这是"中体西用"论的最初表述。冯氏当日提出这一命题，其意旨是在旧学笼罩全社会的时代打开一个学习西方"富强之术"的门户，"始则师而法之，继则比而齐之，终则驾而上之。自强之道，实在乎是。"③ 这一思想的进步性自不待言。此后，既与顽固派论争，又担负着镇压人民革命运动任务的洋务大吏李鸿章等人相继力倡"中学为本，西学为末"，"中学为体，西学为用"，这里除继续含有学习西方"富强之术"的意味外，更多地包藏着反对近代化政治改革的内蕴。而张之洞的《劝学篇》更对这一内蕴详加申述，并使"中体西用"成为当日的"流行语"。其实，早在19世纪80年代，清廷中的清醒者已发现"中体西用"论割裂体用的弊端，如在张之洞前担任两广总督的张树声说："西人立国具有本末，虽礼乐教化远逊中华，然其驯致富强亦具有体用。育才于学堂，论政于议院，君民一体，上下同心，务实而戒虚，谋定而后动，此其体也。轮船、火炮、洋枪、水雷、铁路、电线，此其用也。中国遗其体而求其用，无论竭蹶步趋，常不相及，就令铁舰成行，铁路四达，果足恃欤？"④ 这是张树声1884年去世前夕所撰奏议中的文字，可见，《劝学篇》问世前十余年洋务大员中已有人意识到学习西洋不能限于其"用"，还要深入其"本"。不过，慑于专制淫威，张树声生前不敢公开这一颇触忌讳的观点，只能于身后呈递，以"遗折"传世，故直至《劝学篇》刊行时，张树声之说

---

① 《〈劝学篇〉书后·非攻教篇辩》。
② 《采西学议》，《校邠庐抗议》。
③ 《制洋器议》，《校邠庐抗议》。
④ 《张靖达公奏议卷八·遗折》。

还罕为人知。而到 19 世纪末，既有甲午惨败的教训在先，中国近代化事业又向前跨进一步，改良派明确意识到割裂体用已成为社会改革的障碍，因此纷纷起来批判"中体西用"论，其中严复的驳诘最为深刻有力。公元 1902 年，严复从体用不可分论出发，批评了"中论西用"说。他指出：

> "善夫，金匮裘可桴孝廉之言曰：'体用者，即一物而言之也。有牛之体则有负重之用，有马之体则有致远之用，未闻以牛为体以马为用者也。'……故中学有中学之体用，西学有西学之体用，分之则并立，合之则两亡。议者必欲合之而以为一物，且一体而一用也，斯其文义违舛，固已名之不可言矣，乌望言之而可行乎！"①

严复认为，西学并非以政为本以艺为末，"西政之善"本于艺（即科学），"中国之政，所以日形其绌，不足争存者，亦坐不本科学而与公例通理违行故耳"②。他指出，愚、贫、弱是中国三大患，而其中"尤以瘉愚为最急"③。提倡科学精神，以克服古中国的封闭和愚昧。何启、胡礼垣的《〈劝学篇〉书后》在严说基础上又有推进，文中指出："泰西何为而富强？以其有富强之学也。泰西何为而有富强之学？以其有富强之政也。然则中国而欲富强，必须先立其政矣。《益智》篇论富强之实，但言为学而不言立政，是本末体用先后缓急之未能明也。富强之政不立，则虽有富强之学，将安用之。"④ 反对"中体西用"论割裂物质文明与精神文明的错误观点，并且不含糊地发出了建立"富强之政"的呼吁。严复、何启、胡礼垣们未能走向社会革命论，但他们的思想就突破中国专制传统的固有轨道而言，就力主建立近代新政治、新文化的创识而言，无

---

① 《与外交报主人论教育书》，《外交报》第九、十期。
② 《与外交报主人论教育书》，《外交报》第九、十期。
③ 《与外交报主人论教育书》，《外交报》第九、十期。
④ 《〈劝学篇〉书后·益智篇辩》。

疑具有振聋发聩的启蒙意义。

何启、胡礼垣作为民族资产阶级（尤其是华侨民族资产阶级）中与帝国主义有较深联系的一翼的思想代表，对专制主义和帝国主义的批判又是不彻底的，显示了特有的温和性。他们声言，自己的根本精神是"平理、近情、顺道、公量"①，不赞成维新志士的"躁进"。他们既抨击"三纲"说，又主张不违孔教，并把孔学作为自己立论的出发点；既不满于"外人""凌我华人"，又反对民众起而抗争以致"招祸"。他们的"民权"思想，也是在保存君主制度的前提下，致力于减少"君民隔绝"，限于向专制统治者恳求开放部分政权，以满足商民发展民族工商业的需要。这都带有"跪着造反"的意味。尽管何启、胡礼垣的思想存在着明显的时代局限，但他们揭露清王朝的腐朽、君主专制制度的祸国殃民，剖析洋务派"中体西用"方案的无补于国，力倡学习西方资产阶级政治制度和新文化，都具有进步意义。其所著《〈劝学篇〉书后》更是一部富于社会批判精神的有价值的文献，就对洋务派反民权思想和"中体西用"公式作系统清算而论，近代文化史中似无出其右者。当然，这部著作也有明显的弱点。除上述政治思想上的局限性外，在论战方法上，它采用了简单的"两极对立法"，即逐篇、逐论点地与《劝学篇》相对峙。这样做，既妨碍从体系上作深刻剖析，同时又往往使自身的论断陷入困境。如《〈劝学篇〉书后》对《劝学篇》上篇的《去毒》篇及《劝学篇》下篇的批驳，便多次出现与《劝学篇》中某些基本正确的观点相对立的议论，以至自陷被动。这正表现了何启、胡礼垣等改良主义思想家的机械论倾向和理论上的薄弱。正如《皇朝蓄艾文编》的编辑者于宝轩所说，《〈劝学篇〉书后》"崇论宏议，学贯中西"，然"持论诚有过苛，或见解失之一偏。此盖痛心时势，有激而谭，引《春秋》责备贤者之义，遂将原书（指《劝学篇》——引者）概行抹煞。读者不可不知"。此为公允平正之论。

由于何启、胡礼垣偏处香港一隅，声名仅著于港、粤，《〈劝

---

① 《〈劝学篇〉书后·正权篇辩》。

学篇〉书后》流传不广，其影响力远不及张之洞的《劝学篇》。因此，将何启、胡礼垣的《〈劝学篇〉书后》与张之洞的《劝学篇》并于一书出版，有助于我们从比较中发现中华民族走向近代社会经历的崎岖坎坷，所展开的思想冲突的尖锐复杂，从而为近代政治史和文化史的研究提供方便。

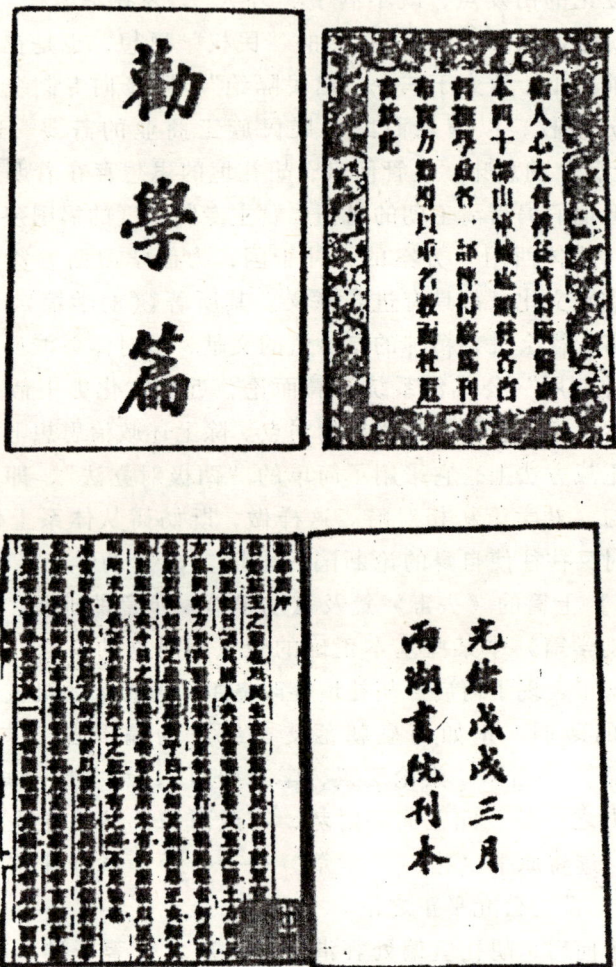

《劝学篇》书影

214

禹之九州与武王伐商的路线[①]

——以竹书《容成氏》为例看楚简的史料价值

◎ 陈 伟

陈伟，教授，历史学博士，博士生导师。湖北黄梅人，1955
年生。1978 年考入武汉大学历史系，先后获学士、博士学位。
现任武汉大学简帛研究中心主任、教育部社会科学研究重大课
题攻关项目"楚简综合整理与研究"首席专家；兼任武汉大
学人文社会科学学术委员会委员、中国地理学会历史地理专业
委员会委员、《历史地理》编委会编委、日本早稻田大学客座

---

① 2003 年 12 月 11～14 日，陈伟作为早稻田大学客座教授，出席该校 21
世纪 COE 计划亚洲地域文化活用研究中心举行的国际学术研讨会"亚洲地域文
化学的构筑"。本文是 14 日上午陈伟在会上演讲的中文稿。日文稿载《亚细亚地
域文化活用研究中心报告集 II（2003 年度）》，早稻田大学 21 世纪 COE 项目亚细
亚地域文化活用研究中心 2004 年 3 月 20 日发表。

教授；是武汉大学国家级重点学科"中国古代史"学科出土文献研究方向的学术带头人、历史学科中历史文献学的学科带头人、湖北省跨世纪学科带头人、国务院政府特殊津贴获得者。

陈伟教授先后受到考古学、历史文献学和历史地理学方面的专业训练，研究时段以春秋、战国为主而兼及商周、秦汉，关注地域以长江中下游为主而兼及黄河流域，留意把历史学的研究方法同古文字学、简牍学、考古学以及其他相关学科的研究方法结合起来，综合利用传世古书和出土的实物与文献资料，研究以楚国为主的先秦历史、文化和地理问题。近十多年来，尤其侧重于楚地出土战国秦汉简牍的文本复原和内涵阐发，揭示其所反映的政治、经济、法律制度、社会习俗与思想文化。研究生招生方向为历史文献学（硕士生）与先秦秦汉出土文献、先秦秦汉史（博士生）。历年来独立承担或主持过多项国家或省部级科研项目。

王国维先生指出："吾辈生于今日，幸于纸上之材料外更得地下之新材料。由此种材料，我辈固得据以补正纸上之材料，亦得证明古书之某部分全为实录，即百家不雅驯之言亦不无表示一面之事实。此二重证据法惟在今日始得为之。"①

楚简的发现，为这一论断增添了新的内涵。今天，我们将以竹书《容成氏》中记载的禹之九州和武王伐商路线为例，来看看楚简的史料价值。

预先应该作两点说明：第一，《容成氏》记述的是战国时楚地流传的上古故事。实际上，楚简中包含大量战国当时的历史信息，在以《容成氏》为题时我们无法触及。第二，有学者认为《容成氏》并非史书，而是属于子书。虽然如此，这篇竹书依然具有很高的史料价值。

① 《古史新证——王国维最后的讲义》，清华大学出版社1994年版，第2页。

包括残段在内，《容成氏》共存54枝竹简。记述从容成氏以至周武王诸多帝王的事迹①。竹书整理者是北京大学的李零教授。资料刊布后，陈剑博士对竹简的编连，也就是相互顺序作有重要调整②。这里引述的文本，除特别说明的外，主要基于二人的工作。

禹之九州

大禹治水，划分九州，是中国最著名的远古传说之一。传世古书有详细记述的，是《尚书·禹贡》。《周礼·夏官·职方氏》、《尔雅·释地》和《吕氏春秋·有始》，也有九州的记载。《容成氏》关于大禹治水的内容抄写在第23、15、24～28号简上。在讲述禹治水的艰辛之后，分六段谈九州的治理。

一、夹州、涂州

竹书最先说是夹州、涂州，写道："禹亲执畚耜，以陂明都之泽，决九河之阻，于是乎夹州、涂州始可处。"（第24、25号简）

明都，泽名，古书中有不同写法。《周礼·夏官·职方氏》"其泽薮曰望诸"句下，孙诒让《正义》有详尽罗列和梳理③。《禹贡》叙于豫州，《职方氏》则说是青州薮。九河，《尔雅·释水》说是徒骇、太史等九水，大致泛指流经今河北平原上的黄河下游的多股岔流④。《禹贡》叙在兖州。

夹州、涂州，李零教授说："夹州，《书·禹贡》所无，但与下'涂州'邻近，疑相当《禹贡》等书的'兖州'。""涂州，从明都泽的位置看，疑即《禹贡》等书的徐州。"

夹州，可能如李零先生推测，相当于《禹贡》兖州。夹、寅古文字形体近似，有可能混淆。即此字或许是"寅"字误写。寅、

---

① 马承源主编《上海博物馆藏战国楚竹书（二）》，上海古籍出版社2002年版，第91～146页（图版）、第247～293页（释文考释）。

② 陈剑：《上博简〈容成氏〉的拼合与编连问题小议》，"简帛研究"网2003年1月9日（http://www.jianbo.org/Wssf/2003/chenjian02.htm）。

③ 《周礼正义》，中华书局1987年版，第2662页。

④ 谭其骧：《西汉以前的黄河下游河道》，《长水集》下，人民出版社1987年版，第56～86页。

冘二字为喻纽双声，真、元旁转，上古时读音相近，或相通假。

涂、徐皆从"余"得声，当可通假。在地域上，徐州与《禹贡》豫州和《职方》青州有涉①。因此，涂州确有可能如李零先生所云，大致相当于《禹贡》徐州。

二、竞州、营州

第25号简写道："禹通淮与沂，东注之海，于是乎竞州、营州始可处也。"

李零先生指出："淮水与沂水。《禹贡》'海岱及淮为徐州，淮、沂其乂'，是叙二水于徐州下。"古淮水发源于今河南桐柏山，东行，在今江苏阜宁县北入海②。古沂水发源于今山东沂源县境，在今江苏邳州市南合泗，再东南下入淮。《禹贡》叙二水于徐州。而在《职方氏》中，二水均在青州。

竞州，李零先生指出："《禹贡》所无，疑相当《禹贡》等书的'青州'或《尔雅·释地》的营州。"从沂水、淮水所在看，其说近是。

营州的"营"，写作簹，李零先生指出："春秋莒国铜器以'簹'自称其国名。莒国之域在沂水一带。《禹贡》无莒州，疑简文'簹州'即莒国一带。"又合二州云："二州似在古齐、莒之地。"所云盖是。

三、藕州

第25～26号简写道："禹乃通萎与易，东注之海，于是乎藕州始可处也。"

易，字本从"水"。李零先生指出："《禹贡》所无，疑即古燕地的易水。"易水也是先秦著名河流。《职方氏》并州云："其泽薮曰昭余祁，其川呼池、呕夷，其浸涞、易。"《史记·刺客列传》记燕太子为荆轲送行，一曲"风萧萧兮易水寒"，成为千古美谈。

---

① 参看胡渭《禹贡锥指》（邹逸麟整理），上海古籍出版社1996年版，第115页。

② 古地今址，除另外注明者外，皆据谭其骧主编《中国历史地图集》第一册，"战国时期"图组，地图出版社1982年版。

易水发源于今河北易县一带，东南流，与涞水汇合。

娈，李零先生说："《禹贡》所无，疑即古易水附近的滱水（又名呕夷水）。"娈水恐怕应当是涞水。涞水发源于今河北涞源县西，逶迤东南行合易水，再东行在今天津市区入渤海。莱、娈二字为来纽双声，韵部为之侯旁转。古音相近，或可通假。前揭《职方》文表明，涞水曾与易水并列，称做并州浸，在竹书中同时被提到的可能性更大。

"藕州"的"藕"，李零先生释为"蔪"。他写道："蔪州，《书·禹贡》所无，疑即《周礼·夏官·职方氏》所说'其川呼池、呕夷，其浸涞、易'的'并州'。'并'与'蔪'写法相近，或有混淆。"这种写法的字曾见于包山 2 号墓出土的第 258 号竹简和一支签牌（59—2）①。签牌 59—2 所系的竹笥内盛有几节藕，因而有学者将此字改读为"藕"②。我们怀疑此字"艹"头之下的部分从二人侧立取义，是"耦"的象形字。《左传》襄公二十九年："射者三耦。……家臣，展瑕、展玉为一耦；公臣，公巫召伯、仲颜庄叔为一耦；鄫彭父、党叔为一耦。"杜预注："二人为耦。"加"艹"头用做莲藕之字。

前面提到，藕州之水"娈与易"大概就是《职方氏》并州之浸涞、易。因而李零先生怀疑藕州即《职方》并州，是有道理的。并，《说文》的解释是："相从也。""耦"的辞义与之相通。因而竹书中的"藕"恐当读为"耦"，是用一个意义相近的词指称《职方》中的并州。

四、荆州、阳州

竹书第 26 号简记述荆州、阳州说："禹乃通三江、五湖，东注之海，于是乎荆州、阳州始可处也。"阳，本作鄢，李零先生读为"扬"。

---

① 《包山楚墓》下册，图版二〇二、四六—11，文物出版社 1991 年版。

② 李家浩：《信阳楚简中的"柿枳"》，《简帛研究》第 2 辑，法律出版社 1996 年版；刘信芳：《楚简器物释名》下篇，《中国文字》新廿三期（台北艺文印书馆 1997 年版）。

三江、五湖，见于《职方氏》扬州。《禹贡》扬州则只是说到三江，而没有五湖。三江大约泛指长江三角洲上的众多河流，五湖则可能相当于后世太湖①。

荆州、扬州，在《禹贡》、《职方氏》、《尔雅·释地》和《吕氏春秋·有始》中均有记载。竹书的后一个州名用字还见于其他战国文字资料，实用做"阳"字②。因而，竹书州名也可能读为"阳"，表示州域位于九州南部的地理特征。

五、叙州

第26~27号简记云："禹乃通伊、洛，并瀍、涧，东注之河，于是乎叙州始可处也。"叙，李零先生读为"豫"。

洛水发源于今陕西洛南县西，东北流合涧、瀍、伊诸水，在今河南巩县入于河。

《春秋元命苞》说："豫之言序也，言阳气分布，各得其处，故其气平静多序也。"③ 竹书州名本作"叙"。"叙"、"序"音同义通。这大概是州名取义所在。

六、且州

竹书记最后一州云："禹乃通泾与渭，北注之河，于是乎且州始可处也。"（第27号简）李零先生说："且州，从文义看，应相当《禹贡》之雍州。其名或与沮水有关。"

泾、渭二水，《禹贡》、《职方》均叙于雍州下。泾水发源于今甘肃平凉县，东南流，在今陕西高陵县南入渭。渭水发源于今甘肃渭源县，东流经关中平原，在今陕西华阳县境入河。

雍州的得名，古书大致以壅塞为说。竹书的"且"，或可读为"阻"，为险隘、障隔之义，与这些对雍州的说法相通。

下面，我们想通过与传世文献的比较，看看竹书九州的相关问题。

---

① 参看李长傅：《禹贡释地》，中州书画社1983年版，第55~59页；《周礼正义》，第2 646~2 648页。

② 如《鄂君启节》中的"邵郢"，即《史记·楚世家》中的"昭阳"；《古玺汇编》0325中的"郢门"，读为"阳门"。

③ 《经典释文·尔雅·释地》引。

1. 禹与九州

大禹治水与九州的联系，有两种说法：（1）尧分十二州，禹改为九州，见《汉书·地理志上》。（2）禹创设九州，见《尚书·禹贡序》、《左传》襄公四年杜预注。

然而，在《容成氏》中，只是逐一说某州"始可居"，而丝毫没有说到创设或划分九州之事。这应可理解为，九州在禹治水之前即已存在，这与上揭二说均不相同。

2. 州名与地域

具体记列九州之名的古书，除《书·禹贡》外，时代较早的还有《周礼·夏官·职方氏》、《尔雅·释地》以及《吕氏春秋·有始》。其著作年代，大致在战国前后，与《容成氏》相近。《禹贡》等书的九州之名，大同小异。竹书则多有不同，这可以列表如下：

禹贡	冀	兖	青	徐	杨	荆	豫	梁	雍			
职方	冀	兖	青		杨	荆	豫		雍	幽	并	
尔雅	冀	兖		徐	杨	荆	豫		雍	幽		营
吕览	冀	兖	青	徐	杨	荆	豫		雍	幽		
容成氏		夹	竞莒	涂	阳	荆	叙		且		藕	

在《禹贡》诸书所述青、徐之地，《容成氏》多出莒州。

《容成氏》缺少一个与冀州相应的州。或许藕州虽在名义上与并州相通，地域则与《禹贡》冀州相当，范围比较大。

《容成氏》缺少与梁州对应的州，同于《职方》等书而异于《禹贡》。

与《禹贡》等书相比，《容成氏》的州名、州域都有或多或少的差异，属于自成一格的九州系统。

3. 不同九州以及十二州的解释

《禹贡》、《职方》、《尔雅》所记九州，旧时往往用所谓三代之制来说明。顾颉刚先生曾加以驳斥，并举出一些证据，说明各种具体的九州分划大抵是战国时人的创意①。由于《容成氏》的面世，我们所知的九州之说更为丰富。以三代之制来解释不同九州的问题，因而显得更加突出。《容成氏》的著作年代，尚难具论。从业已公布的上海博物馆购藏的其他楚竹书来看，说是战国时代的作品，应大体不差。这在一定程度上，加强了顾先生的论断。

在另一方面，上揭诸书的州名累加起来，正好是十二个，因而顾颉刚先生还有一个推测：汉代以后学者对《舜典》十二州的注释，是汉儒将这十二州名相加而来②。由于《容成氏》记有更多不同的州名，对于顾先生的这一假说而言，其发现又是不利的。

武王伐商所经的"共、滕之间"

《容成氏》第 50～53 号简记载周武王伐商的经过。其中第 51 号简写道："戊午之日，涉于孟津，至于共、滕之间，三军大范。"这条材料，使我们对武王伐纣路线有了更多的了解，对春秋卫国的滕邑所在的知识空白也因而得到填补。

共，李零先生所作的原注释云："在今河南辉县。"滕，字本上从"关"（"朕"字所从）、下从"糸"，原释文仅作隶定，原注释云："待考，应与共地邻近。二地在孟津至殷都朝歌（在今河南淇县）的路上。"

共地见载于史籍。《左传》隐公元年："正月辛丑，大叔出奔共。"杜预注："共，国，今汲郡共县。"③《史记·魏世家》"通韩上党于共、宁"，正义云："共，卫州共城县。"又《田齐世家》："秦虏王建，迁之共。"集解云："《地理志》河内有共县。"正义云："今卫州共城县也。"《后汉书·周荣传》："出为颍川太守，坐

---

① 《中国近代学术经典·顾颉刚卷·州与岳的演变》，河北教育出版社 1996 年版，第 568～573 页。

② 《中国近代学术经典·顾颉刚卷·州与岳的演变》，第 576 页。

③ 《汉书·地理志上》河内郡"共"县下班固自注："故国。"应即杜预所本。

法，当下狱，和帝思荣忠节，左转共令。"李贤注："共，县名，属河内郡，故城在今卫州共城县东，即古共国也。"《太平寰宇记》卷五六河北道五卫州"共城县"下云："本共伯国也。故城在县东一百十步，尚存。"①《嘉庆重修一统志》卷二〇〇河南卫辉府古迹"共县故城"条云："今辉县治。"清辉县前身即汉晋共县、唐宋共城县②。因而这些说法实际上应为一事。由于现代城市规模的扩大，共故城正如李零先生所云，在今辉县市城区之内③。

共地在朝歌西南不远，正当武王自孟津（今河南孟津县东）渡河伐纣的途中。当时军行路线，古书或有记述。《荀子·儒效》云："武王之诛纣也，行之日以兵忌，东面而迎太岁，至汜而汜，至怀而坏，至共头而山隧……遂选马而进，朝食于戚，暮宿于百泉，厌旦于牧之野，鼓之而纣卒易乡，遂乘殷人而诛纣。"杨倞注："共，河内县名。共头，盖共县之山名。"《淮南子·兵略训》："王伐纣，东面而迎岁，至汜而水，至共头而坠，彗星出而授殷人其柄。"许慎注今本作："共头，山名，在河曲共山。"于省吾先生指出："注文'在河曲'，唐抄本作'在河内也'。当从之。"④《吕氏春秋·诚廉》："又使保召公就微子开于共头之下。"王利器先生疏云："毕沅曰：'共头即共首，山名，在汉之河内共县。'……沈祖緜曰：'共头，毕氏以为山名，是也……《庄子·让王》篇共伯

---

① 四库全书本。全国地名档案资料馆影印金陵书局光绪八年刻本"百"作"里"。宋罗泌《路史》卷三三发挥二"共伯辩"条称共城县"有故共城在东北百步"（四库全书本）。以此按之，当以作"百"为是。退一步说，即便是"一里百步"，故城与县治依然相近。

② 参看《嘉庆重修一统志》卷一九九卫辉府建置沿革"辉县"条。

③ 参看崔墨林：《共城考察》，《中原文物》1983 年特刊；辉县市志编纂委员会：《辉县市志》，中州古籍出版社 1992 年版，第 507 页。崔文未明言共城遗址所在。从所云方位（新乡西北 25 公里）及对一些遗存的描述看，当在辉县市区。如共姜台遗址在新城（位于共城内）北部，其后括注"辉县人民政府后院"；共城南城墙的皋门遗址后，括注"辉县城南，南关中路"。《辉县市志》则明言："外城，俗称古城，即古共城，为周代共伯之城……80 年代，东北、西北、东南三角仍存，唯西、南大部夷为平地，建为街市。"

④ 《双剑誃诸子新证》，中华书局 1962 年版，第 389 页。

得乎共首，与本书《慎人》篇同，《荀子·儒效》篇所谓共头也。《说文》淇水出共北山，是为山之证.'……今案：《山海经》言山脉起讫谓首尾……则共头、共首俱谓共山之起点处，其实一而已。《水经·清水》注：'百门陂方五百步，在共县故城西，汉高帝八年封荔（卢）罢师为共严侯，即共和之故国也。共伯既归帝政，逍遥于共山之上，山在国北，所谓共北山也。'《庄子·让王》篇《释文》引《鲁连子》：'共伯后归于国，得意共山之首。'则共头、共首俱谓共山之首也。"① 头、首义通，毕沅、王利器诸氏以为共首亦即共头，当可凭信。但王氏以《山海经》山脉之首释共首，恐未必妥帖。对照《鲁连子》与《水经·清水注》所述，显见共首应指共山之上。如然，共地为武王伐纣经由，《容成氏》所载与《荀子》、《淮南子》大致相合。

当然，竹书《容成氏》与《荀子》等书所载也不尽相同：《容成氏》是说共、滕之间，而《荀子》等书则是说共头。竹书中的共，可能是指共城，也可能是指共城之北的共山。如果竹书与《荀子》等书所说武王伐纣之师所至为一事（这种可能性应该较大），由于前者所记的共是与滕相伴而标志地望，后者的共头乃是一具体地点，那么竹书之共当指共城，而《荀子》等书中的共头则位于共、滕二地之间。

竹书"共"后之字，亦见于《古陶文汇编》5.7 与《十钟山房印举》3.50，即"絭"字②。楚简中还有一种将"糸"写在左旁的形体，学者也看做是同一个字③。对于望山 2 号简中这种写法的字，朱德熙等先生指出："从'糸'从'关'（'朕'字所从），当是'滕'字异体。"④ 在《容成氏》中恐当读为"滕"。

---

① 《吕氏春秋注疏》，巴蜀书社 2002 年版，第 1180 页。
② 参看何琳仪：《战国古文字典》，中华书局 1998 年版，第 152 页；汤余惠主编《战国文字编》，福建人民出版社 2001 年版，第 850 页。
③ 《战国古文字典》，第 151～152 页；《战国文字编》同上。
④ 朱德熙、裘锡圭、李家浩：《望山 1、2 号墓竹简释文与考释》，湖北省文物考古研究所《江陵望山沙冢楚墓》，文物出版社 1996 年版，第 281 页。上引何氏书亦有此说。

春秋早期卫国有滕邑，在《左传》闵公二年与共邑并见。当时狄人伐卫，"及败，宋桓公逆诸河，卫之遗民男女七百有三十人，益之以共、滕之民为五千人。"杜预注："共与滕，卫别邑。"由于上揭隐公元年杜注的存在，杜预此注表明他不认为这处共邑与隐公元年郑大叔所奔之共为一地；二地所在亦不明。

后人对杜预之说不尽信从。宋人程公说即称《左传》闵公二年的共邑在宋共城县，与隐公元年之共同地①。清人高士奇指出："狄灭卫，宋桓公逆文公于河，卫之遗民七百有三十人，益之以共、滕之民为五千人。杜注：'共及滕，别邑。'臣谨按：隐元年叔段出奔共杜注：'共，国，今汲郡共县。'……盖其地逼近卫都，故先为国而后并于卫也。"②江永、秦蕙田也持有相同看法③。《史记·周本纪》正义引《鲁连子》云："卫州共城县本周共伯之国也。共伯名和，好行仁义，诸侯贤之。周厉王无道，国人作难，王奔于彘，诸侯奉和以行天子事，号曰'共和'元年。十四年，厉王死于彘，共伯使诸侯奉王子靖为宣王，而共伯复归国于卫也。"顾颉刚先生根据这条记载及相关资料，更推定共伯即卫君，共自西周时即为卫邑④。无论如何，《左传》闵公二年的共应在隐公元年杜注所云之地，即汉晋共县、唐宋共城县、今辉县市治。

至于闵公二年同时记载的滕地，史籍中毫无线索，现在竹书《容成氏》的发现使问题出现转机。如前所述，竹书"共、滕之间"与《荀子》、《淮南子》中武王伐纣所至的"共头"应即一事。共山，《太平寰宇记》共城县"共山"条云："在县北十里。"

---

①《春秋分记》卷八七小国第七"共"条，四库全书本。

②《春秋地名考略》卷七卫"共"条，四库全书本。所引杜预注"别邑"前应脱一"卫"字。

③ 江永《春秋地理考实》卷一隐公元年"共"条，四库全书本；秦蕙田《五礼通考》卷二〇八卫邑"共"条，四库全书本。

④《史林杂识·共和》，中华书局1963年版，第203~208页。应该指出的是，卫州共城县为唐代建置。因而张守节《正义》大概是以唐代地理观念转述《鲁连子》，而不是抄录原文。

明清地志或说在辉县东北八里，或说在辉县北九里①。从方位里程看，所云应即一事，今在辉县市北约 5 里处②。滕邑大致应在共山的另外一侧，即其以北处，其距离也当不致太远。

---

① 《大明一统志》卷二八河南卫辉府山川"共山"条，三秦出版社 1990 年版，第 480 页；《嘉庆重修一统志》卷一九九卫辉府一山川"共山"条。

② 参看《辉县市志》，第 95 页。

国 学 三 议 ①

◎ 覃启勋

覃启勋，男，1950 年出生于湖北省长阳县，土家族，武汉大学历史学院教授。曾先后从徐中舒、阙勋吾和冯天瑜三恩师学习古文字、先秦史、中国历史文献学及明清文化史，并获武汉大学历史学硕士、博士学位。专攻中日文化交流史。现任中国《史记》研究会常务理事、武汉大学国学教研室主任。曾两渡扶桑。

公开发表的部分学术论文包括《从黄鹤楼的兴旺看国内旅游业的发展》、《福泽谕吉与孙中山改良思想比较研究》、《〈史记〉导读》、《论朱舜水的人格特征》、《司马迁对先秦政治文明成就的总结》等 30 余篇；著作有《〈史记〉与日本文化》、《万国精神丛书·日本精神》、《朱舜水东瀛授业研究》等 5 部。

---

① 本文系作者 2005 年秋在武汉大学所做的学术报告。

自武汉大学于 2002 年创办国学本科试验班以来，引起了新闻媒体的广泛关注，人们对其或褒或贬，从而在思想理论界悄然兴起了有关国学问题的大讨论。此事说明：广大知识分子和人民群众正在就是否需要弘扬国学的问题进行积极的思考和探索。值得注意的是：在这场涉及国学的论辩中，亟待从理性的层面厘清以下三个问题。

一

什么是国学？关于这个问题，涉及"国学"的定义、主体、内涵和外延等四个方面的内容。

1906 年，国粹派的代表人物邓实在《国学讲习记》一文中说："国学者何？一国所有之学也。有地而人生其上，因以成国焉，有其国者有其学。学也者，学其一国之学以为国用，而自治其一国也。"这一解释高屋建瓴，颇为宏泛。迨至 1977 年，上海辞书出版社所出《辞海》亦就"国学"的两种义项作过训解：其一，"或称'国故'，即本国固有的学术文化"；其二，"西周设于王城及诸侯国都之学校，而后世国学为京师官学之通称，尤指太学和国子学。"无庸置疑，当前人们讨论的乃是第一义项的内容。实际上，"国学"是一个历史性很强的概念，因此，随着时代的发展、社会的进步和人们认识水平的不断提高，为其所下的定义也在不断地充实和完善。譬如，近期学界就说："国学的名称起于近代，近代以来，西学东渐，为了区别于学，于是称中国本有的学术为国学。"①从这个意义上讲，时至当下，其定义应该进一步充实为：国学是以儒学为主体的中华传统文化与学术之总称。

既然国学的主体是儒学，那就必须说明：儒学就是儒家学说。自春秋时期的孔子创立儒学以来，该学渐次发展，并将有涉该学的世传文本《周易》、《尚书》、《周礼》、《礼记》、《仪礼》、《诗经》、《春秋左传》、《春秋公羊传》、《春秋穀梁传》、《论语》、《孝经》、《尔雅》、《孟子》等十三部基本典籍纳为一体，此即"儒学

---

① 张岱年：《国学入门丛书·序》，中华书局 2003 年版，第 1 页。

十三经"。换句话说，"儒学十三经"乃是国学的核心典籍①。

国学的内涵十分丰富，其基本的文本已由图籍"四部"总而括之。它们是：

经部。其分为"易类"、"书类"、"诗类"、"礼类"、"春秋类"、"孝经类"、"群经总义类"、"四书类"、"乐类"、"小学类"、"石经类"、"汇编类"。其中可分两大部分，一是儒家经典之原著，二是对其注疏研究之名著。

史部。其分为"正史类"、"编年类"、"纪事本末类"、"别史类"、"杂史类"、"诏令奏议类"、"传记类"、"史抄类"、"载记类"、"时令类"、"地理类"、"职官类"、"政书类"、"目录类"、"史评类"、"汇编类"。完全可以说，该部所含的大量载籍，是研究中国通史、断代史乃至专门史的基础文本。

子部。其分为"儒家类"、"兵家类"、"法家类"、"农家类"、"医家类"、"天文算法类"、"术数类"、"艺术类"、"谱录类"、"杂家类"、"类书类"、"丛书类"、"汇编类"、"小说家类"、"释家类"、"道家类"、"耶教类"、"回教类"、"西学格致类"。该部广含诸子百家、儒法墨道、天文术数、外来宗教以及工艺技巧，等等。

集部。其分为"楚辞类"、"别集类"、"总集类"、"词曲类"、"闺阁类"，重要书目如：《楚辞》、《全唐诗》、《全宋词》、《乐府诗集》、《文选》、《李太白集》、《杜工部集》、《韩昌黎集》、《柳河东集》，等等。该部实为我国古代文学之集大成者。

至于国学的外延，则有古代医学、戏剧、书画、星相及文字、音韵、训诂，等等。

以上即为国学。这是我国既有的弥足珍贵的文化精神财富，言其博大精深，实不为过。

①　当前，学术界通用的"儒学十三经"的载籍文本为清代阮元校刻的《十三经注疏》，其初为多卷本。世界书局曾将其缩印为两卷本。中华书局在此基础上缩印为一册，并于1979年公开出版。中华书局本尤便读者阅读和研究。

二

改革开放以来，中华民族进入了前所未有的盛世，而处在盛世的中华民族，应该学习并弘扬国学。其根据是：

第一，学习国学是在新的历史时期对"科学"与"民主"的"五四"精神的弘扬与发展。五四运动是中国历史上第一次彻底的不妥协的反对帝国主义和封建势力的伟大斗争，同时也是一次高扬"民主"与"科学"旗帜的思想启蒙运动。因此，"五四"精神既是"科学"与"民主"的现代精神，也是高度的爱国主义精神。当代知识分子，既是在新中国的怀抱中成长壮大的，同时也是"五四"之后成长起来的新一代知识分子。因此，他们与国家利益和民族利益血肉相连，休戚与共。他们深切地认识到：祖国在改革开放和现代化建设过程中，既有的优秀传统文化是中华民族的根本，是吸收外来先进文化的母体，也是新时期不断取得新成就的重要文化精神基础。从这个意义上讲，学习国学有助于进一步培养国民的爱国精神，也是对科学与民主"五四"精神的深入发展。

第二，学习国学是有效继承祖国优秀传统文化的重要途径。因为现实的中国是从历史的中国发展而来的，所以，在新的历史条件下，欲得有效继承祖国的优秀传统文化，就必须学习国学。《易·系辞上》曰："富有之谓大业，日新之谓盛德。"回顾历史，国学在 20 世纪经历了兴起和大盛两个阶段，并且出现过 80 年代的"寻根"热和 90 年代的"国学"热。对此，绝对不能将之看成是文化发展过程中的偶然现象，而应看成是历史发展的必然趋势。时至当今，我国公民认真学习国学，有助于进一步增强法治观念，并使之与自身的德行修炼紧密结合，实现法制与德治的有机统一，从而提高"修身、齐家、治国、平天下"的自觉性。并且，在新的历史时期，我国公民在建设社会主义物质文明和精神文明的过程中，通过学习国学，可以吸取和运用大量历史经验和教训，全面了解、弘扬祖国的优秀传统文化，进而完成文化转型过程中重塑自身心志的重要任务。有鉴于此，学习国学是现实社会我国公民应有的权利、义务和责任。

第三，学习国学有利于加强中国共产党的执政能力建设。中国共产党所走的革命道路虽然历经了无数的崎岖和坎坷，但她毕竟在血与火的斗争中和社会主义的建设实践中逐步从其幼年走向了成熟。而今，中国共产党在领导全国各族人民取得改革开放和现代化建设的卓越成就的同时，作出了加强党的执政能力建设的重大部署。并且强调：加强党的执政能力建设，是时代的要求、人民的要求。这是关系中国社会主义事业兴衰成败、关系中华民族前途命运、关系党的生死存亡和国家长治久安的重大课题①。在新的历史时期，我党要加强执政能力建设，在认真学习马克思主义、毛泽东思想、邓小平理论和江泽民的"三个代表"的重要思想的同时，还应学点国学。因为学习国学有益于资政，有利于总结并借鉴历史上兴衰成败的经验教训，总结和吸收半个世纪以来我党执政的经验和教训，带领全国各族人民同心同德地进行社会主义现代化建设。在这方面，共产党人完全可以身先士卒，带头学习，做弘扬祖国优秀传统文化的表率。同时，认真学一点国学，有助于领悟"民之若水，其可载舟，亦可覆舟"的执政道理，真正做到执政为民、勤政为民。概言之，我党在加强执政能力建设的过程中学习国学，乃是时代赋予的使命，也是中国共产党人自律向上的基本要求。"桃李不言，下自成蹊。"② 学习国学与加强党的执政能力建设关系紧密。通过学习国学，我党无疑会更加有效地增强人文底蕴和执政智慧，进而带领全国各族人民同心同德，致力于现实中华民族的政治建设和经济建设，为实现中华民族的伟大复兴而努力奋斗！

第四，学习国学是新时期重构中华民族新文化的需要。时下，我国思想理论界有重视国学是"重振儒学"之说，也有重视国学是"复古"和"开倒车"之说。两种观点孰是孰非，亦可讨论。中国是四大文明古国之一，其悠久灿烂的历史文化是世界文化史的重要组成部分。在而今的地球村里，文化单边主义早已走到了它的

---

① 参见《中共中央关于加强党的执政能力建设的决定》，该决定于2004年9月19日中国共产党第十六届中央委员会第四次全体会议通过。

② 司马迁：《史记·李将军列传》，中华书局1959年版，第2878页。

尽头。现实的中国，绝非往日积贫积弱的中国，更不是晚清时代西方列强任意宰割之中国。在中国共产党的领导下，中华民族团结奋斗，使得中国的经济建设取得了举世瞩目的巨大成就。在此基础上，中华民族新文化的重构已经开始。随着改革开放的逐步深入，国人业已清醒地认识到：学习国学以弘扬祖国的优秀传统文化，是新的历史条件下中华民族跻身于世界民族之林的先决条件。这是因为，中国的优秀传统文化最具民族性，而最具民族性的文化才最具世界性，世界文化离不开中国文化。与之相应，世界文化的多元性又决定了中华民族新文化重构的必要性。在文化的重构方面，中国已经经历了两次重要实践——两汉时期亦即公元前后佛教的传入，给古老的中国文化带来了得以继续发展的新因子；隋、唐于"广布天下"之同时不断实施对外开放政策，外来文化或多或少地影响了中国原有的文化结构和潜质。也就是说，广义的国学并非铁板一块，它具有海纳百川般的包容性。放眼域外，如果说日本历史上的"大化改新"和"明治维新"① 铸就了一种特殊岛国文化的范式并取得了成功的话，那么，当今的中国就更能全方位地汲纳世界各国的先进文化，使之和中国的优秀传统文化融为一体，进而在太平洋的西岸打造出东方世界独具特色的新型大陆文化。这是一项具有重大战略意义的文化建设工程，需要几代国人的艰苦探索和努力。这一工程的建设过程，从本质上讲就是中华民族新文化的重构过程。学习国学，择善而从，取其精华，弃其糟粕，此乃顺利进行中华新文化重构的前提和保证。因此，在中国的现实社会如果弃国学于不顾，将会遗患无穷。因为一旦失去我国强势文化的基础，世界的先进文化即便能够传入我国，具有五千年文明史的中国最终也只会沦为其他强势文化国的附庸。新时期中华新文化的重构需要国学，道理全在于此。

---

① "大化改新"和"明治维新"，从日本文化发展史的角度讲，前者完成了日本历史上的第一次文化转型，建成了和汉组合型日本文化；后者完成了日本历史上的第二次文化转型，建成了和汉西组合型日本文化。

三

怎样学习国学？这实际上是我国当今怎样从事国学教育的重大问题。

第一，在条件具备的部属重点综合性大学开办国学本科实验班和研究班，并在全国高等学校增设国学通识课。这里所说的"条件"非常重要。武汉大学在全国率先创办国学试验班的条件是：管理——强调学校教务部的直接领导，由高级研究中心主办，会同文学院、历史学院和哲学学院协办，在校内聘请文史哲的专家成立国学教研室，设置专门的教学秘书，配备专职的班主任；教师——由高级研究中心聘请任课教师，并由教研室的专家审核任课教师资格，即高级职称、博士学位、教学科研成果、出国留学经历、外语授课能力以及课程讲授效果等。凡未具备这些资格者，一般不予聘请；学生——自2002年起，已经连续招收四届本科学生。第一届推荐免试攻读硕士学位的工作已经顺利结束，有的将进北京大学、复旦大学和华东师范大学深造，在校学生通过免试和考试两条途径继续攻读国学硕士（其中也有少量同学顺利毕业并妥善就业）；课程——除了全校的公共课，教研室为其设置了一整套严密的专业、专业基础课和选修课，此外还必须学习英、日、德三门外语，并且开始试点实施双语教学（比如《史记》的授课时间为1学年，6学分，由同一教师授课，上半学年用中文讲授，以中华书局的"三家注"本为教材；下半学年全用日语讲授，教师一进教室就不说中文，以日本贝冢茂树、川胜义雄所译的日文版《史记》为教材①，学生的作业和考试也全用日文）。此外，设有专门的会议室（电化教学室）和电脑室。武汉大学在创办国学试验班方面的探索

---

① 贝冢茂树，1904年（明治37年）生于京都，京都帝国大学东洋史学科毕业，主要著作有《贝冢茂树著作集》等，1986年（昭和61年）去世。川胜义雄，1922年（大正11年）生于京都府，京都大学文学部史学科毕业，主要著作有《中国文选12》、《中国历史3（魏晋南北朝）》、《六朝贵族制社会研究》、《中国人的历史意识》等，1984年（昭和59年）去世。其合译的教材全名为《司马迁〈史记·列传〉1、2》，中央公论新社2001年版。

和实践，已经为部属重点综合性大学开办国学本科实验班积累了宝贵经验。武汉大学这样做的基本意图，就是武汉大学高级研究中心主任邹恒甫教授说的"培养国学人才、国学面向世界！"一度，有人通过媒体评说武大国学班是"国学大师班"，也有人说武汉大学开办国学班"是一个错误"和"要失败"。对此，我们感谢其对武汉大学国学试验班的关注，同时也想利用这个机会说明：武汉大学从未说过"培养大师"，因为大师是不可能人为地刻意培养出来的。武汉大学创办国学试验班是正确的，因为这是时代的要求，是涉及国家、民族兴衰存亡的大事。至于"要失败"的说法，就让实践去检验吧。在国内率先创办国学实验班，是为了培养新时期的国学高级人才，并就此而进行于国有益的探索和研究。用郭齐勇教授的话说，就是"培养几个读书的种子"。顺此，武汉大学国学教研室建议：在全国高等学校国学专业以外的所有专业，开设一门国学通识必修课，因为这是我国目前高等学校进行国学教育行之有效的方法。

第二，关于国学教育的几点思考。这里要说的是：要让国学从高等学校和研究机关的象牙塔里走出来，使之回归国民。国学是涉及中华民族的大事，所以实施国学教育势在必行。中小学国学教育应与政治理论课和语文课紧密结合，选讲有涉国学的经典文章。在授课的过程中，可以加强国学的相关内容，并可选读选背一些重点篇章，同时结合写作课指导学生撰写学习心得。定期召开学习国学的心得交流会，以检查国学教育的实际效果。幼儿园的儿童同样可以学习一些有关国学的基本常识，比方说教师可以讲解国学的相关书目、人物传记故事，引导儿童进行唐诗、宋词的朗读和背诵等。社会公民的国学学习，可以街道、班组车间和乡镇为单位，首先培训国学骨干，由骨干带动学习。在这个过程中，也可充分发挥文艺宣传队的作用，将国学典籍中的人物和事件编成文艺节目进行宣传和表演，从而收到寓教于乐的学习效果。专业人员可以结合自己的专业和工作特点，学习国学专门典籍。比如，军人可以认真攻读《孙子》，商人除了认真学习《孙子》之外，还可学习《食货志》和《货殖列传》等。此外，《河北日报》的刘萍君问及：国学＝读经吗？于此对其所作的回应是："国学"与"读经"虽然存在内在联系，但是两个不同的概念，国学并非等同于读经。"国学"的基本含义已在第一部分详细诠释，故此不赘述。国学博大精深，广涉四库，不可能在全民国学教育中要求全都读到。因为"闻道有先后，术业有专攻"，所以，实施国学教育的一个基本原则是：根据单位、集体和个人的实际，提倡选读和精读，这里的选读，就是选读经典文章；而精读就是认真和反复阅读一部或几部典籍，同时对其进行研究。从这个意义上讲，读经也是学习国学。

第三，实施国学教育，必须强调党的领导，同时还需教育部门、新闻出版部门以及高等院校专家学者的大力支持。其中，新闻出版部门在国学教育中的任务尤为艰巨，责任尤为重大。因其关键是：始终把握正确舆论导向，为广大人民群众提供于学有利的精神食粮。国家教育部以及省市自治区的教委应专门立项，招集学有专长的专家学者对于国学教育进行专题研究。高等院校的人文社会科学的专家学者，要在国学的学习和教育中培养骨干力量，并进行示范讲演。

第四，在新的历史条件下实施国学教育，既是中国现实文化建设上的重要工程，也是时代的殷切呼唤，更是中华民族应对世界各国系统研究中国学之事的紧迫需要。美国作为国际汉学研究中的大国，其研究机构有 200 所左右，汉学家千余，总的研究人数已逾6 000。法国汉学研究所自 1934 年以来，已经研究并出版了沙畹（Edouard Chavannes）等专家的《汉学研究所文库》29 卷。德国为了研究中国，在海德堡大学专门设立了汉学系。在意大利的那不勒斯东方大学也有学界公认的汉学研究中心。在日本，东京大学东洋文化研究所和京都大学人文科学研究所正在进行中国学的前沿课题研究，并有日本中国学会、现代中国学会、中国社会文化学会进行定期专题讨论。瑞典自 19 世纪末开始汉学研究以来，高本汉在语言学上所取得的成就，直接影响了赵元任、李方桂二先生的语言学研究。俄罗斯汉学源于 1741 年 3 月 23 日圣彼得堡科学院聘用伊拉利昂·罗索欣为汉学教师，尔后对汉学研究所投入的人力和资金在整个欧洲始终居于领先地位。怎样应对国际社会对于中国国学的研究？回答这个问题并不难，因为中华民族有句战略术语："知己知彼，百战不殆。"所以，当今之中国，信息广通，知彼容易，知己亦并非难事。中华民族既有创造优秀传统文化的伟大智慧，也有继承和弘扬优秀传统文化的非凡能力。当今经济快速发展的中国，完全能够通过自己的卓绝奋斗和努力，开拓出国学教育的新天地！

网络时代与经典的价值^①

◎ 吴根友

吴根友，男，安徽枞阳县人。武汉大学哲学院博士生导师、湖北省哲学史学会秘书长。曾作为哈佛燕京访问学者，数次应国外邀请，做有关明清哲学研究系列学术讲座。主要研究明清哲学与现代化、先秦诸子哲学思想、中国政治哲学、中西思想史上的自由问题，讲授中国哲学史、先秦诸子文献、明清哲学与文化、先秦道家研究、中国哲学智慧等课程。其主要论著有《中国社会思想史》、《郑板桥的诗与画》、《中国皇帝——康熙的自画像》（译作）、《自由的表演与魅力——中国人的自由观》、《中国现代价值的初生历程——从李贽到戴震》、《老庄生命哲学现代意义略论》、《试论明清之际"求真"与"崇公"的价值观对近世中国的影响》、《冯契"平民化自由人格"申论、分理与自由——戴震伦理学片论》、《近十年海外新儒

---

① 本文系作者 2006 年 5 月 31 日在武汉大学所做的学术讲演。

学研究、熊十力"明清学术史观斠评》、《楚简本〈老子〉
"大植若屈"等新解》、《从楚简本〈老子〉"大植若屈"和
"德"概念的变化，看先秦道家哲学儒家化的过程》、《〈易
传〉的语言哲学思想——兼论先秦儒道易语言哲学思想之异
同》等。

　　我今天在此要讲的问题，是由对大学生宿舍的考察以及与年轻
人交谈而得来的，也与自己的亲身所感有关。网络时代，我们获取
信息，获取知识的方法和途径的确是多元、方便多了，发表言论也
比以往更加容易。传统的权威、圣人似乎已经被湮没在信息的汪洋
大海之中，而网络上的成名速度也比以往时代大大加快。那么，在
这样的时代里，传统意义上的经典还有没有价值？

　　我在这里所说的经典，主要是指那些人文社会科学领域里的经
典。在当今这样一个急功近利的时代，这些不能带来直接物质利益
的经典，是否还有往日社会里的价值？而且，在这样一个追求快速
再快速的时代里，我们再来讨论经典价值的问题，其本身是否就太
沉重了一些？

　　说实在的，这个问题我也没有想透，所以根本谈不上有系统的
思考。只是作为一个问题提出来，让我们大家一起思考。

　　我是做中国哲学研究的，特别关心人的德性成长。

　　所谓德性，也可以说美德，是指人在自己的成长过程中逐渐养
成的对某种超越性价值的认定，并在自己的人生实践中一再坚持的
某种精神原则。

　　当我们打开电脑时，输入关键词，我们需要的一些信息、一些
知识，很快就能找到。

　　这时，我们仿佛很富有，仿佛拥有无限的知识。

　　可当我关上电脑，或者当我身处一个没有网络的地方，我们又
能拥有什么呢？

　　更进一步地说，在这些知识里，我们获得了什么样的人生信仰
呢？

网络给我们提供快捷获得信息与知识的手段，是否能让我们的美德也能迅速成长起来呢？

如果能，那当然更好。

如果不能，那我们又应该如何呢？

所以，我在这里把讲座的问题进一步地具体化，提出这样一个问题：我们拥有知识的手段方便了，我们的美德培养是否能够速成？

一、拥有知识的手段之方便能否让我们的德性速成？

中外哲人对于知识与德性的关系都有很多精彩的论述。孔子说：

仁知相乐。又说：仁者乐山，智者乐水。

西方哲人苏格拉底曾经说过：美德即知识。

由此可见，知识对于美德养成的重要性。

问题是：在网络时代，我们是如何获得知识的？我们对待知识的态度又是如何？

古人曾经说过：书非借不能读。

为什么是这样的呢？这大约是因为我们人性的弱点导致的。

有些东西只有当我们想得到而又得不到，花了很大精力才得到以后，我们才会珍惜它。

网络时代，我们获得知识的手段太容易了，很多东西，只要一上网，点击关键词，应有尽有。正因为我们获得知识与信息的手段太方便了，我们有些人从心底里就没有将很多知识当一回事。认为知识获得太容易了。殊不知，凡是有价值的知识，都是经过艰难过程，艰辛的努力才获得的。

正因为得之容易，失之也容易。过眼的知识很少往心里去。

于是，我们很多在网络中长大的人，对知识就缺乏一种由衷的尊敬。

换句话说：我们对待知识的功利态度，妨碍了我们把知识当作培养自己德性的基础，而只是当作生活中应付我们的日常需要的一种工具。这样，我们是在日常的习性中有意或无意地忽视了知识与德性的内在联系，而不是说知识不能有助于我们德性的培养。

因此，在方便面、可口可乐、肯德基流行的快餐文化时代，我们的身体很容易变胖，但其实并不健康。在手机无处不在、短信满天飘飞、网络笼罩睡梦的信息爆炸时代，我们对外在世界的了解的确比以往任何时代都要充分，可我们并不真的了解自己。我们在智力方面可能真的比古人聪明了很多，但我们能确定地说，我的美德真的比古人胜出多少倍吗？

我不否认，现代人能以便捷的手段获得非常多的知识，可能会少犯很多愚蠢的错误，但这并不保证美德的养成。

我这样说，并不是要否定知识在人的美德形成过程的作用。

我只是想说，当我们心驰外界，追逐外物的时候，我们不要忘记反省静观。在获得知识与信息的时候，不要忘记美德的培养。不要忘记，我们的知识与信息的获取，不只是为了应付日常的需要，更重要的是把所获得的知识、信息与我们的美德的养成联系起来。

美德的养成离不开知识。但美德的养成还有知识与信息所不能奏效的地方。美德属于人的精神领域的另一天地。它的养成还有超越知识与信息的东西。那就是信仰！

我们都知道，共产主义曾经是我们的信仰。而且，写进了我们的宪法之中。这一信仰作为一种社会理想还是我们要追求的，可是今天社会的许多个人，他们并不把自己的个人幸福与这一信仰直接联系起来。

作为常识，我们都知道，不同的时代，不同的民族都有自己的信仰。在当今价值观念日趋多元化的时代，信仰的多元化也已经成为不争的事实。

何谓信仰？不同的哲学家与宗教学家都会有自己的具体解释，依照一般的词典上的解释，信仰即是"对某种宗教，或对某种主义极度信服和尊重，并以之为行动的准则"。

如果我们对某一种思想体系或观念达到了信仰的层面，那么这种精神性的东西就会反过来变成一种巨大的力量，支配我们的日常行动。

所以，信仰能重组我们的精神秩序与心理秩序，从而调动并规定我们的肉体与能量的作用方向。

我要讲的美德及其养成，就与我们的人生信仰有关。而信仰的确立又不完全与知识、信息的多少相关。

因此，我对上述问题的初步回答是：拥有知识手段的方便并不能让我们的德性速成。美德与知识相关，又不完全取决于知识。

当然，在迅速浏览中获得知识的经验，也许会让我们得出这样的结论：一切知识怎么如此容易获得？于是，我们逐渐培养了一种游手好闲的德性（如果不认真地反思我们的网络时代的特点）。

既然德性不完全取决于知识，那美德又是如何养成的呢？

二、经典，以及什么样的经典对于我们的德性成长有恒久的价值？

庄子曾经说过："知与德交相养。"

不过庄子在这里所说的"知"，并不等同于现代学科分类意义上的自然科学的知识，其主要内容是指与完整的道相关的"道之知"。也即是庄子《大宗师》中所说的"且有真人而后有真知"的"价值真理"。

在我们这个信息爆炸的时代里，经典，尤其是那些关系到人如何成长的经典，对于我们的德性养成就具有非常重要的意义。

不可否认，美德也是一种知识。但它是一种不同于有关自然的属性、运动规律的知识，也不同于有关社会属性、社会运动规律的知识。德性是关于人如何成为一个自由的、全面发展自己内在潜能，而又能有益于他人与社会的人的知识。因而是一种关于人如何成为人的实践性知识。这种知识要以前面两种知识作基础，但又是绝对不能停留在前面两种知识之上的一种更具综合性与复杂性的系统知识。

在世界的文明史中，这样的知识多半存在于历史上的哲学、文学、历史，统而言之，即那些人文学的著作之中。因此，网络时代世界各大文明系统中的人文学经典对于我们的美德的养成，仍然具有不可替代的作用。

为什么经典，特别是那些人文学的经典，在人的美德养成过程中具有巨大的经久的作用呢？

这就涉及经典本身的问题。

何谓经典？按照词典的解释，即是指"一定时代、一定阶级认为最重要的、有指导作用的著作"。

按照我的理解，只有那些在人类的文明历史长河中经过时间的淘汰，而被保存、被反复检验而具相对普遍性价值的著作，才能称之为经典。

凡是能称得上经典的作品至少都具有如下三个特征：

第一，它一经产生后，对一代人、几代人，甚至其后的一个民族的文化心理都能产生影响。

第二，其中的有些见道之言，具有跨越时空的意义，给人以多方面的启迪意义。

第三，经得起反复阅读与研究，后于其出现的文化伟人很少不受其影响。

河里有很多河蚌，但珍珠很少。土壤里金属很多，但真正的金子很少。

人类的文明史上，书籍很多，但经典很少。

因此，经典就代表了一个民族的心灵深度；在一定意义上也代表了人类的心灵深度。

正因为如此，我们人的美德的养成，在任何时代都离不开经典的教育。

一个有人文教养的人，一定是深受其民族经典，在今天，同时也一定是深受世界性经典教育的人。

人莫不有情，情感物而动，极易变化。而人的道德与知识理性则是人情后面的指南针。广义的人性当然包括人的欲望、情感和理性。这三者的关系可以用这样的比喻来解释：

欲望是人性海洋的海底，情感是人性海洋的波涛，而人的德性恰恰就是人性海洋的海岸线，或者说是保证人性海洋秩序的定海神针！

正因为经典代表了人类心灵的深度，我们人要最大限度地摆脱人的兽性的束缚，使人性与神性的光辉更加灿烂，就必须接受经典的教育，并通过经典的教育来改变我们的兽性，来提升我们的人性，来展示我们的神性。

接受经典教育的过程，其实也就是一个驯欲的过程。世界各大民族的早期人文学经典大多包含有对人欲、人情进行适度控制的思想与观念。这些早期的经典经过"中世纪"（公元四五世纪至十五世纪）的改造，有的民族发展出了更为严厉的禁欲主义的思想观念。因此，到了前近代和近代社会以后，这些禁欲主义的思想受到挑战，在世界范围内出现了新的人文主义思想，从而又出现了一大批近、现代的人文学经典。

不可否认，经典是在不断的生成与毁灭的过程之中形成的。

仅以中国的古代文明为例，上古社会的三坟、五典、八索、九丘，到春秋时代就基本上荡然无存了。而与此同时，诗书礼乐等新的经典却在形成之中。从先秦到晚清大约三千年的历史中，能够称得上经典的，也不过百种。儒家的"十三经"里，《易》、《书》、《周礼》、《礼记》、《仪礼》、《诗》、《春秋左传》、《春秋公羊传》、《春秋穀梁传》、《论语》、《孝经》、《尔雅》、《孟子》，这些著作大多数是先秦时代的作品，最晚也是汉代的作品。而十三经的真正形成则是在南宋时代，从汉代开始，将《诗》、《书》、《礼》、《易》、《春秋》称为"五经"。唐初将五经中的《礼》分为三部分，《春秋》分为三部分，合称"九经"，唐文宗开成年间，又增加《论语》、《孝经》、《尔雅》，合为"十二经"，后到南宋朱熹时，由于他的极力推崇，将《孟子》列入，从而形成了"十三经"。

与儒家的经典形成过程类似，道家与道教的经典形成过程也非常漫长，到唐代开元年间，《老子》、《庄子》、《列子》、《文子》才成为道家道教的四大经典。

至于中国佛教，以及各方面内容的经典，其形成的时间都非常漫长。

十三经之所以称之为经，就是因为这些作品在塑造中华民族的文化心理过程中，起到了最主要的作用，而另外一些诸子百家作品，也参与了这种文化心理的塑造过程，但其作用是次要的，故不能称之为经。

"五四"运动以来，传统的十三经就曾经一度被很多人所抛弃，而像严复翻译的赫胥黎的《天演论》，一时成为经典。而现在动辄玩一玩PK的网络时代，究竟是什么样的作品才能称为我们时代的信奉的经典呢？

说真的，我个人不是很有把握。

因此，我在这里只讲一些我从上辈人那里接受来的宝训，把那些我们称之为经典的作品向大家作一推荐。至于大家是否愿意接受，我不得而知！

三、大学本科四年，我们究竟要阅读多少人文学经典？

相对于人类的自然历史而言，人类有书籍文字的文明史其实是很短的，最长也不过七千余年。以雅斯贝尔斯的"轴心文明时代"为例，人类能够流传到今天的经典著作也是非常有限的。从公元前7世纪，到公元前2世纪，全世界的四大古典文明中，大约也只有不到一百本的著作。即使这不到一百本的著作，开出来的书单也还是够长的。我不想列举这些书名，因为这样很枯燥。我只以个人的阅读经验为例，谈谈我们在大学时代，应该至少要阅读多少本经典著作。

我的大学本科是中文系，在课堂上就已经接触到了《诗经》等经典中的部分作品。但除此之外，我在姑父的指导与建议下，坚持每学期在课外阅读四种经典作品。大学四年、八个学期，一共三十二种。

给我印象最深的当然是俄国托尔斯泰的系列作品、法国罗曼罗兰、雨果的作品以及英国的莎士比亚、狄更斯的作品。中国作家中，鲁迅的系列杂文对我的影响最深。那时虽然也读了巴尔扎克的作品，但由于那时涉世未深，对其作品中揭露出的人性的丑恶还无法理解，我甚至根本无法理解《高老头》中女儿们那种市侩的嘴脸。

这些作品的具体情节现在差不多都忘记了。但读完了这些作品之后，再来看其他的作品就知道如何欣赏了；也大体知道作品的艺术性好坏与格调的高低了。

由于学科性质不一样，不一定要求大家都去阅读这么多的文学作品。但我想，每一个大学生，在大学期间，每学期在课外认真地读一到两本公认的人文学通识教育类的经典著作，四年下来最少四本，多则八本，那么当我们回首自己大学的学习生活时，除了学位，除了一些浪漫的故事，我们个人自己德性上最受用的，应当是这些经典教给我的做人、做事的原则，以及在坚持理想方面的德性的一贯性及品格上的韧性。

结束语：经典阅读的计划性与反复性

前面说过，经典是代表民族与人类心灵深度的那些作品，其内容的深奥是第一个特征。

其次，那些经过时间淘汰的人文学经典，都是与我们有时间与空间距离的作品，初次接触经典时的疏离感是正常的事情。

正因为经典具有以上两个基本特征，所以经典的阅读也就有相应的要求。

有条件的，当然就名师以习经典。

其次，最为重要的是有计划地、反复地阅读经典。

作为哲学家的朱熹，一生都致力于四书的研究。我们在座的虽然不一定都要当哲学家，但选择一到两本最适合自己精神与心灵要求的经典，反复阅读，对于自己的美德培养，绝对是受益无穷！

我用一句话来结束我今天的讲座：

我们可以尽情地在网络时代享受我们的网络冲浪，

但我们美德的航船需要人文经典来不断地矫正我们的人生航向。

Aesthetics in Japan and Aesthetics of Japan

◎ 神林恒道*

神林恒道，国际著名学者、美学家、艺术家；日本美术教育学会会长、亚洲美学学会会长、亚洲艺术学会会长、人本美学协会前会长，长期从事艺术、美学的研究；日本立命馆大学原综合学术研究科教授、文学博士，大阪大学名誉教授。

It is certain that the origin of Japanese aesthetics or art theory goes back to the theories of Japanese poems written in the late 8th century. Nevertheless, all these writings were written in Chinese script (漢字 kan-ji) and their contents were limited to imitation of Chinese classics. It was the first art theory written in our home language depends on Japanese way of thinking and feeling that 紀貫之 Kino-Tsurayuki mentioned

---

＊ 本文系作者 2004 年在武汉大学所做的学术报告。

in "仮名序 kana-jo," which is a preface of the oldest anthologies of Japanese poems, "古今和歌集 *Kokin-waka-syu*(905)". This states that Japanese poems were produced to express human emotion and have the general power by which all people were deeply moved. However, the nature of the power should be the "je-ne-sais-quoi," as pointed by 藤原俊成 Fujiwara Shunzei, "it is an emotional effect but unspeakable, it is eminently impressive but unexplainable."

From the middle age to modern, Japanese art theories, which had begun with ancient poems, have been developed in many different fields: drama, calligraphy, drawing, music, 華道 kado (floral art), 茶道 sado (tea ceremony), gardening. Most important, 世阿彌 Zeami accomplished medieval Noh play, whose 風姿花伝 *Fu-shi-ka-den* is generally known as the oldest professional drama theory. Chikamatsu Monzaemon insisted that "the reality of an art" lied in "the boundary between the actualities and the fiction." As we have seen, there are so many things that we should follow good examples as the long tradition of Japanese art theories in several thousand years. Since 明治時代 Meiji-era, we have tried to reconsider the aesthetic and art problems by means of the system of "Aesthetics (美學 bigaku)" which was imported from west Europe. It seems to come to the point that we should ask whether the west European system of "Aesthetics" suites Japanese sense of beauty and art theory. And then, I propose that we should trace to the process how the science of "Aesthetics" was introduced into Japan.

1. Aesthetics in Japan

The system or methodology of science was established in the late 19th century in Japan, it modeled itself upon that of some advanced nations in west Europe. A cultural science was formulated as the translation and interpretation of wisdom in west-European way. The studies of cultural science in Japan were specially characterized by the unique and thoroughgoing way, unlike other non-European countries. First of all, it originated in an attempt to standardize and translate the technical terms of

Occidental thought, which is completely different from Oriental thought, into Japanese. Nishi Amane translated "philosophy" into "哲學 tetsu-gaku" or 希求哲智學 kikyu-tettigaku (the science seeking for wisdom), and 中江兆民 Nakae Chomin translated "Aesthetics" into "bigaku". It is indeed that the technical terms of philosophy as "理念 rinen (idea)" and "概念 gainen (concept)", or the words used commonly as "自然 shizen (nature)" and "自由 jiyu (freedom)" were translated or diverted from Chinese characters in Japan. Now that these terms were not only current in Japan, they also became the common codes in the other countries using Chinese characters.

西周 Nishi Amane has first presented to Japan the west-European idea of aesthetics with other philosophical branches in a view of encyclopedic enlightenment. He was one of the students which Tokugawa feudal government sent to Holland. Nishi Amane's earliest reference to aesthetics appeared in his lectures which he gave at his private school in Kyoto in 1867. These lectures were published in 1874 and titled 百一新論 *Hyaku-i-chi Shinron* and according to which "ultimately, a hundred and one sciences could be reduced to one and with the same purpose", and this basic purpose was "the philosophy, in Japanese words, tetsugaku." He referred to aesthetics as a branch of philosophy, and called it "善美學 Zenbigaku (which means the science of goodness and beauty)" depending on the west-European's traditional idea of "kalokagathia." In 1870, in the published book 百學連環 *Hyakugaku-renkan* he briefly explained the root of aesthetics in the Ancient Greek, and adverted to Baumgarten as the first person who formed it into a systematic science. In this work, he called aesthetics as "佳趣論 Kashu-Ron," and we can see that its Japanese name (nomenclature) didn't settle at that time.

The lecture in which Nishi Amane treated of aesthetics itself was also the earliest lecture on aesthetics in Japan, and was published in the title of 美妙學説 *Bimyo-gakusetsu*. This lecture which the Emperor Meiji attended was given in 1872 or 1877, whose main subject was based on the psychological interpretation of art on reflecting the prevailing Anglo-American philosophy, and whose conclusion tended to the pragmatic, utilitarian current. The draft of this lecture was long forgotten until 麻生義輝 Aso Yoshiteru who planed to research a history of the Japanese aesthetics accidentally discovered it and gave the light to Nishi Amane's contribution to the aesthetics in Japan. Since then, his neglected philosophical work was gradually revealed as the pioneer. Today, his evaluated position in the history of Japanese thought derives from the publication of Aso's *philosophical works of Nishi Amane in* 1933.

However, on Nishi's lecture, even *Hyakugaku-renkan or Bimyogakusetsu*, it was limited to be received in a very small audience. Who have given the first lectures on "bigaku" to people in general? In Meiji era of those days, Japanese government assimilated Occidental art and science under the urgency, and employed those who came from Europe or America as the teaching staff on a high salary. One of the foreign teachers in government employ was Ernest Francisco Fenollosa. He came from America and lectured on politics, economics and history of philosophy at 東京大學 Tokyo University. Although his lectures in detail are unknown to us, but there is one record that lie gave a lecture on "philosophy-ethi-cs and aesthetics" at Tokyo University in 1880. Among the registered names of auelit students or regular, there were 有賀長雄 Ariga Takeo and 嘉納治五郎 Kano Jigoro. The former became sociologist after school, the latter instituted 講道館柔道 Kodokan-judo.

It is the first time that the writings of Occidental aesthetics have been introduced to Japan by the translation of *L'esthétique de Eugène Véron*, 維氏美學 *Ishibigaku* and it was published by the Department of Education in 1883 to 1884. Its translator, Nakae Chomin, has also rendered *The Theory of Social Contract* of Jean-Jacques Rousseau to Chinese script entitled 民約訳解 *Minyakuyakukai*. Therefore, he became famous for "Japanese Jean-Jacques Rousseau." Just as it is commonly known, after Nakae used '美學 bigaku', this word came to be equivalent of "Aesthetics," but before then, in the title of a lecture at Tokyo University, it had already replaced 審美學 Shinbigaku.

On reflection, there seems to be a big problem whether the translation of *L' esthetique de Véron was* really appropriate to introduce the scientific system of aesthetics first. It is owing to the fact that Véron's aesthetics seems to be indeed an anti-aesthetic theory. In the preface of it, Véron stated that metaphysicians, such as an ancient philosopher Plato to the present academics, made up the history of aesthetics and they indulged only in doctrinairism. Even though they seemed to build up minute theories, it was only an abstract and practically useless house of cards. Compared with them, Véron's aesthetics has a tendency to anti-idealism, and in his text, he appreciated anti-academic artists in France, for example: Theodore Rousseau, Jean Francois Millet in the Barbizon school and Gustav Courbet. They all were realist painters. This shows that Véron's attention was always given to his contemporary artists with his journalistic concerns. In short, he decided to write *L' esthetique* not only to accuse the academic way but also pursue aesthetics in itself.

About in 1889 and 1890, German aesthetics came to the fore in place of English or Frence thought, and the estimation of *Ishibigaku* had largely changed. Later 森鴎外 Mori Ogai severely criticized this book as follows; Véron's original text in itself was not academic, but journalistic, and also its translation, moreover, had scarcely influenced art and literature within Japan. Indeed, Ogai did not mentioned the previous year of its publication, but it would be an event in the history of Japanese aesthetics. In 1882, 美術真説 *Bijutsu-shinsetsu* was published, which was originally written by Fenollosa for his lecture at the "龍池会 Ryuchi-kai."

At that time, the movement of "Modernization" by Meiji government has progressed into an extreme Europeanization to overtake Occidental advanced nations. Then, the traditional art and culture were almost neglected and merely considered as a symbol of obsolete preventing from modernization. For example, shrines and temples lost a public protection and have been left with disrepair. Many objects of art and curios were once highly valued, but later dealt with as dirt cheap and running out abroad. According to 藤岡作太郎 Fujioka Sakutaro, in the beginning of Meiji era, Japanese people had forgotten oneself, one's own history and one's own taste because of heavy social fluctuations. They built up a questionable house in Occidental style; they set out with a poor oil painting or lithograph in a room; they did not care for the works of 狩野元信 Kano-Motonobu. So it was for years that it showed a movement to rethink and revive traditional art in Japan. In 1879, "Ryuchi-kai" was organized for the sake of development of Japanese art. Two years later, "Ryuchi-kai" asked Fenollosa to lecture on whether or not, Japanese arts and crafts would meet for the demand of Europe. Such is for an utterly utilitarian purpose. Although Fenollosa received this offer, he farther more thought it was necessary to inform Japanese people of understanding an art in Europe.

Thus, Fenollosa's *Bijutsu-shinsetu* had a great impact upon the artistic work in Japan. From the perspective of today, however, his lecture seems a mere summary of classical European art theory, appealing at that time to young artists, who had known only a traditional, but conventional Oriental art theories such as ' 気韻 生動 Kiin-Seido' theory. In his lecture, Fenollosa had regarded Japanese painting as better than European oil painting in terms of expression of the artistic idea ' 妙想 Myoso'. He believed ' Myoso' was the critical standard dividing between art and nonart. This point of view strongly inspired Japanese artists, who were astounded at European realism and tried to stand against its ' 逼真 Hisshin' that is, "true-to-life" expression.

Fenollosa's memorial lecture encouraged Japanese artists of the traditional style of painting, who had been overpowered by the Occidental style of painting. Japanese traditional painters received his theory as a radical manifesto of nationalism. In response, the Ministry of Education

251

founded a new school of fine arts, the "東京美術學校 Tokyo-Bijutsu-Gakko" in 1889, and the study of Occidental art was completely excluded from the curriculum of this school by 岡倉天心 Okakura Tenshin. He was an acquaintance of Fenollosa. It was during this time of drastic nationalism that some artists attempted to compete against this tendency, and in 1889, established the first Occidental art group in Japan, "明治美術会 Meiji-bijutsukai." The following year, 1890, 外山正一 Toyama Masakazu, a professor of Tokyo University, gave a lecture entitled "日本絵画ノ未來 Nihon-Kaiga-no-Mirai (The Future of Japanese Painting)" at a meeting of the "Meiji-Bijutsukai." Toyama's lecture aimed to inspire the discouraged artists of Occidental style painting and its impact was equal to that of Fenollosa's *Bijutsu-Shinsetsu*. Toyama insisted that the poverty of painting themes was serious to art of his days. Naturally, a viewer is moved by "ideas", which should exist in "personal themes." But in modern times, people are no more interested in religious or historical themes, but in social and human affairs, which reflects the evolution of human society. We can easily point out Toyama's shallow interpretation of Herbert Spencer's thought on social evolution. Toyama illustrated some themes for "conceptive painting" on his own experiences. Taking an example, it is the scene of a forced family suicide; in this scene, a father holding his baby was about to do it and another infant was crying.

Toyama's lecture sparked a debate during which the most aggressive protest was countered by Mori Ogai, who had just returned form Germany. In the other aspect, this debate informed Japanese people of aesthetics systematically, and since then, the history of aesthetics in Japan started. According to Ogai's interpretation, Toyama's idea of emotion is not "aesthetic appearance's emotion," but "real emotion." It means that there are different types of emotion between drama and real human life. Therefore, aesthetic emotion is not practical but uninteresting and completely formal one. Immanuel Kant had once explicated it as "Zweckmaessigkeit ohne Zweck". These ideas are essential for modern aesthetic studies. Because it is "aesthetic appearance" that can separate beauty from truth or goodness, moreover it assures the autonomy of aesthetics distinguished from ethics and philosophy. These Ogai's critique consisted of thirty thousands words, and his question was classified into twelve items.

Japanese journalists at this time sensationalized this controversy. The public opinion on this matter was equally divided. Ogai continued to repeat his aggressive objections. But, strangely Toyama himself kept silent. On this controversy, Ogai made use of Eduard von Hartmann's *Philosophie des Schoenen* as a practically useful standard for ultimate artistic judgment. Eventually, as Ogai also acknowledged, the science of aesthetics itself and a new philosophical system of German idealism like Hartmann's theory interested public in Japan. He praised Hartmann's theory in one of his texts, "those who learned Hartmann's philosophy, directly or not, come to study even metaphysical philosophy, which has been completely crushed by empiricism in Japan." Since then, although a theoretical German philosophy had been regarded as "pedantic," nevertheless, it became a predominant idea in Japan. Such an aesthetic argument as Toyama averse to Ogai, may be characterized as a kind of proxy war between French Positivism or English Utilitarianism and German Idealism.

Tokyo University planned to engage Hartmann himself as a foreign professor, but this plan was cancelled due to Hartmann's bad health. In his place Raphael von Köber came to Japan, and has taught philosophy, aesthetics, and classical literature at Tokyo University for 21 years. Some of his students in Japan are 深田康算 Fukada Yasukazu and 阿部次郎 Abe Jiro, who became the first professor for a chair of aesthetics and art history at 京都大學 Kyoto University and 東北大學 Tohoku University.

In 1892, Ogai was engaged in Keio-gijuku (Keio private school) and set out to lecture entitled "shinbigaku," while in Tokyo Senmon

253

Gakko (早稻田大學 Waseda University), 大西祝 Onishi Hajime and 大塚保治 Otsuka Yasuji started on a course of aesthetics. Both lectures were eminently influenced by Hartmann's thought. However, Ogai considered it as the standard of art, on the contrary, Otsuka Ysasuji, who had been studying aesthetics in Germany, France, and Italy, insisted on the necessity of academic studies instead of aesthetics for the artistic standard. A few years later Otsuka took up his post as the first professor of aesthetics at Tokyo University where probably the earliest course of aesthetics in world was established. Through these efforts the academic foundation for the study of aesthetics in modern Japan was finally consolidated. Especially, Otsuka's lecture, so to speak, in the academic style, whether right or wrong, should be the origin of "Aesthetics in Japan."

2. Aesthetics of Japan

大西克禮 Onishi Yoshinori who succeeded Otsuka's post of the professor of aesthetics seminar in Tokyo University tried to discuss the Japanese traditional sense of beauty by means of European method of aesthetics. He also achieved the first translation of *Kritik der Urteilskraft* (判斷 力批判) after the incomplete work of his senior Fukada Yasukazu. His interest in Occidental aesthetics ranged from *Study of Kant's Kritik der Urteilskraft* and the aesthetics and art theory of German romanticism to the phenomenological aesthetics. On the base of this study of German aesthetics, Onishi made his attempt to reconsider the Japanese traditional art theory, and his representative achievement was 風雅論 *Fuga-Ron* (*Study of Sabi*). Nevertheless, his inquiry of the Oriental or Japanese sense of beauty leaned toward the spiritualism like other articles written by Occidental researchers of Japanese culture.

Here, we should reflect that western people have encountered Japanese sense of beauty through '浮世絵 Ukiyo-e' for the first time. However, 'Ukiyo-e' would express a sensual world in opposite to 'Sabi' or 'Wabi' that is currently recognized as the feature of Japanese art and culture. There appears to be a "myth" made by misunderstanding about

"Discovery or Rediscovery of Japanese beauty".

This story began with an international exposition, by which, art in far-east land and Japan became popular with western people. Among Japanese art, 'Ukiyo-e', its daring design and color expression largely influenced the modern art movement, such as Impressionism. In the next stage, Fenollosa adored the exotic Japan and came here. On his visiting at Kyoto and Nara, he met the sculpture of an old Buddha. This has been forgotten for a long time, nevertheless, Fenollosa found in it amazing quality of Japanese traditional art. After he returned to Tokyo, as is mentioned before, Fenollosa made a speech of *Bijutsu-shinsetsu* to the public for advocating Japanese art. Since then, there was a growing tendency for Japan to revive traditional art. Finally, Fenollosa made great efforts at revival of Japanese art cooperating with Okakura Tenshin. That is a whole story.

In our respect of today, there should be some misunderstanding: the first thing, the overestimation of Ukiyo-e; secondly, the sculptures of Buddha in Nara period, which were discovered and praised as "Greek Buddhist Art" by Fenollosa; and through his *Bijutsu-Shinsetsu*, Japanese traditional paintings became emphasized. So that, it is difficult to explain how the different types of "Japanese" art attained appreciation involving in each other.

At first, Ukiyo-e was not an art at all, but merely a consolation of people at that day. To evaluate Ukiyo-e as art is just an arbitrary "discover" by a limited western standard, which is irrelevant to Japanese Art-world, and is the same enclosure into the Occidental Art-world as the "primitivism in 20th century-art." Fenollosa's "discovery" did not differ so much from the others, though he understood this discovery in the context of global civilization that Hellenism spread toward East. There, we can still find out a classical point of view that has considered Greco-Roman art as the absolute standard.

On the other hand, the revaluation of Japanese traditional art, exactly speaking, of Suiboku-ga's tradition since the "足利時代" Ashikaga period (室町時代 Muromachi period)" by Fenollosa has a different meaning from other "discoveries". After Fenollosa's lecture that caused this revaluation, the artistic situation of Meiji period strengthened its tendency of drastic nationalism. Okakura Tenshin led in the art administration and encouraged nationalism. He contracted a friendship with Fenollosa. Here, we have to reconsider Fenollosa's *Bijutu-shinsetsu* which should not be taken as one of 'promotions of Japanese painting', though we used to do so. When we reflect on what is "Japanese art," it is a highly important lecture as a pivot that 'external view' and 'internal response' had contacted with each other.

As we have seen, painters who engaged in the traditional painting, which was depressed in contrast to the overwhelming Occidental painting, were encouraged by Fenollosa's assertion. That is, most of Occidental painters in those days gave themselves to a copy of reality, and neglected the expression of "妙想 Myoso (artistic idea)", then became nothing other than "a branch of natural science." On the contrary, it continues, Japanese painting excelled in expression of "Myoso" by rejecting the realism. At first sight, Fenollosa's stress on "Myoso" seems to make too much of contents. If it was true, the ideal among the traditional paintings would be the "文人畫 Bunjin-ga" that sought an accord between poesy and image. Nevertheless, Fenollosa strictly denied it because of its confusion between literary "Myoso" and pictorial "Myoso". Painting had to be purely pictorial, and its principal 'aesthetic idea' was provisionally called "Myoso". Generally speaking, Fenollosa's argument is similar to today's formalistic aesthetics, and "真誠ノ畫術 Sinsei no Gajutsu (sincere art of painting)" on which he insisted more than once is not necessary limited to the Japanese traditional painting. By this conception, he tried to argue the universal existence of art beyond any difference of nations.

In order to show where the problem was, Fenollosa argued concretely with the case of Japanese painting in those days. However, Okakura Tenashin took this argument arbitrarily as "promotion of Japanese painting." We should not blame him none the less for it, but find there the artistic strategy of Tenshin as a true enlightener. Without his direction, whole tradition of Japanese art had disappeared on the way of modernization after the model of Occidental Europe. Incited by his direction, the Department of Education converted its policy to protect and support the traditional art. Tenshin, settling himself in the heart of it, showed his multiple activities as a museum inspector, a committee of the preservation of old sacred edifices, and a councilor of exhibition. Besides, he started with 高橋建三 Takahashi Kenzo a deluxe art magazine 國華 *Kokka*, which the world keeps on evaluating as the most authentic on the study of Japanese art.

Tenshin's aim through this strategy was to pose a problem of what the Japanese or Oriental sense of beauty was, in opposition to the Occidental one. That is to say, to establish the Japanese or Oriental aesthetics. Even Chinoiserie or Japonism which was in fashion from 18th century to 19th century, they both derived from an exoticism to seek some curiosity, and had nothing to do with the essence of Oriental beauty. As we have seen that at the beginning, the history of Japanese art theory extended over a million and hundreds of years. And it contains a lot of theory of painting that has been called "畫史 Gashi" or "畫論 Garon." It might be possible that Tenshin would oppose the traditional art theory against the European point of view from outside. But, there was an obstacle of translation and interpretation between two different types of knowledge that belong to their own cultural tradition respectively. Moreover, the modern encounter of the Occident with the Orient couldn't be on equal terms, and the Occidental civilization which had an overwhelming advantage of technology reflected to Oriental eyes as nothing but an oppression. We couldn't communicate each other but by means of that the Oriental people learned the Occidental frame of knowledge.

In such a situation, Tensin's 日本美術史 *Japanese Art History* (1891) has appeared as the first attempt to argue the "Aesthetics of Japan" that was not merely a translation of Occidental aesthetics. When he argued the originality of Japanese sense of beauty as "scientific" from Occidental respect, however, it is necessary to be based on the scientific methodology. Here lies a difficulty of the Humanities in modern Japan which engendered through the conflict between Oriental tradition and Occidental tradition. Tenshin himself organized the development of Japanese art into "historical study" by using the methodology of Hegel's "philosophy of art history" which he had learnt from Fenollosa, and adapted the history of Japanese and Oriental art to a context of global history by using the artistic view of Occidental classicism. It means that Fenollosa had led to "rediscover" the Japanese traditional art instead of Ukiyo-e, by his remark about the influence of "Greek Buddhist art" upon the old Buddhist image in Nara. Later, in a note for lecture "History of European Industrial Art", Tenshin wrote that European scholars tended to evaluate Oriental art with their own measure, thus looked up to it when it looked like the Greek or Italian art, and looked down on it when it didn't.

井上哲次郎 Inoue Tetsujiro who attended Fenollosa's lecture of philosophy in Tokyo University says that it was a mixture made of Hegel's philosophical evolutionism and a scientific one. The Meiji period that rushed into modernization in the name of "文明開化 Bunmei-kaika (which means a civilization)" exactly needed such an idea. As Hegel argued a history of self-conscience with Christian spirit, Tenshin evoked Buddhist spirit. He said that according to the conscience of relation between Buddhist world and the profane world, there historically arouse three stages of art: ideal art of the exoteric Buddhism at first, then emotional art of the esoteric Buddhism, finally self-conscious art of the Zen Buddhism. It is obvious that this historical development imitates the dialectics in Hegel's aesthetics: 'symbolic', 'classic' and 'romantic'.

In Hegel's philosophy, this dialogical development of three stages is also the principle that determines the systematic differentiation of arts: architecture as "symbolic" art, sculpture as "classic" art, and painting, music, and poetry as "romantic" art. The same principle of differentiation constructs Tenshin's conception of Japanese art history. The "Greek Buddhist art" which was Fenollosa's admiration flourished from 推古時代 Suiko period to 奈良時代 Nara period (the end of 6th century to the middle of 8th century), and about which Tenshin said that the main art of these periods was the sculpture and the painting followed it. Then in the beginning of Heian period (the end of 8th century), Tenshin said, painting gradually overruled the sculpture under the influence of Tang art, and reached its climax through the Japanese art history in Ashikage period (the middle of 14th century to the middle of 15th century). And in the lecture at the Boston Museum which was titled "On Nature in Oriental Art," Tenshin said that Occidental art was plastic and Oriental art painterly, the former represents cube and the latter square. This character of Oriental art derived from its origin that was lines. It was shown by the ideal of Oriental art that "calligraphy agrees with painting (書画一致 Shoga-itti)" and proved by the argument of "composition consists in brush (骨法用筆 Koppo-yohitsu)" that 謝赫 Sha-kaku's 古画品録 *Kogahinroku* regarded as the second of "Six laws of painting (画六法 Garoppo)." In this perspective, the development of the painting on overruling sculpture encourages the Japanese beauty or Oriental beauty.

This assertion of Tenshin clearly appears in 東洋の理想 The *Ideals of the East*. He says "The flaming individualism that lies beneath the modern living and thinking has been looking for the opportunity of rushing out of the classical shell, leaping into flame, and turning into the spiritual freedom itself. The spirit inevitably tends to conquer the matter... the modern idea which passes for the whole world tends to the romanticism. Latin people and Teuton people sought the romantic ideals in objective and materialistic way... Japanese spirit since Ashikaga period...

259

tried to approach the problem from subjective and idealistic point of view. ...Japanese art since Ashikaga period of masters, thought it slightly degenerated in Toyotomi period and Tokugawa period, kept its ideal of Oriental romanticism, that is an attitude that considers spiritual achievements as the highest effort of art. "

Tenshin sought this ideal of " Oriental romanticism " as Japanese or Oriental ideal of ultimate beauty. And this ideal, as we have seen, had almost disappeared because of extreme Europeanization. Tenshin tried to reconstruct the ideal of " Oriental romanticism " that has once come to its climax in Ashikage (Muromachi) period again into Modern era. There, we can recognize another figure of Tenshin who looks back on Middle Age in common with the Pre-Raphaelite and the movement of Arts and Crafts in England. Although there is some remark of such an influence to Tenshin, it is still true that his conception of Japanese art history that engendered through the conflict between tradition and modernism was surely the first " Aesthetics of Japan " in this country. Apart from its merits and faults, it is sure that this paradigm of Aesthetics of Japan advocated by Tenshin has continued to exert a great influence on both domestic and foreign researches of Japanese culture.

航天员在我心中，航天员安全在我手中①

◎ 陈善广

陈善广，1962 年生，研究员，博士生导师。现任中国载人航天工程航天员系统总指挥兼总设计师。兼任中国空间科学学会理事，中国宇航学会理事，《航天医学与医学工程》杂志主编。自 1992 年起被任命为 921 工程航天员系统副总设计师。

尊敬的王（传中副）书记、各位老师、亲爱的校友们：

大家好！

此时此刻站在讲台上，我感到有点惶恐。走进武汉大学校门，想起了 27 年前我满怀对未来的憧憬来到武汉大学这所高等学府，

---

① 本文系作者 2005 年 11 月 11 日在武汉大学所做的讲演。

度过了四年难忘的时光。在这四年当中，有很多事情令我难忘。一是武汉大学有悠久的历史，有古朴的校风，有优良的传统，有深厚的文化沉淀，也有严谨、求实的学风，在这里我们得到了很多有很高学术造诣的老师、老教授的辛勤培养，学到了基础的知识，掌握了一些基本的思维方法。同时也是在这里，我们开始了对人生的感悟，开始懂得了一些做人的道理。二是武汉大学美丽的校园。武汉大学可以说是全国最美丽的大学。很难忘记那琉璃瓦式的建筑，藏书丰富的图书馆和美丽的樱花大道。今天我重走了樱花大道，感触很深，非常美。在这样的环境里学习是一种享受。四年之后，也是从这里，我满怀着新的憧憬走向了国防科技和载人航天的事业。此时此刻，我非常感谢母校给我提供了这样一个很好的机会，使我能够重回母校，进行汇报、学习。也很感谢在人生最难忘、最有意义的四年当中老师们给予我的培养。在这里我再次对武汉大学的全体师生表示衷心的感谢。（掌声）

下面步入正题。我报告的题目是《航天员在我心中，航天员安全在我手中》。这是我们航天人的口号。今天我主要介绍一些知识，同时谈一点感受。想分为以下几个方面：一是对我们的单位——中国航天员科研训练中心的介绍；二是对我们的学科的介绍，三是对载人航天飞行的地位和作用以及我们所承担的任务的介绍；然后回顾一下神六精彩的片断。首先我想对中国航天员训练中心作一些介绍。它的前身是航天医学工程研究所，成立于1968年，位于我国西北角一个风景秀丽的郊区，是国内惟一从事航天医学工程研究的科研机构，也是中国航天员成长的摇篮。围绕载人航天飞行中人、机、环境这三者之间的相互关系和作用以及它们之间的优化组合以确保航天员的安全、健康以及高效工作而开展的相关的研究形成了独具中国特色的学科体系，我们叫做航天医学工程体系。这个学科体系是医学与工程相结合的、跨学科的综合性的一个学科体系，它包括航天医学、心理学、工效学等多个学科。这个中心也培养和造就了一支来自70多个专业的优秀的高素质的科学人才队伍，建成了大型的地面模拟设备，为国家乃至世界的载人航天飞行作出了应有的贡献。

下面介绍一下航天医学工程体系。从 1968 年建所以后，我们进行了航天员的选拔，但是由于政治、经济等原因停拔了。停拔以后我们转入了预先研究，并跟踪国外载人航天领域里相关的学科。在这个时候我们载人航天医学工程的专家们从来都没有放弃，因为他们知道我国作为一个拥有这么多人口的泱泱大国，必将会在载人航天领域里占有一席之地。为了这样一个目标，我们几代航天医学工程专家为之付出了巨大的努力。在这个过程当中，他们积极跟踪国外最新的研究成果，根据我们国家的国情，创建了航天医学工程学科。这个学科凸显以人为本的理念，包括的内容有航天基础医学等。航天基础医学下面包含的有航天环境医学、重力生理学和空间分子细胞生物学等。这是一个基础性的学科方向。我们都知道，人类进入太空，从离开地球的一瞬间就开始遭遇到太空飞行中的种种恶劣的环境因素，包括震动、噪音、失重、冲击等因素。这些因素对人体的生理会造成影响，那么会造成什么样的影响呢？环境航天医学就是要在这方面进行研究。航天医学工程还有一个很重要的学科，就是航天实施医学。人在太空中生活要冷静，操作要非常好，表现要非常好。怎样选择这些人，怎样训练这些人才能满足载人航天飞行的需要呢？航天实施医学就是对选拔的标准、方法和实施程序进行的研究。因为不同的人群是有差异的，比如男性航天员和女性航天员就是有差异的，标准不一样。这是从基础医学向工程应用方面的转化。第三个方面就是航天工效学，比如人机界面。人要感知人机界面里面的信息，而它里面的信息是否能够被快速、准确、有效地感知呢？这就涉及人机界面的设计问题。人机界面是航天工效学的一个方面，航天工效学还包括舱内操作，这些操作是十分复杂的。各种操作的按钮设计要从人机相互配合的角度进行系统优化以便提高人机处理系统信息的有效性。另外还有一个就是航天生物医用电子工程，它和生物医用工程很接近，主要是解决如何对太空中的人体的生理参数进行测量的问题。获取相关的人的健康信息需要有传感性技术，先通过传感性技术获取心电、呼吸、血压、脑电等生理信号，然后通过放大处理，经过天地线传输到地面，这样从地面就可以知道远在太空中的人的生理状态。这种医用电子技术不

管是在现在还是在将来都具有很大的作用。第五个方面是航天环境
控制和生命保障工程，这里面包含的内容很多。一个是舱内环境控
制，这是十分重要的，人要能够在舱里生活就必须营造一个适合人
生活的舱内环境。人已经习惯了地面上的环境，如一定的大气压、
温度、湿度等，所以要在座舱里也设置这样的环境。这就需要创造
合适的座舱气压、合理的气体的成分、合适的温度和湿度等。另外
一个是生命保障。生命保障是很重要的，特别是当人要在太空中生
活多天的时候。对人在太空中代谢所需要的能量、物质，如氧气、
水、食品等的处理以及对排泄废物的处理等，这些都是生命保障的
内容。同时，航天员要在地面上进行严格的训练才能适应空间的变
化。我们有大型的地面设备来配合航天员的训练。其中一个很关键
的设备就是飞船飞行训练模拟器，它是我们航天员训练的最为关键
的设备。它能够模拟飞船从发射、上升、入轨、轨道飞行、返回的
全过程，特别是可以训练航天员在故障状态下怎样应急处理故障，
怎样应急飞行和返回的能力。它要求内部界面与飞船要完全逼真，
同时航天员所感知的信息要与实际飞行所感知的一样。这个难度是
很大的，因为我们在做这个设备时没有任何的载人飞行实战经验。
只好在上天之前先做好，上天飞行返回以后经过验证再进行修改。
所以"神五"的时候杨利伟同志就面临着这样的问题。但是他经
过刻苦的训练，最后操作准确到位，圆满地完成了任务。"神六"
又在"神五"的基础上进行了相应的修改和完善，我们两位宇航
员也优秀地完成了任务。这些方面综合起来就反映了航天医学工程
的整体内容和框架。这个学科经过几十年的发展，它的理论基础和
体系已经比较完善了，但是还需要不断发展。

通过各种媒体对"神六"和"神五"的宣传，大家对载人航
天飞行的背景和意义都已经有了些了解。载人航天的意义在哪里
呢？人类要开发空间资源，如果你在空间技术上不处于领先地位，
你就没有说话的分量。载人航天飞行的意义不仅体现在政治上，实
际上在一些局部战争中，我们可以看到航天学的应用已经产生了直
接的巨大效用，这些战争已不是那种近距离作战的模式了。信息化
空间战将是未来的作战样式。另外，载人航天对科技推动也具有很

深远的意义。所以说载人航天是国家政治、经济、军事综合实力的象征，它对于提升我们国家的凝聚力和国际地位都有好处。载人航天飞行的整个工程从1992年开始，涉及了七大系统。第一个系统就是航天员系统，刚才已经讲过了。第二个系统是空间应用系统，主要是解决在空间中如何开展科学试验，利用空间资源造福人类的问题，主要是应用方面的。第三个系统是飞船系统，飞船是人进入空间的重要载体，所以飞船系统十分关键，飞船系统的构造也很复杂。第四个系统是运载火箭系统，它是人类脱离地球进入空间的第一个环节，安全系数要求很高，这一步失败了，后面的飞行就无从谈起。第五个是发射场系统，酒泉卫星发射中心承担着这个任务。还有两个系统分别是着陆场系统和航天测控与通信系统。这七大系统相互配合，共同完成了载人航天飞行这样一个浩大的工程。在这个工程里面，我们中心承担了第一个系统以及飞船系统里面的环境控制与生命保障分系统的任务。航天员系统就是在航天医学工程学科的基础上，为了适应我们国家载人航天工程的需要而建立的一个系统。它的中心任务是要选拔训练出能够执行载人航天任务需要的优秀的航天员，并提供相关的医健医保，包括航天食品和航天服的研制以及大型的基本模拟训练设施的研制，同时在飞船的研制过程当中，从人的生理、心理等各个方面提出相关的要求，在研制不同阶段进行评价。在飞船的环境控制与生命保障系统方面，我们要研制很多舱内环境控制的设备支持，同时要提供完整的生命保障支持和技术设备支持。我们所承担的任务是相当重的。今天和我一起来的还有一位我们中心的航天员系统的副总工程师，也是我们十分优秀的武大的校友王宪民先生。他博士毕业以后加入到我们载人航天的行列中来，对自己的要求很严格。

（"神六"片断回放部分略）

那么这次"神六"宇航员是怎样选拔的呢？"神六"与"神五"相比，有以下几点不同：一是飞行人数增加了，由一人飞行变两人飞行；二是飞行的天数增加了，"神舟五号"是一天飞行，而"神舟六号"是多天飞行；三是在"神六"飞行中，航天员还要进入到轨道舱进行工作和生活。这样"神舟六号"对航天员的要求就更高了。一是他们学的东西要更多更宽，30多万字的手册几乎要背下来，每一个环节都不能出差错；二是多天飞行中可能会发生这样那样需要应急的情况，他们必须从容、沉着、冷静地去面对和处理，所以对他们的心理素质要求很高；三是他们不仅要在各自岗位上进行工作，同时还要互相沟通、密切配合，把乘组整体效用发挥到最佳状态。针对这样一些变化，我们在航天员选拔时，侧重从思想素质、身体素质、心理素质和训练成绩四个方面进行考核。我们选拔的原则是：科学、客观、公正、合理、可行。要做到这十个字谈何容易，因为要评定一个人的综合素质如何是很模糊的。我们不但要求航天员在技术上精益求精，而且也要求在其他方面表现完美，因为他展现的是中国人的形象。我们把考核分成了若干个阶段，在不同的层面上进行优中选优，层层选拔，在里面引入计算机系统、引入数学模型和方法来进行客观的评价。这个评价必须得到各方面的认可，不仅要航天员满意，也要各级领导满意。所以整个过程体现了科学、合理的原则。第一阶段我们选出了十个人，第二阶段我们从十个人中选出了六个人，组成三个乘组进行训练，第三阶段必须对这三个乘组进行排序，这是很痛苦的，非要排出一、二、三不可。这三个乘组表现都很突出，他们的成绩差异也就只有两分之差，基本上挑不出什么毛病来，但是我们要鸡蛋里面挑骨头，对他们进行排序。最后的一个阶段是在临行前的一天进行确认。我们选出了第一个梯队、第一个候补梯队和第二个候补梯队。如果第一个梯队因为不可测的原因出现了问题，第一个候补梯队就要跟上。如果第一个候补梯队出了问题还有第二个候补梯队。所以不是双保险，而是三保险，保证有一组来执行飞行任务。最后费俊龙、聂海胜以他们的实力在各个阶段中都处于领先水平。尽管优势并不是很明显，但一直都是处于领先水平。这是选拔的情况，然后是训练，训练要根据任务的特性进行。我们要进行体能、心理等各个方面的综合训练，不能出任何差错。所以考核非常严格，可以说是非常严酷的，挑战也是严酷的。被选拔的人员要承受巨大的心理压力和身体压力。航天员的选拔、训练情况基本上是这样的。我们严格的选拔和全面系统的科学训练为整个"神六"的成功搭起了坚实的空间阶梯。载人航天是一个庞大的系统，牵涉到方方面面，是一个千军万马集体拼搏和智慧的结晶。在这样一个工程面前，任何一个人的贡献都是微不足道的。成绩和荣誉归功于祖国和人民以及千千万万为此事业默默奉献的航天人员。航天员教员和工程技术人员叫响的一句口号就是"航天员在我心中，航天员安全在我手中"。这句话是很有分量的，听了这句话后航天员十分感动，他们也有一句让我们感动的话，就是说他们对于我们工程技术人员完全放心。哥伦比亚号的失事，俄罗斯有一次返回差了40公里，这些都是航天飞行史中发生的事故和灾难。这些事故和灾难我们的航天员也都知道，但是他们没有退缩，因为他们的确是拥有忠于职守，为祖国敢于牺牲、勇于奉献的精神。这种精神从他们加入到航天事业的一刻起就已经宣过誓了。所以说航天员确实是很值得我们尊敬的，同时航天员也深深地明白，在他们的背后默默无闻奉献的科学人员何止千万。方方面面的人都在为此作出努力，他们会考虑每一个细节，每一个环节，保证我们的战友在上面的安全。这些科学人员为了承诺，十多年没有假期，没有舒坦地度过一个星期天，连续地加班加点，很辛苦。很多同志拒绝公司企业的诱惑，因为在我们这工资待遇是很低的。有些没法照顾年幼的小孩，有些把婚期一推再推。在他们的心目中，祖国的利益高于一切，在他们的心目中，献身祖国的航天事业无怨无悔。正是这样一个英雄的群体一直以来秉承着并实践着"四个特别"的载人航天精神，奋力攻关，顽强拼搏，为国家强盛和民族振兴，实现了祖国航天事业一次又一次的跨越和辉煌。在即将结束我的演讲的时候，我想对青年校友讲几句话：祖国航天事业、社会主义现代化建设和国防建设需要一大批高素质的优秀人才。我想在未来的载人航天队伍当中，在祖国建设的领域里面，一定会有越来越多的武大学子大展宏图的。记得巴斯德，法国的一位生物学家说过："立志是一件很重要的事情，工作随着志向走，成功随着工作来，这是一定的规律。立志、工作、成功是人的活动的三大要素，立志是事业的大门，工作是登堂入室的旅程，在旅程的后头就有成功在等待着来庆祝你努力的结果。"谢谢大家！（肖艾芹整理）

大学生要强化"自我塑造"的意识①
——和法学院新同学讨论"读书与做人"的问题

◎ 梁 西

梁西，别名梁宋云，1924 年生，湖南安化人。1953～1982 年执教于北京大学法律系。从 1983 年起执教于武汉大学，任国际法教授，1986 年经国务院学位委员会评选批准为博士生导师。曾先后兼任中国国际法学会理事、顾问，中国海事仲裁委员会委员，国家邮电部法律顾问，湖北省人大常务委员会法律顾问等职。主要著作有《国际法》修订第 2 版（2000 年）、《现代国际组织》（1984 年）、《国际组织法》修订第 5 版（2001 年）等。主要译著有《联合国与裁军》（1972 年）、《希思外交报告：旧世界新前景》（1973 年）、《吉米·卡特》（1978 年）等。主要代表性论文有《论国呼法的发展》（1990 年）、《论现代国际法中的集体安全制

---

① 本文系根据作者于 2005 年 10 月 24 日为武汉大学法学院全体新同学所做"讲座"的讲稿和现场录音综合整理而成（是一种比较松散的口语表达）。

度》（1988 年）、《国际困境：联合国安理会的改革问题》
（2005 年）、《论国际社会组织化及其对国际法的影响》（1997
年）、《联合国：奔向 21 世纪》 （1995 年） 等。主要译文有
《亚洲国家与国际法的渊源》（1980 年）、《从国际司法角度看
联合国的各项原则》 （1979 年） 等。其《国际组织法》（专
著）和《国际法》（主编）两本书，均以繁体字在中国台湾出
版，具有一定学术影响。

同学们：今天讲座的主题，是"大学生要强化'自我塑造'
的意识"。主要想谈谈我在多年教学过程中得来的点滴的体会与经
验，属于"一孔之见"，聊供大家参考。围绕这个主题，准备讨论
五个问题：第一个问题是"freshmen，预备——跑！"这是一个赛
场口令；第二个问题是"如何搞好课堂学习"，这是我们上大学的
一个非常重要的环节；第三个问题是"必须扩大学习视野"，这里
主要谈课外阅读与扩大知识面；第四个问题是重点介绍几种学习方
法；第五个问题是一个简短的结束语，总地讲一下"全面发展"
和"创造性思维"。

一、"freshmen，预备——跑！"

"freshmen，预备——跑！"是一个比赛场中使用的起跑口令。
我的意思是想说同学们要有"起跑"的思想准备。如果上大学是
一场赛跑运动的话，那么我们就应该抓紧时间，及时"起跑"。

我们知道，学校教育有几个不同的阶段，就像我们在成长过程
中有几个不同的阶段一样。不管是小学阶段、中学阶段，还是大学
阶段，都有两个主要的方面：一个方面是"教"，另一个方面是
"学"。但是这两个方面，在各个阶段都有它们不同的特点。

大家一定还记得，在幼儿园和小学，我们与老师是手拉着手来
学习的。到了中学阶段，师生关系稍微松散了一些，但是也可以说
是老师追着我们、赶着我们来学习的。到了大学阶段就大不相同
了。为什么？第一，我们长大了，成人了，生理上的发育已经愈来

愈成熟了。第二，我们的注意力已经比中小学生集中得多，比方说，今天教室里就非常非常安静。第三，我们的记忆力和在中小学时不一样，现在不是单靠具体的形象来记忆，而主要是靠自己的理解能力、思维能力、逻辑能力进行记忆，不是死记而是在感悟的基础上记忆。第四，最重要的一点是我们的想像力和创造力也丰富多了。总之，我们现在的学习能力比过去大大提高了，已经具备了自学并进行探讨和研究的能力。而且，我们在心理素质上也有了显著的发展和变化，最突出的是我们已有强烈的自我意识；荣誉感、自尊心和进取心，较之过去也大大增强了。

正是基于这些，大学里的教师就不能够像中小学那样来进行教育，同学们也不能够像中小学那样去接受教师的教育。"大学教育绝对不能中学化！"现在，大学里有没有这种现象呢？不能说绝对没有。这种现象，我们应当尽一切力量去改进它，使大学教育真正成为地地道道的大学教育。因此，就教师而言，应当不断地去改进教学方法，提高教学质量；就学生而言，应当不断地去改进学习方法，提高学习效率。如果不能做到这些，那就有可能产生两个不良后果：一是它会妨害大学生的自我塑造和发展，更具体的一点是它会妨害大学生在学习中的主观能动性和创造性思维。

所以，新同学在入学以后，最重要的是首先要在思想认识上有一个充分的准备，要使我们的学习方法能适应大学阶段的教育，能适应大学老师对我们的指导，能适应大学校园的学习和生活。只有在学习的方式和方法上有一个大的转变，我们才能够圆满地完成在大学阶段的学习任务。据说，有的同学在入校以后，不免抱有这样一种想法：高考太累了，现在该休息休息了。但是同学们，"为学犹如逆水行舟，不进则退"！正如我刚才所讲的，如果把上大学比做一场新的赛跑运动的话，那我们的运动会已经开始，你做好了参加比赛的思想准备没有？如果还没有，那就应该抓紧时间，赶快入场。如果还在犹豫不决，那就会大大误了"起跑"的时间！

二、如何搞好课堂学习

（一）教材的作用与价值

我们的每一门课程都有教科书，对于教科书的价值应当怎样去认识呢？过去有一个这样的概括，我觉得可以供大家参考。它说一部好的教材必须具备"三基四性"。所谓"三基"是指教材的基本理论、基本知识和基本技能。"三基"的内容综合性比较强，具有重要的指导意义。我们只有学好了基本的法学理论知识，掌握了基本的技能，才有可能提高我们分析问题和解决问题的能力。这是我们学好法学专业的一个前提。同时基本的理论和知识是一种高度的规律性的概括，具有很高的实用价值，学好了会使我们受益终生。"四性"是指一本好的教科书应该具有思想性、科学性、实践性以及先进性。上面所说的"三基四性"为我们提出了怎样去挑选教科书的标准。只有符合以上要求的教科书才是合格的教科书。当前，有一些课程，教科书种类是比较少的，特别是一些新兴课程的教科书就更少；而一些比较成熟的课程，教科书则比较多。教科书种类少，固然难于挑选，因为无以挑选，但是教科书多了也存在困难，因为必须善于挑选。教科书的挑选首先是靠教师，如果觉得教师挑选的教科书不够满意的话，同学们还可以自己买参考书。实际上，现在书店里有一些教科书，内容常常互相模仿（说得严重一点，也可以说是"抄"），相差无几。按理说，教科书应该是教学的"经典"，其所包含的理论与知识应该是最基本的理论和知识，应该是最准确的。但是现在的教科书质量参差不齐，所以，怎样挑选教科书是我们学习中很重要的一关。

接下来，讲一讲如何阅读教科书的问题。我认为在大学课堂里，应该有师生双方的思想交流，如果要想提高课堂里上课的效果，学生预习教科书是非常必要的。有的老师为了使讲授更符合教学规律，或者为了创造新意，可能对讲课内容在顺序上作一些调整。针对这种情况，我们在预习的时候应该把幅度加宽。这样，不论老师怎样调整顺序，他所讲的内容都会在我们的预习范围内。中学时的预习只要求大家把书本上的定义、公式、例题等看过就可以，不能理解的可以听老师的详细讲解。在大学里应当要求高一些，为了在上课时能够形成师生"共鸣"，学生在预习时必须找到三个"点"：第一，在阅读过程中要找到各个章节的重点；第二，在思考过程中要发现理论上的难点；第三，通过钻研后要产生学术上的疑点。把这些重点、难点和疑点在书上圈画出来，标注上自己的理解和疑问，这样才算达到了预习的目的。上述这三点，可能也正是老师所要讲授的内容。这样的预习，有助于在课堂里组织学术讨论。

经过老师课上讲解以后，自己回过头来还要复习一遍。同学们在复习的时候，应该把上课所听到的与教科书中所讲到的以及自己所想到的内容，融合在一起，进一步进行思考与研究。然后看这一方面的问题是否都深入理解了。如果还没有完全理解，那就请教老师。在课堂里可以给老师递条子，也可以在课下再问老师。老师都会耐心地解答问题的。

另外，还有一个办法，就是同学们针对有兴趣的课程，三三两两组织成学习研究小组，课后互相学习，交流心得。这样，一方面加强了同学之间的学术联系；另一方面，学习互助也是一种能够沟通思想与感情的最好的同学关系。

讲到这里，我想到曾有同学告诉我，同学之间的关系有时不好相处，导致学习与情绪很不稳定。那么同学关系怎样才能处得好呢？我想顺便提出三点建议。

第一，除上面所说的"互相学习"外，还要做到"互相谅解"。同学之间如果遇到什么摩擦，互相说一句"对不起"就可以解决了。许多生活中的细节，如果用心去对待，一些无益的纷争就会化解。我们要用宽厚与智慧去对待纷争，换个角度，换个方法，虽然目的相同，但大事就会变小，小事就会变无！要时刻记住：学习最重要，其他皆小事。

第二，要"少一点任性，多一点耐性"。我知道在座的大多是独生子女，父母爱你们如掌上明珠。但是现在离开了爸妈的呵护，来到了学校，就应该加强集体意识。我们已经是成年人了，要学会"自我克制"，不要一遇到不顺心的事就发点小脾气。我想这也不失为搞好同学关系的一个好方法。

第三，我认为还有一个最重要而且最根本的方法，也是一个我经常述说的方法，这个方法不仅适合年轻人，也适合中年人甚至我们老年人。这个方法，无论在家庭里还是在社会上，要想处理好关系都是用得着的。今天，我不吝啬将它送给大家。这就是"随时随地心中有别人"。例如，别人有难事，要伸出同情援助之手（不吝惜）；别人有好事，要与人共享快乐（不嫉妒）；如遭到别人怨言，首先要反躬自问，进行"换位思考"（不"惟我正确"），如此等等。同学们，只要能做到这一点，同学之间的关系就一定能够搞得很好。我们今天的主题是"自我塑造"问题。假如同学们要问梁老师：在"为人处世"方面，"自我塑造"的核心精神应该是什么呢？我会毫不犹豫地回答：它的核心精神应该是上面讲的这句话——"心中有别人"。这虽然是从前面讲"学习互助"中展开说出来的一句话，但确实是我们"做人"和"做事"的一盏明灯。它能够帮助我们形成一个良好的学习环境。

（二）重视教师的指导作用

首先讲一讲"听课"的问题。同学们，在大学里听老师讲课一定要聚精会神。听课时主要是要用脑，而不单是用手。绝对不能老师讲什么我们就记录什么。在课堂里，主要是听，记录是次要的。要记录也只记录重点。我们要善于发现老师讲得最精辟的地方。同学们，老师在按教材"照本宣科"的时候，不会有什么意外的东西，因为这些内容教科书上都有。上课时应该着重听老师讲什么呢？听他的"弦外之音"。当老师尽情发挥或讲得高兴的时候，应该特别注意听，这里面常常有很精彩的东西。其中可能有一些最精辟的论点，是他毕生的研究成果。我们在一年级就要养成专心听课的习惯，不要思想开小差。

同学们问我应该如何做笔记？绝对不要像中学时那样，老师讲学生记。教科书上有的就没有必要记了。应该记老师即兴发挥时所讲的东西，记他点滴的经验，记那些你在书本上很难找到的新思路和新观点。还有一个方法就是结合教科书内容在书上做记录。遇到不懂的马上在教科书上做记号，下课后再问老师。

听课的诀窍就在于要争取老师指点迷津，要把老师讲解的"金钥匙"拿过来。拿到"金钥匙"以后你就能开启知识的宝库，能够得到更多的东西。老师的指导作用是非常重要的，必须努力去争取。同学们一定要认真听课，一方面这是一项应该遵守的课堂纪律；另一方面，如果老师讲得好，你可从中受到教益，如果讲得不好，你也可从中吸取为何讲得不好的教训。而且，老师所掌握的理论和知识肯定比同学们要多得多，要深刻得多，在他讲一百分钟的时间里，只要有二十分钟很精彩，那么这堂课就算很有收获了。设想一下，在大学四年里，倘若每一堂课都能够收获二十分钟的精彩，那么累加起来，到大学毕业时，你的收获会有多少？你会不会变得比过去更聪明更能干呢？答案是肯定的。所以不管老师讲得好不好我们都要认真听讲，争取老师的指导。当然，如果老师讲得不对，也可以和老师展开讨论。这是学术平等，也是坚持真理。课外的指导问题，留到后面来讲。

（三）一套完整的学习资料

在大学毕业的时候，希望大家能够积累一套完整的学习与研究资料。每一门课程结束后，有关这门课程最重要的一些著作你有没有？学习民法，民法著作中最经典的是什么？学习宪法，王世杰先生的名著《比较宪法》看过没有？学习国际法，周鲠生先生的名著《国际法》看过没有？《奥本海国际法》看过没有？每门课都有自己经典性的著作，你如果有，这些著作都应当保留下来，这是第一。

第二，把各门课程老师推荐给我们的教科书保留下来。

第三，一些有价值的参考书和资料，例如学习法理学时，不少有关法学基本理论的参考书和资料，很有价值，可以长期使用。还有一些好的工具书，如各种字典、辞典、资料集、案例汇编、法律汇编、条约汇编、人名地名译名手册等，都应当保留下来。

第四，每一门课程的自学笔记和课堂笔记也要一一加以整理。从现在起，你们的笔记本最好都买一样大小的，等到毕业的时候就会有一套很整齐的资料。

第五，凡是自己写的文章、学习心得等，也很有价值。假如，你下课后，就刚才所说的"心中有别人"这一句话写了一个心得，那么这篇文章就应该保留下来。

把每门课程的这五种资料都整理好、保存好，对你将来的学习、研究与工作都肯定会有帮助。当你活到一百岁的时候再拿出来看看，很有意思，大学生活又重现在自己的眼前！这第二个大问题"搞好课堂学习"，就讲这么多，接着讲第三个大问题。

三、必须扩大学习视野

（一）大学教育的特征

与中小学相比，大学教育有什么特征呢？我想把它简单概括成两点。

第一个特征是，大学教育是高等教育。什么是"高"呢？"高等"在什么地方？我觉得就学生而言，"高"就高在不仅要求学生要从老师那里学得很多高深的知识，而且更重要的是，要在大学过程中，自己直接去发现和找到更多更多的知识。怎么才能够发现和找到更多的知识呢？靠自学，靠研究，靠思考。在中学时学得多研究得少，而在大学时研究则显得更加重要。大学生不仅要通过老师的传授来获得知识，而且要通过扩大阅读面与研究范围来猎取更广泛的知识。

第二个特征是，大学教育是一种高级专业教育，是一种高级专才教育。大学生不仅要有一般的知识，而且还要有专门的知识。将来既能当"万金油"（多能），而且更重要的是能够当"专家"（一专）。当然，大学教育还有很多其他的重要特点，但是这里，围绕今天的主题，就只谈这两条。

根据上述特点，我们应如何去塑造自我呢？就法学而言，我认为同学们在大学阶段要努力做到两点：第一点，要具备广泛的法学基础理论；第二点，要具备厚实的部门法专门知识。总地来说，是要"品学兼优"。只有这样，才有可能把自己塑造成为真正有用之才。上述两点非常重要，实际上就是，做学问既要"博"又要"专"。"博"与"专"应该是一种什么关系呢？"专"必须建立在"博"的基础上。只有拥有了广泛的理论基础，才有可能获得精深的专业知识；只有拥有了广泛的理论基础，才有可能更便捷地获得精深的专业知识。"博"是金字塔的塔底,"专"是金字塔的塔尖。没有塔底,不可能有塔尖;仅仅有塔底,又怎能叫做塔呢!可见,两者缺一,就不可能把自己塑造成为一个有用的人才。

一位朋友曾经说过一句寓意颇深的话:"中国缺少的不是人口,而是人才。"我们现在确实缺少人才。现在社会上竞争得很厉害,是什么竞争?是人才的竞争。我们如果不具备相当的才能,不"品学兼优",我们就可能成为竞争中的败将!所以我们必须在大学里努力把自己塑造成为一个具有高尚品德的"博而且专"的人才,一个"一专多能"的人才。

(二)需要加强课外学习

前面,我们强调要重视课堂学习,但是大学生单靠课堂学习来获取知识是远远不够的。在中学时,主要是进行课堂教学,考大学时,靠的也主要是老师反复教,同学们翻来覆去地背诵和做习题。这主要是一种应试教育,需要改进,在大学里不能这样。我们不能把自己整天关在教室里,我们要走出教室,走出教科书,扩大自己的阅读范围,扩大自己的知识面。

现在科学知识的发展有这样一种趋势:从纵向来说,发展速度非常快,据分析研究,每十年,知识总量就要增加一倍,这即所谓"知识爆炸"。从横向来看,知识的发展呈现一种交叉化的趋势,科学是在不断综合的过程中发展的。政治与经济同法律不可能没有关系,法律同社会也紧密地联系在一起。现在,很多疑难问题都不可能靠单科知识来解决,很多社会问题是没有学科界限的。学法律的人如果知识面很狭窄,许多问题就解决不了。比如说要解决环境污染或能源的法制问题,除法律以外,起码还需要懂得若干化学、生物、物理等方面的基本知识。

法学是一个涉及社会生活各个方面的学科,这就要求学习法学的人要掌握多方面的知识。课堂学习是有限的,社会是无限的。教师与教科书所讲的主要是某一专门学科的内容,范围比较单一。所以我们除了要认真搞好课堂学习外,还要多读参考书,加强课外学习,要有读破万卷书的精神。

当然,"读破万卷书",仍需要有计划地读,"乱点鸳鸯谱"不行。同学们，你每天到图书馆阅览室去，读些什么书，应该有所选择。这个问题留到后面再具体谈。

现在，学校非常强调学生综合素质的培养，要求"德智体美"全面发展，要求加强个人品质和身心涵养等方面的教育。素质培养，同样也需要有渊博的知识。知识广泛了，基础加强了，你就更加充实了。品学兼优，更加能干，也就变得更为聪明了。聪明与能干都不是天生的。这些与一个人的遗传基因虽然有关，但是至少有一半是后天开发和培养出来的。后天培养靠什么？起作用的因素很多，但是对我们学生来说，主要是受教育（学校教育、社会教育、家庭教育），主要是要认真读书，认真磨炼。你读书破万卷了，知识多了，又经过了磨炼，你就心明眼亮了。如果你知识很狭窄，有聪明也只能是一点小聪明，不会有大聪明。

还有一点，我们读书的时候还要考虑到将来就业的去向问题。同学们虽然才一年级，但是要有远见。"人无远虑，必有近忧。"应该仔细想一想，毕业以后将会干什么？能够干什么？实际上，这也是我们"理想"的一部分。人，应该有"理想"，有"决心"，有"信心"！我们不能只看到今天，将来干什么？这一辈子主要干什么？这些都需要从现在起逐渐形成一种思路。所以，在选择课外读物时，我们除了应该根据自己的特长和自己的爱好外，还要根据现实社会的需求和自己的"理想"来综合考虑这个问题。

据我观察：一个人的成功，包括很多伟人，很多大实业家，很多有成就的学者和大学问家，往往是由一个"兴趣"开始的。兴趣常常成为推动我们扩展知识范围的一个重要因素和动力。我们的阅读，应该适当照顾到自己的兴趣，但是也不能单凭兴趣。例如，某一本参考书应该读，但我对它没有兴趣，怎么办？同学们，兴趣也不是天生的，为什么没有兴趣？很可能是你还没有学进去。我记得周鲠生先生为我们讲授国际法时，起初我对国际法并没有多大兴趣，但是后来懂得多了，不知不觉兴趣就来了，而且越学越有兴趣，学到了七八十，我还在学，每天都在学。可见，兴趣是可以培养的。读书读到奥妙之处，你就有兴趣了，读到奥妙之处有所发现，有所发展，你就更有兴趣了！

我们要想扩大自己的知识面，还可以多选选修课。学校开了许多选修课，你可以听法学院自己开设的选修课，也可以根据个人知识结构的需要和爱好去听文学系、哲学系、历史学系、新闻学系、经济系、社会学系开设的选修课。只要你有兴趣，你就去听。当然，这也要围绕自己的专业学习计划来安排，不能负担过重。总之，无论是读参考书，还是听选修课，都要有恒心，要挑选得适当，要坚持下去。虽然我不是说"书中自有黄金屋，书中自有颜如玉"，但是书中确实蕴藏着无限的风光，只要我们勤于去挖掘。

除了选修课之外，还可以多听些学术报告。武大的学术报告，在我读书的时候很少，现在各式各样的报告很多。仅用我自己做例子，这些年来就在校园里做过十几场报告。校园里几乎每周都有几场报告，同学们可以抽时间去听听。与其日夜去上网，玩网络游戏，在网上聊天，不如省点时间去听学术报告。他做两个小时的报告总要准备几天吧！我今天做这个讲座就准备了好几天，还找同学开了两个座谈会，加起来起码花了二十个小时。人家花几天时间来讲理论问题，总会有点内容吧，你只花两个小时就把报告听完，这比自己亲自去寻找信息和查阅图书资料要便捷多了！

同学们，知识多了，知识面广了，你的思想和智慧也就拓展了，遇事就更容易产生联想。复杂问题的解决，常常需要有高度的联想能力。看到某种现象，学法律的人就可能想到：这里面有民法问题，有法理学问题，或者有国际法的问题。所以，知识渊博的人思想敏锐，经常会有一些独到的见解和新的看法。在工作中点子多，适应能力也比较强。比如说，将来你不一定一辈子当法官，也许有一天你想去当律师，也可能去当法律顾问，还可能去教书或者做研究工作。你适应能力强，你就都能愉快胜任。如果你是个书呆子，在大学里就只学了那么一点很狭窄的专业知识，那行吗？不行！一个知识面狭窄的人往往难于处理重大问题，特别是那些带综合性的复杂问题。社会现象和自然现象都是非常复杂的，多种因果关系并存，常常你中有我，我中有你，综合性很强。这里，举一个当前大家都很注意的例子：最近我国有什么大事？航天载人飞船上天！取得了新的更大的成就！在电视里面，航天总指挥是很少出来的，但这次露面了。当这个总指挥真不容易，各种重大问题他都应该心中有数。例如有关数学、物理、化学、机械、气象等方面的重大问题，人的心理素质问题，包括航天员应该怎么训练，等等。外行行吗？不行。没有多方面的基础知识行吗？不行。在法律方面，也是如此，如前所述，很多法律问题的解决，都不可能是单一的，而是涉及社会和生活的各个方面，纵横相联，阴阳交错。知识面太狭窄了就很难把工作做好，尤其当今在经济全球化的时代里，地球变得越来越小，各种事物变得越来越复杂。如今，很多国内法律问题就常常和国际法律问题联系在一起。所以，我们学法律的人就必须具备广泛的国际知识，才有可能妥善解决这类涉外问题。

知识渊博与基础理论深厚，这两个方面是互相影响的，基础越好的人，知识面越容易扩大，知识面越广泛的人，理论基础越容易提高。现在，科学知识发展得非常快，比如电脑知识，真是日新月异。发展越快，老化也越快。社会科学包括法学，发展同样很快，也有老化的问题。所以学社会科学的人，也应该在坚实的理论基础上随时补充和更新自己的知识。

我们要加强理论学习，要不断扩大自己的知识面，这里存在一个方法论的问题。"人生苦短"，我们时间有限，精力有限，怎能在有限时间内获得那么多广泛的知识呢？关键在于改进学习方法和提高学习效率。讲究方法，就能事半功倍，不讲究方法，就会事倍功半。有一句教育学上的名言大家可能知道："授人以鱼，不如授人以渔。"为什么？捉鱼的方法，比鱼更有价值，因为有了捉鱼的方法，你可以随时捉到更多的鱼。有了好的学习方法，知识不够用，知识老化了，你可以及时猎取更多的新的知识。所以一个好的老师，不仅应该认真传授知识，而且还应该多多教导学生猎取知识的方法；不仅需要向学生强调勤于思考的重要性，而且还需要教会学生如何思考。一个高明的老师，会送给学生黄金，而那些更高明的老师还会送给学生点金术。送点金术的老师是更好的老师，这是从教师方面来说的。那么从学生方面来说应该怎样呢？学知识很重要，学得越多越好，但是，更重要的是还要学到猎取知识的方法；我需要赚钱，但是如果有了点金术那就更好！所以，我们要加强方法论的学习，提高学习效率，在最短的时间内获取最多的知识。当然，学习与研究的方法有各种各样，是很多很多的，其作用也常常因人而异，不可能"一劳永逸"，但是，我们首先应该有这个"重视学习与研究方法"的意识。至于某些具体的学习方法，我们将用一个专题放在后面来讨论。

（三）在学习中注意能力培养

我们在进行自我塑造中，要多方面有意识地注意自己能力的培养。这与课外学习是相辅相成的两个方面，有彼此推动的作用。具体说来，需要提高的方面是很多很多的。比如说，在认识能力方面：你平时的观察力怎么样？注意力能不能高度集中？辨认能力如何？记忆力强不强？同学们，过去电话总台的接线员可了不得，像电脑一样，能记住好多好多的电话号码，你问他，他能马上就告诉你，很快很快！人需要有各方面的能力，特别是应对方面的能力很可贵，很难得，是一种高度综合性的能力。我看到一些外交官答记者问的时候，我很紧张。为什么？因为有些问题很敏感，要回答得恰当，真不容易。但是有的人，认识与思辨能力都很强，能够迅速应对，把问题回答得非常好。这，如果没有坚实的基础和丰富的知识，没有长期的培养和锻炼，是不可能办到的。

在思维能力方面：你掌握事物本质与规律的能力如何？有分析综合和概括复杂事物的能力没有？想像力怎么样？我们学社会科学和法学的人，应该充分注意提高所有这些方面的能力。在这里，同学们不必有畏难情绪，所有这些方面的能力都是可以锻炼出来的。有些事情，虽然看起来错综复杂，但是只要仔细观察，"由此及彼，由表及里"地深入思考，"去粗取精，去伪存真"，反复琢磨，苦思苦想，总是可以抽象出一些规律性的东西来的。年轻人思想活跃，脑海里问题很多，装满了不少的问号，这一特点正是我们锻炼思维能力的一种动力，也是年轻人的一种巨大优势。我们要尽量运用这种优势。

学以致用，将来参加工作之后，社会上有很多问题等待我们去解决，要求我们有高度的实践能力。我们必须明辨是非，学会创造性地思考，增强自己分析问题与解决问题的能力。例如，我国在东海海域与日本的划界问题和油气田开发争端，现已成为中日关系中的难题。我们在国际法的学习中，即可结合实际加以研究，组织一些学术讨论，进行全面分析与思考。如果能够在维护我国领土主权与利益的大原则下，提出一个妥善解决东海大陆架划界问题的建议和方案来，那就更好了。这，也可以作为我们将来毕业论文的选题之一。这，无疑是一次很好的综合性的锻炼，需要学习很多有关海洋和海洋法规的基本知识，需要翻阅中日关系的历史，需要阅读很多有关东海问题的文献与资料，需要了解争端的具体内容，需要熟知国家的外交方针，需要进行创造性的思考，需要具有高度分析问题和解决问题的能力。提出这样一个建议和方案有没有可能呢？我想，只要肯下工夫，哪怕再难，总有一天会成为可能。我们应该有这种信心！

（四）博览群书，要善于挑选

如果我们要加强课外学习，要扩大知识范围，那就有必要挑选一些适合于我们学习与参考的优秀读物。到底应该读些什么书呢？图书馆里，书山书海的，我们要善于挑选。人们说，"花园里挑花，越挑越差"，为什么？那是方法有问题。如果在这方面没有把握，可以请老师指点。借书时，也可以每次多借几本，"货比三家"，先试读一下，再挑一两本最适合于自己的从头读起。

首先，要把学校的公共政治理论课学好，这是基础的基础。要选读一两本法理学、法哲学方面的书。不管是国内法方面的法理学，还是国际法方面的法理学，都应该多看一点，多学一点。现在书店里有一本欧美作家（E·博登海默）写的《法理学——法哲学及其方法》，这本书有些高年级的同学读过，博士生和硕士生读得比较多一些。我们可不可以读呢？试一试，如有兴趣又能看懂，未尝不可以读。但它翻译得很生硬，比较难懂。如果现在读不通，没有关系，等将来考了研究生后再读原文也可以。北京大学有一位教授沈先生，他写的《西方法理学》、《中国法理学》，都比较容易看懂，一年级就可以开始读。还有刚才提起过的吉林大学的张先生，曾经写过一本叫做《法学基本范畴研究》的书，作为入门，很适合大家去读，里面写的是一些很基本的东西。法学基础打得扎实的学生，根基深厚，将来发展的潜力大、后劲大。"根深才能叶茂"，这句话说得很形象，很有道理。

我们还应该多看点逻辑学方面的书。逻辑学是关于思维形式与思维规律的一种科学，它所研究的是有关概念、判断与推理及其相互联系的许多规律和规则。这些规律和规则，可以帮助我们正确地思维，可以帮助我们较准确地认识客观真理。学法学的学生，无论在文字上还是语言上，都要求很高。法学应该是逻辑性很强的一门学科。我们不仅要学"形式逻辑"，还要学"辩证逻辑"。我们写文章也好说话也好，都应该有逻辑性。说话没有逻辑性，就会语无伦次，一塌糊涂。写的文章没有逻辑性，别人就不可能看懂。如果在文字上连逻辑性都没有，那怎能写出准确的判决书来呢！又怎能写出精彩的有说服力的学术论文来呢！

关于专业方面的一些经典之作，每一门课程都应该选读一两本。好比说，学习"国际法"的时候，你就应该重点读周鲠生先生的《国际法》。周先生的书写得很认真、很好，虽然有些看法已过时，但那是代表当时的观点，仍有历史意义。特别是书中一些基本的国际法原理，旁征博引，阐述得非常准确。老实说，现在的许多教材，大多是从他的书中传抄过来的。如果你外语学好了，还可以看些欧美的国际法书籍。国际法是国际的法，需要了解国际社会，不读国外的书怎么行？例如布朗利（Brownlie）的《国际公法原理》、菲德罗斯（Verdross，奥地利规范学派的代表）的《国际法》和奥本海（Oppenheim）的《国际法》（第九版由 Jennings 和 Watts 修订），虽然这三部书量很大，但都已有中文译本。如果考了研究生，以后还可以再读原文版本。此外，我主编的那本《国际法》（总论部分有些特色和新意），由五位教授共同撰写，比较容易读懂，可以提到前面一些阅读。接着，应该读王铁崖先生的《国际法引论》，这是王先生的代表作，是一本总论性的书，值得认真学习。

上面，仅就"国际法"参考书的阅读问题，挑选了几部著作，至于其他各门课程应该阅读哪些著作，我想有关各专业教师会详细为你们说明的，这里不啰唆了。

　　另外，还有一些资料也值得去看。好比说各种期刊上的专业论文，各种杂志和报章上的实际社会动态等，图书和报刊阅览室里都有。你每天晚间或星期六、星期天从早到晚，都可以去阅读。我保证你从阅览室出来的时候，一定很高兴，可能比你买了一包好吃的感觉还要好。还有某些重要的法律文献，也很值得去读。如果你正在上国际法课，那《联合国宪章》看过了没有？世界上许多大事，在《宪章》的111个条文中，均有原则性规定，看看这个很有必要。还有一些著名的案例书，如《东京审判》，介绍分析审判日本法西斯战犯的情况，也值得看一看。社会学方面的书，更是多得很。同学们，社会学是很有意思的，社会学是人类的社会学。人之所以为人，就是因为他们能组成一个"社会"。人和人类社会是怎么发展起来的呢？最初据说同猴子（猿）是一家，后来逐渐演化成人，在生产与生活中慢慢形成了一个"有组织有秩序"的社会。人类社会是人类文明、人类智慧的结晶，我们应该认真去研究和"欣赏"！平常我们也许觉得这个社会"无所谓"，但是你想想，中国十三亿人口，这么大一个社会，井井有条，虽然也有一些问题，但总地看是很好的、很安定的。而非洲的情况就很不相同，这是为什么？我们要学会仔细观察社会的各种实际现象，多找点社会学的书和有关社会实际问题的文章来看看，多作些分析与研究，挺有趣的。学习国际法时，还应看些有关国际社会、国际关系和国际政治的书，要关注世界大事。政治不懂，怎么能学懂法律呢？法律背后总是有政治的，所以我们不能脱离政治，要学政治学，要读政治学方面的书。法律与政治，相互影响，对其辩证关系应当有个正确的认识。

　　还有，大学生应该学会写文章。许多大学生写得挺好，但是也有少数写不好。有的写作方法不对头，有的缺乏基本理论知识，有的思路不够清楚，等等。所以，为了写好文章，有关写作方面的书也应该看一点。

　　还有，外语学习也很重要。大学生，需要而且应该能够看一些外文书。改革开放，涉外事项愈来愈多，我们需要了解世界，世界也需要了解我们。学法学的人必须学好外语，本科生至少应该学好英语，研究生能多学一种语言那就更好。将来若是考了研究生，很多资料都是从外文书中来的，所以要加强外语阅读能力，同时也要学会搞翻译，特别是学国际法专业的学生更需要如此。现在书市上有很多翻译的书，有不少是未学过翻译的人翻译的，不讲究翻译方法，所以有些部分很难看懂，可能连译者自己回过头来也不一定都能看懂它！你说这种书怎么去读呢？可见，我们在可能的条件下，最好还学点翻译方法。有一位美籍华人陆先生，曾长期在南洋大学教书，他写过几本《翻译基本原理》和《翻译技巧》等。我学着搞翻译，就是从看他写的书开始的。他是用英文写的，很浅显，容易看懂。此外，还有一本专门用于翻译法律性文字的书，叫做《法窗译话》，教你怎么翻译法律文献。你多看点这样的书，也有助于外语阅读能力的提高。前两天为这个讲座开座谈会时，有位同学问我，除专业书外我年轻时还看些什么书？还有些什么嗜好？我说喜欢散步，喜欢读鲁迅的杂文，还看点较浅的外文小说和散文。看什么小说呢？年轻时喜欢看 Charles Lamb 和 Mary Lamb 从 Shakespeare 戏剧集中改写的英文小说，A. Conan Doyle 写的 *Hollmos* 侦探小说和 J·W·Goethe 写的 *The Sorrow of Young Werther*，等等。这些书在 20 世纪四五十年代，旧书店里有卖的，很有趣，对人很有吸引力，不忍释手。这类书，多少看一些，对提高学外文的兴趣和阅读能力似乎有点帮助。

还有，提高"道德修养"和"文学修养"方面的书，也应当看一些。

总之，我们的阅读范围，在可能的条件下不妨广泛一些，要使自己有一个广泛而合理的知识结构。在大学里，把基本理论学好了，专业搞扎实了，知识面扩大了，综合素质提高了，加上锻炼，你的适应能力也就增强了，能力增强了，你也就更聪明了，更容易在实践中取得成就！

（五）读书贵在理解

我常常叮嘱学生，"要使青草变成牛奶"，这是什么意思呢？我的意思主要是：要使"死"的材料变成"活"的知识，变成"有用"的知识，要使"死"的资料升华，成为我们能够掌握和运用的知识。就像奶牛吃了草原上的青草，经过消化以后，把它变成了营养丰富的牛奶一样。我们读书，贵在"消化"（理解），如果不能消化理解它，那就不能运用它，这有什么意义呢！知识之所以可贵，就是因为它能够帮我们解决问题，能够以之为国家和社会服务。

读书，千万不能死读，要活读。过去有一句笑话，说的是：有的人，只会"死读书，读死书，读书死"。这是在告诫人们：读书最重要的是理解，读书不理解，就不能活用，等于没有读。平常所批评的"应试教育"不能说没有这个问题。我记得姚先生在世时，我院国际经济法专业在研究生考试中，曾经有这样一位同学：他的笔试答卷得满分，得了第一名，但是在面试中问他问题时，却一问三不知，所以他的口试成绩很差，结果未被录取。这一现象，很值得研究。从教师方面来考虑：我们的命题应该命活题，让读死书的占不了便宜，让读活书的有充分发挥的余地；就学生方面来考虑：主要是读书要求理解，活学活用，如只会死记硬背，没有深透理解，就等于白学。要记住重要的内容，但是要在理解的基础上去记忆。理解有助于记忆，理解了就更容易被记忆，并且会记得更牢。

五六岁的小孩可以背诵古诗，他会背诵"月落乌啼霜满天，江枫渔火对愁眠"，会背诵"大漠孤烟直，长河落日圆"，多好的诗啊！小朋友能够把它背出来，可是他理解吗？我想，大学生肯定能够理解。不过，要真正完全懂透这些诗句，恐怕还要通过一定生活经历去理解。到了中年，到了老年，当人生路走过了很多很多的时候，再来吟诵这几句古诗，可能会别有一番意境和体会！学习是一辈子的事，我们需要不断学习。对于一个问题，我今天学懂了，但不见得完全理解了，还要不断地体会，不断地思索。总之，"理解万岁"！你只有理解透了，书本才会成为你有用的知识，才能"学以致用"。

（六）如何读精品书

我们想要扩大知识面，想要扩大阅读范围，除了在网上阅读外，首先就需要有可供阅读的书籍。书有自己买的书，也有从图书馆借来的书。最好的书和精品书，应该自己买。对于自己的书，应该圈圈点点地去读。对于图书馆的书你不能乱圈乱点，不能乱画。自己的书，自己一个人用，阅读时，要脑手并用。那天开座谈会时，我对同学们说：你看，我有好几枝圆珠笔，有红的，有蓝的，有粗铅笔，有细铅笔。看书时，有的用来打圈，有的用来画线。有的地方画三角，有的地方加重点符号。重要的地方，还要加上批语，有眉批，有左右批，把自己的心得、体会记下来。

我在念中学的时候，那是一九四几年，离现在已有六十多年了，当时，对"几何学"很有兴趣。我一向记忆力比较差，学平面几何时，记不住"定理"，证题时，常常依靠对"定理"的理解。对所有的几何学"定理"，我都努力去理解它，把它懂透，考试的时候用自己的语言写出"定理"，写出我为什么要那样"证"，运用的"定理"是什么。在初中三年级的时候，我曾经在旧书店里买到一本几何学的课外书，叫《温特渥斯平面几何学解法》，全书一共有601道问题。我如获至宝，反复认真阅读。在书上加圈加点加批注，写了很多，还写了几行幼稚的中文式的英文字句：It's my novel. It's my fiction. It's my romance！哎呀，现在看来，当时竟有这么大的兴趣！这么多年了，这本书我从家乡带到北京，又带到武汉，现在还在我的书架上，对它的兴趣至今不忘。同学们，学点几何学有好处，对思维能力，特别是对逻辑思维是很有帮助的。

接着，讲一讲从图书馆借来的书。图书馆的书怎么读？第一，你要做内容摘要；第二，读完后，要把它的分类号记下来；第三，书的出版年月、作者、主要目录都需记下。这样做，在以后需要时，便于再去查找。

还有一种书，是经常要用的，就是工具书。例如，各种法律法规汇编、国际条约集、各种案例汇编、资料汇编、百科全书、法律年鉴，等等，都要学会使用。有句古话，"工欲善其事，必先利其器"，就是说做任何事情，都要有工具、有方法，工具书是我们最好的助手、最好的老师，我们在学习过程中，要善于使用工具书。

我认为，在读书过程中，最重要的一条是要有轻重缓急。对于一般的书，我用一句很形象的话来说，就是要用"骑马观花"的方式来读。骑着马，在花园里面边走边看。这里是玫瑰，那里是月季，那里是荷花，大致看一下就行了。对于这种一般的书，可以先浏览一下目录，需要哪一章节，就翻开来看那一章那一节。但是，对于一些重要的书，精品书，那就应该"下马观花"。下马，一步一步慢慢地走，仔细欣赏和观看。

关于如何读精品书的问题，我有一个"六字读书法"。说起来很有意思，这是上次我给研究生讲"法学学位论文的设计与写作"时，研究生帮我从讲稿中概括出来的。这六个字就是"通读、读通、读透"。

什么叫"通读"呢？我读书有个习惯，首先，总是从它的序言读起，接着读后记，然后看目录，再把正文大体上粗读一遍，快速地看，要求对全书有一个基本的了解。

什么叫做"读通"呢？这是第二步，就是要完全读懂，要求自己真正深入领会全书的内容。尤其是对其中一些主要的概念、论点和论证，都要有十分正确的理解。

第三步是要"读透"，什么叫"读透"呢？就是要透彻地读，透悉作者的思路和研究方法。他是从哪里想起的？提出了哪些新见解？结论是如何得出来的？资料使用得怎么样？论证方法有什么特点？还有，你要深入思考和研究他书中的一些基本观点，这些观点有何内在联系？其间有无矛盾之处？每一章每一节都有这样一些重要观点，要用不同颜色的记号标记出来。这样，便于将来复习和查考，也便于日后引用。

我想，关于"读透"的要求，还有更重要的一点，就是要找到书中那些带有规律性的知识。什么叫规律呢？什么是带规律性的知识呢？规律，是不以人们意志为转移的，是反映事物发展过程中的本质联系和必然趋势的，是在同样条件下能够重复有效的。好比说，水是怎么产生的？这里就有规律。只要把两个氢一个氧放在一起，在一定条件下，经过一定的程序，水就产生了。这就是规律，是"放之四海而皆准"的一个规律。读精品书的时候，一定要把书中带规律性的东西都找出来，特别是对其创新之处和闪光的地方不可忽略。

所谓要把精品书"读透"，我认为还有最后一点，也是一项更高的要求，那就是要找到：这本书好，好在什么地方？不足，不足在什么地方？因为你只有知道了它的重要学术价值以及它的缺点和不足之处，你才能在它的基础上加以充实和发展。科学就是这样一步一步发展起来的。这里可以举个例子。前面，我们讲到了奥地利著名法学家菲德罗斯，他撰写的《国际法》，是一部精品书，很值得一读。他在书中写了一章"国际法的社会学基础"，篇幅不小，但是稍有不足的是，论证得不够。也就是说，他还没有把核心问题写透，还没有把基本理论说清楚。有感于此，在主编武大版《国际法》时，我结合国际实践对同一问题进一步进行了多角度的分析与研究，并且从中归纳出了若干更为深邃而带有规律性的见解。各位将来如果有兴趣学国际法的话，只要把菲德罗斯《国际法》上册的第10～19页，同武大版《国际法》的第5～9页对照比较一下，就可以看出这两个地方各有其明显的特点。如果把这两者结合起来学习与研究，收获就会更全面一些。下面，讲第四个大问题。

四、要讲求学习方法

结合前面所讲几个方面的问题，我已经分别提到了自己若干学习的经验和读书的方法。现在，再集中来谈谈这个问题。

所谓"方法"，一般来说，即人们在认识世界与改造世界的活动中所采取的方式、手段、途径等的总称。就今天这个讲座的主题而言，就是在学习与研究活动中提出问题、分析问题与解决问题的方式、手段和途径。

下面，我们先讨论一下方法的重要性，然后再介绍几种具体的学习方法。

（一）"不以规矩，不能成方圆"

同学们，做任何事情都有一定的方法。你想，如果没有方法，能够随意从水里面浮起来游泳吗？如果没有方法，能够用筷子吃饭吗？外国人用筷子吃饭有困难，就是因为他还没有学会用筷子的方法。如果没有掌握方法，我们也打不了高尔夫球。同样，如果不讲求方法，我们也用不了电脑，上不了网，进不了图书馆，也不会查阅各种工具书。没有方法，就不可能把英文翻译成中文。当然，如果不讲求方法，我们也不可能把学习搞好。所以，方法是无处不需要的。例如，我今天用"不以规矩，不能成方圆"这句古语来开题，就是一个讲课的方法问题。因为我觉得用这个方法来开题，比用其他的话来开题更好一些。这句话开门见山，使我们所要讨论的主题思想一下就凸显出来了。"规"和"矩"是制作和校正圆形和方形的工具。没有规，你就画不出很圆的圆形来；没有矩，你也同样画不出很正的方形来。因此，木匠师傅时时刻刻都离不了这套工具。

方法，对大学生的学习很重要，而对刚入校的新同学则显得更加重要。为什么？我想讲下面几点意见：第一点，法学院的课程特别多，一年级的一些基础课，新的概念不少，而且理论性很强，新生一开始不容易接受。那天在座谈会上，有同学反映说："听课听得很痛苦。"我说："有这么严重吗？那是为什么？"他说："名词、概念太多了，听了半天没有听懂。"同学们，不要泄气，没有关系的，今天没听懂，明天你会好一点的，一个月以后，一个学期以后，你会越学越轻松。为什么？因为你和法学的接触愈来愈多，又掌握了一些学习方法，熟能生巧，懂得多了，就会比较容易听懂。在中学里面，一节物理或化学课，讲一两个定律和几项原理；一节数学课，讲几个公式，比如说 $(a+b)^2 = a^2 + 2ab + b^2$，然后就在课下反复做练习，这不就行了吧。可是，在大学里面，一堂课要讲好多好多内容，特别是在一年级，新名词、新概念层出不穷，对刚入门的人来说，确实有些难处。为了克服这些困难，老师在讲课时，要注意循序渐进；但学生在学习中，必须讲求学习方法。

第二点，一年级学生的课余时间比较多，但是到了二年级、三年级就不是这样，越到后面课程越多。有的课开得太早了，有的课开得太晚了，而且很多内容是重复的。因此，课程必须改革，要使课程的开设完全符合教育规律。课程与其开得多，不如开得精！应该给学生留下进行广泛阅读以及研究与写作的时间。现在我们面临的问题是，大学生应当如何去应付这种时紧时松的局面？特别是一年级课余时间比较多，应该如何去利用呢？你在中学时，星期六和星期天，有爸爸妈妈约束，在家里读书，不出去玩，要玩最多玩半天。在这里没有人管，在网吧里和运动场上玩整天都可以。如果不加以计划，也没有自学安排，那么每星期整整两天两夜的宝贵时间，就无所事事，白白地浪费掉了。每个星期两天，一年就是几十个两天！中学生的课程从早到晚排得满满的，上完课还要做习题，上晚自习有老师看着，机械得很。相比而言，大学里面比较松散，比较自由，也比较主动。这就要求我们更要讲究学习的安排与方法，更要讲究计划性。每天做什么事情都要预先有自己的安排。"一年之计在于春，一天之计在于晨"，如果星期六星期天没有课就去游荡，不想读书，那就完了。

第三点，大学里面课外活动很多，参加哪一个呢？常常有学术报告，有各种学术组织和协会，周末的文娱活动也不少，还有各种各样的比赛。参加哪些，不参加哪些，都应该事先有安排，要考虑好。如果没有把握，可以找同学们商量商量，也可以找导师加以指导。最重要的是，要分出轻重缓急。十个指头弹钢琴，哪一个指头弹哪一个键？哪一个是自己的主要旋律？都要弄清楚。总之，要做到心中有数，独立生活，自主学习，妥善计划，发挥主观能动性，要把学习、休息和生活都安排得有条有理。

同学们，我们的"大学梦"做了很久了，现在美梦已成现实。大学生活已经开始，我们必须以"只争朝夕"的精神，提高我们的思想认识，改进我们的学习方法，尽快适应大学的教育方式与环境，再鼓雄心，拿出高考时的拼搏劲头来，再接再厉，把一年级的学习任务完成好。根据我长期的观察和体验：凡是一年级一开始就能够很快进入学习轨道，并且能够很快"起跑"的大学生，就一定能够较好地完成一年级的学习任务；凡是一年级任务完成得好的，到二年级、三年级也不会有什么问题，以后会越来越好；凡是一年级走了弯路，到二年级、三年级才回头，虽然仍有希望，但是不免还会出现些困难。所以，一年级是关键，千万不可大意！

（二）学习方法举例

俗话说："师傅领进门，修行在个人。"我在这里改一下，"老师领进门，成才在个人"。老师把我们领进了"学术之塔"，但成才还是要靠我们自己。怎么才能"成才"和"成才"的方法，这是一门大学问，过去很多教育家都进行过论述，众说纷纭。下面专门就学习方法举几个例子，供大家"举一反三"，作为参考。

1. "学"与"思"相结合的方法

"学与思相结合"，这个提法很科学，自古有之。本来，学与思就是不可分割的。思是指思考，指研究。孔夫子曾经说过："学而不思则罔，思而不学则殆。"意思是说：只学不思，则会终无所获；只思不学，则将成为空想。这句话很好地体现了学与思的辩证关系。孟子也说得很好："思则得之，不思则不得也。"在这里，孟子把思当做了重中之重，当做了关键问题。北宋的张载曾主张：为学要"多疑"，要"精思"。张载在这个问题上已有所发展，提出了"疑"在"思"中的深层作用。我们可以说，许多学问都是从疑问中得来的，我们在学习中要多问几个"为什么"。同学们，我们在阅读教科书时，千万不要把它当做圣经。教科书本应十分正确，但是实际上并不可能条条道理都千真万确，全无错误。由于编者水平参差不齐，可能有不少地方是值得商榷的。因此，不能迷信权威。能够将不足之处不断加以修订，那就是一件好事。比如说，我今天所讲的，就不见得都正确，其中如果有80%有用处，我就觉得很满意了，如果有60%有用处，我还是觉得成绩不错。一堂课不见得句句话都讲得很对。因此，我们应抱着质疑的态度去听讲座，去阅读图书，去探讨问题，这是张载的主张，他突出一个"疑"字，我觉得很对。苹果从树上掉到地下，千百万年以来几乎所有的人都没有疑问，这是理所当然的事情，还值得怀疑吗？可是有人怀疑了，结果他找出了"所以然"，他做成了大学问，发现了"万有引力"。这个人是谁？牛顿（Newton）。怀疑是学问的来源，学问学问，就是要问，要疑要问。清朝的王夫之主张"学思相资"，这个"资"字说明学与思是互相起作用的。我们的脑子和剪子一样，剪子不用会生锈，脑子也一样。脑子越用（思）越灵，越用（思）越聪明。越灵越聪明，学得也就越好。反之亦然。

南宋有个大哲学家朱熹。朱熹集理学之大成，建立了一个完整的客观唯心主义的理学体系，他教书五十余年，也是一位大教育家。关于做学问，朱熹有一段名言："为学之道，莫先于穷理；穷

理之要，必在于读书；读书之法，莫贵于循序而致精；而致精之
本，则又在于居敬而持志。"① 这段话分为四个层次，把做学问的
道理，说到了极为深邃的地步，值得仔细体会。后来，朱熹的学生
把朱熹作为教育家的学习方法，加以整理和总结，归纳为"朱子
读书法"六条。其一，"循序渐进"（就是要依序读懂）。其二，
"熟读精思"（就是要学思结合）。其三，"虚心涵咏"（就是要平
心思考）。同学们，我们读书和做人，都要虚心，不能自满和骄
慢。能者为师，要虚心向能者学习。三人行，必有我师焉，要虚心
吸收别人的长处。因此，为学要有"求异"的精神。周总理首次
去东南亚开亚非会议，当时中华人民共和国刚刚成立，人们对我国
还有不少误解。据说，周总理的第一句话是这样讲的："朋友们，
我们不是来吵架的，我们是来求同存异的。"这第一句话就赢来了
热烈的掌声。确实，交朋友需要"求同存异"。但是，做学问需要
"求异"，做学问需要有"求异"的精神。我们读书写文章，要多
找（多求）那些不同于自己的观点来认真思考，精心钻研。如果
人家说得对，就要修正自己的观点，虚心接受正确的意见；当然，
如果人家说得不对，就要坚持正确的见解，阐述自己的理由。这
样，才是学者的"大家风度"。绝不可还没有进行认真理解与研
究，就说人家"胡说"。不能自己天下第一，我的就是对，他的就
是错。人家做得好，就共同进步。其四，"切己体察"（就是要联
系自己分析）。特别是那些关于修养的书，我们要联系自己去体察
分析。其五，"着紧用力"（就是要抓紧时间）。我想在这里讲个故
事，有一位数学家陈景润，在"文革"时遭到无理批判，他对
"歌德巴赫猜想"很有研究，时间抓得很紧，在"批斗"大会上他
还在埋头站立着做他的计算，可是"红卫兵"却以为他是在做批
判记录！其六，"居敬持志"（就是要专心致志）。同学们，这是朱
熹六法的最后一点，很容易看懂，但不容易做到。据说，有的同学
进入大学后，有歇一口气的思想，生活很懒散。有的想多交几个朋
友，有时间就去逛逛街。武大虽未明文禁止谈恋爱，但是我们年纪

---

① 见《朱文公文集》卷十四《甲寅行宫便殿奏扎二》。

还小，这一点要十分谨慎。你想，如果影响了学习，学习不好，工作不行，那么即使找到了好朋友又有什么"好"呢？我们在学习阶段，一定要严格要求自己，专心致志地搞好学习。

2．"S·Q·3R"学习法

据高等教育出版社早先出版的一本《高等教育学》介绍：在一些欧美大学里，开设有方法论的专门课程。有的学者曾在课程中提出过一种称之为"S·Q·3R"的学习方法。我们法学院也给研究生开过方法论这门课，但是我们这个"方法论"是由十来位教师去讲的，实际上是一组方法论的专题讲座，系统性不强。据说，在欧美是由专家去讲的，并且有完整的教学体系，很受重视。

"S·Q·3R"学习法是一种什么方法呢？这个 S 代表纵览（Survey），要求快速浏览全书的概况。第二个是 Q，代表质疑（Question），就是要提出问题。在快速浏览过程中，要不断地打一些"Question Mark"，提出各种问题。例如，论点怎么样？论据好不好？论证准不准确？提倡以一种批判和质疑的态度去读书。搞研究，应该富于"批判性思考"。欧美的教育传统，跟东方有些不同。过去，社会上有所谓"一日为师，终生为父"，甚至只要是老师的话那就是颠扑不破的真理。这种古老的旧传统不好。要尊师，但不能尊到老师讲得不对的也要全盘接受。我们在看书和听课的时候，都应该有"批判吸取"的精神，也就是说要独立思考，要有"疑"的精神。这一点，我们在前面已经讲过了。

接下来是三个 R。第一个 R 是 Read，读。如果肯定某本书值得去读的话，就要精读，不能马马虎虎地读，要彻底地去理解。第二个 R 是 Recite，背诵。要背，但却不可死背。要记住些什么呢？要记住这本书的中心思想和主要观点，要记住一些主要理论的基本思路，还要记住其中的那些名言警句。同学们，记住一些至理名言很有好处。前几天我看报纸，有一句话让我拍案叫好。也许没有人承认它是名言警句，但是它确实是名言警句。这篇报道性的文章在结束语中说道："现在，是这样一个社会：人们只看得到现在，而看不到未来；只想得到自己，而想不到别人。"当然，这句话未免说得有些绝对，因为毕竟还有很多很多的人想到了别人。也有不少的人，既能看到今天，也愿意看到明天。但是，确确实实也有很多的人，只想到自己，心中没有别人；只看到今天，而看不到明天。这里，不妨举一个全球性的例子：当今世界，人们对人文环境的破坏，对自然资源的过度开发和浪费，愈来愈严重，已经达到了极其危险的地步。这一现象，正好对应了上述名言！人们常常倚仗一时一地的优势，只顾局部利益和眼前利润，把子孙后代的环境与资源都过分破坏和浪费掉了！几年前，有一位国际环境法的博士，在撰写学位论文时，提及一个原则，叫"代际公平"，就是说在我们这一代人与下一代人之间也应该有公平。我们这一代同我们的下一代，都是地球的主人，我们把后一代甚至后几代人的环境与资源都破坏了，浪费掉了，应该吗？我们有这样的权利吗？这是全人类的一个大问题！第三个 R 是 Review，复习。就是要及时复习并巩固所学到的东西。看了书，听了课，一些精粹的东西，都要让它能长期保留下来，"学以致用"。

3. "渗透"学习法

上述《高等教育学》还介绍了一种称为"渗透"的学习方法，这是杨振宁先生提出来的。从其内容来说，我们也可以称之为"广泛涉猎法"。他认为，一些传统的学习方法有其优点，但是过于"按部就班"和"循序渐进"。那些方法应付升学虽然有用，但是它会妨碍人们快速地取得成果，不利于及时地获取知识。因此，他提倡同时接触多种多样的知识途径，广泛迅速地吸纳知识。好比说，上网阅读，多到图书馆去，快速浏览各式各样的杂志、新书，不论是普通的、专门的；国内的、国外的，都应多多翻阅，及时掌握。你看的多了，接触的多了，自然而然，对很多前沿性的科学知识新发展就都能有所了解，能够掌握到最新的情况和趋势。这就好像海绵一样，海水已经快速地渗透到它里面去了。杨先生的这个"渗透"学习法，应该说对自然科学和社会科学的学者都可适用，优点是很多的：快速，多方面，博种广收，信息量特别大，吸收知识的效率很高。但是也有其弱点：学习的深度受到限制，基础较差的人采用此法，较难收效。所以我建议：高年级同学不妨采用这种方法试一试，但低年级同学可以暂缓，留待后用。

五、结束语

最后,做一个简短的小结,只讲三条。

(一)应该德、智、体、美全面发展

说一件往事给大家听:在北大校园里,有一个风景区叫"未名湖",湖边有四幢宿舍。在 1953 年我刚任聘进校的时候,它们从左到右分别称为"才、德、均、备"(四斋)。不久,经历了一次变革,将这四个斋改称为"德、才、均、备"。这说明什么呢?说明对"才"和"德"的关系有不同的见解。后来,在这四个斋的右边,又增加了三幢宿舍,分别叫"体、健、全"。同学们,我们应该特别注意"德"和"才"的关系。武大的学生,都是百里挑一的高才生,在中学时代,都是拔尖的。进入武大后,绝大多数发展得都很好,但是也有失败的。失败的原因,据观察,多数是在"德"字上出了问题。据说,有的同学这样想:"进了武大的校门就保险了,现在应该多玩玩了。"如是,思想一放松,邪门歪道就容易乘机而入,一发不可收拾,甚至违反法纪,步步走向堕落。当然,这种情况是极个别的,虽然不多,但是太可惜了!这,学生自己要负责,但是学校更有责任。为什么让一个"百里挑一"的学生掉了队呢?① 有一句话说得非常中肯:"做好人,才能读好书。"此语千真万确,语重心长,应该时刻铭记在心!因为做不好人,方向不正确,就会走错路,就会挥霍很多的时间和精力,思想不集中,学习就会滑坡,于是就灰心了,结果就失败了。

有才无德不行,当然,有德无才也不行,必须"德才兼备"。所以,我们的目标是:一定要在正确政治方向的指引下,把自己塑造成为一个全面发展的高素质的有用之才!而且,在"德才兼备"

---

① 据《今日美国报》2006 年 1 月 25 日一篇名为《大学一年级最危险》的文章(作者罗伯特·戴维斯)分析,大学里的一年级学生,一般来说,刚入校时,"并没有准备好应对独立生活中的各种风险",因此大学里的新生最可能犯大错误。所以像卡罗来纳这样一些大学,都设有"安全教育课程",指导学生"如何对待自由",以帮助他们独立生活与学习。

的基础上，还必须加上一条，那就是"体健全"。我们应该勤奋好学，努力读书，但是也不应该废寝忘食，把身心健康搞坏了。身心健康是本钱，没有本钱，怎么会有利息呢？所以，有了"德才兼备"，还要有"体健全"。我们应该"生机勃勃，朝气勃勃，兴致勃勃"地发展，不能成为一个"书呆子"！体不健全，就应该加强锻炼，使之健全起来！与其去逛街，不如去锻炼！刚才提到过的陈景润先生，大数学家，五十多岁时身体就不行了，真可惜！所以，我平常要求学生努力学习，是很注意分寸的，我总是说："要在不搞坏身心健康的情况下拼命学习！"条件和极限是不能搞坏身体。总之，我们要轻松、愉快地学习，高高兴兴地学习，不要背着沉重的压力去学习。此外，我们还要有"行为美"，更重要的是要有"心里美"，行为和心里都"美"，身心都健康，人生才是最美丽的。

（二）学会总结经验教训

"学无定法"，以上介绍的各种各样的学习方法，以及我个人的一些经验与教训，不一定都适合于每一个人。每个人的情况与条件各不相同，所以在学习方法上，还需要自己在实践中根据个人的情况去摸索和总结。哪种方法适合于自己，就适用哪一种。

我经常和朋友们讨论这样一个问题：从一种特定的角度来分析，世界上有三种人：第一种是，他能够借用别人的经验教训为自己服务。别人成功了，他努力学着做，并且做得更好；别人失败了，他尽力去避免，以免重蹈覆辙。这是很聪明的人。第二种是，他能够利用自己的经验教训为自己服务。自己有成功的经验，就继续利用它、发展它；自己有失败的教训，就下决心改进它、克服它，永不再犯。这是比较聪明的人。第三种是，既不会利用自己经验教训更不会借用别人经验教训的人。这是很不聪明的人。当然，上述这种说法未免过于简单，过于机械化，但是，却有些启发性。这一现象，在人们"读书与做人"的诸多方面，常常反映出来。但是我敢于肯定：我们在座的都是第一种人，因为大家都很聪明。

（三）创造性思维

同学们，创造性思维是社会文明发展的源泉和动力。我常常说，人之所以为"万物之灵"，就在于具有不断创新的能力。人类如果不能创新，那就会像原始森林里的猴子那样，说不定现在仍然只会在树枝上跳来跳去地生活；那就不会有今天的大学，不会有珞珈山这么美丽的高楼大厦，也不会有我们今天做讲座的这间模拟法庭！

同学们，我们的学习与研究，要想取得更大的成就，也贵在创新。我们不能只会跟在前人后面"跟踪模仿"，"依样画虎"，我们要强化"自我塑造"的意识。在学习中，要善于利用科学的思维模式及新的学习与研究方法。要善于独立思考，具有创新思维。要勇于开拓，勇于破旧立新，富有不断探索和进取的精神！在我们同学中，在我们学校里，天天有各式各样的先进青年涌现出来。我们相信，明天会比今天做得更好！

同学们，最近全世界各大媒体，都在报道中国的载人航天新闻。我们要以英雄的航天员为榜样，下定决心，树立自信，以无往不胜的航天精神，在我们的学习中，在德智体美各个方面，取得新的更大的成就！

艺术于我有何用？[①]

◎ 彭万荣

彭万荣，男，1963 年出生，湖北仙桃人。武汉大学艺术学系教授，师从著名戏剧理论家谭霈生教授，在中央戏剧学院获得博士学位。现任武汉大学艺术学系主任、表演艺术研究所所长、湖北省美学学会戏剧与影视专业委员会主任、中国高校影视教育委员会理事。近年来曾以本名或彭基博、中英光、广湛等笔名，在《文艺研究》、《电影艺术》、《武汉大学学报》、《现代传播》、《戏剧》、《戏剧艺术》、《当代作家评论》、《学术月刊》等国家权威和核心期刊上发表戏剧、电影、文学、文艺学和哲学论文数十篇，并出版了专著《表演诗学》（2003 年）和《梦想与关怀》（1998 年），主编了大型表演类工具书《表演辞典》（2005 年）。目前主持湖北省文化厅重点项目课题：《导演艺术家余笑予研究》。主要研究领域：戏剧理论、电影理论。

---

① 本文是 2006 年 6 月 13 日在武汉大学"弘毅讲堂"上的演讲。

　　我今天演讲的主题有两个：一个是艺术教育问题，一个是艺术素养问题。在正式演讲之前，我想给大家介绍艺术这个概念，作为我演讲的基础。什么是艺术？历来定义很多，我的定义是：能引起人们惊讶或唤醒人们生命冲动的感性形式，就是艺术。一般来讲，艺术史家或艺术理论家，如意大利美学家卡努杜，把音乐、舞蹈、诗歌、绘画、建筑、戏剧和电影等称为艺术。

　　艺术是很高雅、很纯粹的东西，但我现在演讲的题目却是很俗气、很功利的。这主要是由于中国人的艺术观念或对艺术的态度出现了问题，更进一步，是因为中国的艺术和艺术教育发展出现了问题：中国人普遍的艺术素养是很低的，一般中国人把艺术仅仅看成是欣赏、娱乐的东西，根本意识不到艺术在整个人的发展中的位置，意识不到艺术素质在人的整体素质中的灵魂作用，更意识不到艺术与人的创造性能力的培养有着深切的关系。艺术被矮化、被漠视、被边缘化甚至被妖魔化，以至于我们现在不得不花费很多的时间与精力来做艺术的普及工作，我今天的演讲就属于这种工作。只要中国人还没有形成艺术的自觉，这种工作就是重要的。

　　我首先来谈谈中国与美国高等教育中的艺术教育问题。

　　美国是一个值得我们认真研究的国家，无论从哪一个方面。美国成为当今世界上头号强国，拥有最多的诺贝尔奖获得者，从1901年算起，美国共有279名诺贝尔奖获得者，这意味着美国是一个拥有强大创新能力的国家，他们必须依靠创新解决前进道路上的一个又一个难题。当然一个国家的强盛的原因是多方面的，有政治的、经济的、科技的、教育的、军事的、文化的，等等，——我这里想提供一种从艺术的角度来解读的方式——这许多因素共同作用构成一个国家的核心竞争力。但不管是哪一方面的原因，都与人有关，也就是说都与人的素质有关。人的素质归根到底就是两条：一是专业素质；一是创造能力。美国的高等教育为学生的这两个素质的培养起到了关键的作用。在美国，最早创立艺术史系科的大学是哈佛大学、耶鲁大学和普林斯顿大学，随后创立艺术史讲座教席的有密西根大学、佛蒙特大学和纽约大学。像耶鲁大学就有非常好的音乐学院和艺术学院，纽约大学有非常好的电影系，哈佛大学拥有全美最先进的剧场，麻省理工学院虽然是一所工科院校，但其院长苏珊·霍克菲尔德在访问清华大学时说："人文、社会科学和艺术同样在研究和教育中起着非常重要的作用。"1947 年美国各大学开设的艺术类课程达 800 余门，现在无论是课程种类还是选课的学生，都获得了与当年不可同日而语的增加。总结一下，在美国，一是艺术教育在普通高等院校中不仅历史悠久而且普遍存在；二是艺术教育很少在单科艺术院校进行，而是放在普通高等院校中，也就是说，艺术与其他学科能够进行学科上的互补与渗透；三是艺术教育在整个人的素质教育中地位独特，功能独到；四是每个学校有自己的艺术教育的专长、特点与优势。

在中国，高等教育中的艺术教育如何呢？在我看来，至少有四大失误：

第一，是 1952 年的院系调整，将综合性艺术院校的艺术专业归并到单科艺术院校去，如中央美术学院、中央音乐学院、中央戏剧学院，如北京大学原来有艺术学院，后来就没有了，南京大学原来就有艺术系，后来也没有了。将综合性院校的艺术专业一锅端掉，把艺术专业与其他专业人为分割开来，从而导致学科结构调整上的彼此互补和渗透不复存在，从而使艺术专业的发展失去了其他学科的支持，也使其他专业的结构失去了艺术专业的补充。这种后果使艺术院校获得一定的独立发展空间，但也使后来成立的艺术院校走上了单科艺术院校的发展歧途。

第二，中国绝大多数大学都失去了艺术教育课程，没有师资，没有课程，没有场地。如果按 4 年为一代人，那就意味着在 43 年时间里，有 10.75 代人没有得到艺术教育的机会。所以我们中国的绝大部分高等院校在相当长的时间里，艺术教育处于真空状态，这在世界高等教育史上是没有的。从 1952 年到 1995 年，这期间毕业的大学生失去了最后的获得艺术教育的机会，他们只是获得了某些专业素养和能力，但没有得到艺术的滋养与熏陶。这对我们国家产生了什么样的影响，没有人评估过。

第三，在整个高考中将艺术院校学生与普通院校学生区别开来，从艺术专业特点的角度将艺术考生的分数降低，导致整个社会觉得艺术类考生不需要那么好的文化，从而使艺术类考生文化偏低，不利于这一类考生的成长成材，也使优秀的艺术类生源流失，那些文化成绩好而又有艺术天赋的考生不会去考艺术类专业，还使得整个社会产生投机心理，觉得考不取普通高校才会想到去考艺术专业。

第四，中国高校这种艺术教育的政策和现实导致我们一代又一代的大学毕业生没有对艺术的信念，没有艺术感觉，没有艺术冲动，艺术审美集体性丧失。曾几何时，我们的楼房千篇一律，我们的服装千篇一律，我们的桥梁千篇一律，我们的艺术创作千篇一律，进而我们的思想观念也千篇一律。中国人生活在那样一个艺术环境空前匮乏的时代，这是一件多么可怕的事情。

1995 年，李岚清副总理在主管教育时曾在给全国省市教委主任美育学习班的一封公开信中指出：为培养面向 21 世纪全面发展的优秀建设人才，就必须重视和加强学校美育和艺术教育，将艺术教育作为从应试教育向素质教育转轨的重要途径之一。此后，中央以文件形式要求各高等院校普及艺术教育，中国高等院校的艺术教育才正式开展起来。全国各个大学包括一些重点综合性大学纷纷开设艺术教育课程，艺术专业的建设也从无到有。现在开设有艺术院系的重点大学有：清华大学、南开大学、厦门大学、北京大学、武汉大学、中国人民大学、四川大学、南京大学、复旦大学等。但这只是初步的，还有更漫长的路要走。艺术专业建立起来后就有条件储备更好的教师，开出更好的艺术课程，同学们可以很方便地接触到更好的艺术资源，欣赏到更美的艺术作品。

中国与美国的差别很大，在一段时期内，中国与美国的高等教育中的艺术教育存在很大差异，它对中美两国的发展究竟有没有影响以及什么程度的影响，需要我们去认真研究。我的一个基本判断是，中国人现在的艺术观念、艺术信念、艺术素质、艺术能力与我们的艺术教育存在着密切关系，影响到了我们作为人的整体的素质，进而影响到了整个中华民族的创造能力。

对艺术专业的同学而言，艺术当然是有用的；对于非艺术专业同学而言，艺术也同样是有用的。学艺术，对绝大多数人来说，不是为了当艺术家，或者以艺术为职业，而是为了做好别的事情。所以，对于一般人而言，成为艺术家是一种偶然，但要想更好地生活和更好地创造，就离不开艺术。

那么艺术对我们一般人而言究竟有何用？我想，艺术至少有如下几个作用：

第一，艺术可以培养人们的鉴赏力，艺术可以提高人生品位和生活质量，这是艺术最起码的作用。在现实生活中，我们不是艺术家，但我们却要进行艺术判断，比如进行城市建筑规划与设计时，政府官员就要进行艺术判断，我们说一个城市很美，实际上是说这个城市一代又一代的政府官员的艺术判断力很好。武汉大学之所以美，是因为我们有一批 20 世纪 20～30 年代的建筑，它是与以李四光为主的一批校务委员具有高度的艺术眼光分不开的，李四光不仅是科学家，也是杰出的音乐家，只是一般人不知道而已。人类进入20 世纪后半叶以来，艺术的存在形式正在悄悄发生改变，即艺术由原来的经典存在方式进入世俗生活。过去艺术存在于艺术品中，可现在艺术还存在于生活中，现实生活本身成为审美活动，我们不是在欣赏艺术品，而是在艺术地生活。我们的衣食住行越来越艺术化，我们设计房屋、设计服装、设计发型，甚至博客设计，越来越审美化、娱乐化和游戏化。富有艺术品位的人花同样多的钱或更少的钱却可以获得更好的生活环境和生活质量，原因就在于他有艺术的鉴赏力，鉴赏力是我们对艺术品高下的审美判断力。艺术的鉴赏力成为现代人最重要的一种能力。粗糙的生活不需要鉴赏力，但高品质的生活必须有鉴赏力才能有保障。一个人有了高度的艺术鉴赏力，他差不多也是个艺术家。所以，我们不是艺术家，但我们不得不艺术地生活；为了更好地生活，我们又不得不是个艺术家。

第二，艺术可以培养人们的感性能力。人最重要的能力就是两个：理性能力和感性能力。理性能力是人的理智思维能力，感性能力是人的感知直觉能力，仅仅是理性能力强或感性能力强都存在偏颇，只有这两种能力平衡发展才会造就一个完美的人。艺术就是唤醒感性的，法国美学家杜夫海纳称之为"灿烂的感性"，它是我们对一个对象最原始的、最直观的、最朴素的感知，所谓艺术或美就是感性知觉的完满（perfect）表达。我们对一个对象的判断、加工或处理总是要不断地回到这个感性上来，回到这个最初的印象上来，它是原始的、粗糙的、活泼的、充满可能性的，它是创造的基点。艺术是人们不能依照概念来掌握的，只有通过艺术品、通过审美体验我们才能获得关于艺术的感受。

第三，艺术培养我们的创造力。李政道先生曾说："科学和艺术是不可分割的，就像一枚硬币的两面。它们共同的基础是人类的创造力，它们追求的目标都是真理的普遍性。"在中国，我们是崇尚科学的，但对艺术不说是贬损至少也是忽视的。具体表现在我们对专业知识学习十分重视，但对艺术修养的提高存在严重误区，总认为艺术是休闲娱乐，是浪费时间，是不务正业，将艺术与科学对立起来，根本看不到艺术与科学是一体的，它们都关涉到人类的创造力。爱因斯坦就是将科学与艺术结合起来的典范，他既是物理学家，也是钢琴家和小提琴家。他六岁就开始拉小提琴，钢琴也弹得相当了得，他和量子力学的创始人普朗克合奏钢琴曲被传为美谈。他说，仅用专业知识教育人是不够的，通过专业教育，他可以成为一部有用的机器，但不能成为一个和谐发展的人。李政道先生将科学与艺术相提并论，而没有将科学与哲学、经济学、法学、新闻学或其他学问相提并论，说明艺术具有其他学科所没有的独特功能，担负着独特的学术创造的使命。但科学的发现不是自我生成的，也不是逻辑的自我展开，否则只要公式正确，逻辑无误就可以自我发现了。埃德加·莫兰曾说："科学发现的行为是无法用逻辑分析来掌握的。"他还曾说"科学是建立在非科学之上的"，"应该建立科学和艺术之间的十分密切的联系，而结束它们之间的相互蔑视。因为在科学活动中有一个艺术方面，而且人们经常看到科学家也是艺术家，只是他们把自己对音乐、绘画、文学等的爱好降格为业余爱好或消遣"。我认为，学习某个专业，只是解决了在哪个领域创造的问题，如物理、化学、生物，但这些学科并不解决创造本身的问题；专业提供了创造的形式，创造的动力来源于艺术感觉。

第四，艺术使人纯粹。艺术是非功利的，无目的的，这一点对于中国人尤其重要。我们中国人太实际，实用主义色彩太强，中国人为人处事总喜欢从有用性或实用性的立场来看待，只要一件事没有实际的用途或者暂时用不着，就会被冷落或置之不理。殊不知，这虚与实、有与无、利与害之间都时时处于相互转化之中，并不是那样一成不变的。学习其他学科，我们有一种不断被充实的体验，学习的过程也就是大脑不断被充满的过程；学习艺术则不一样，艺术使人们获得轻松、愉快和享受的满足，我们不是体验被充实的感觉，而是获得一种放松、清空和虚无的体验。精神上虚无的感觉是精神活跃的前提，正如满满一瓶水是死的，而半瓶水才会产生波浪。人太实际了就需要超越，人太紧张了就需要休闲，精神上的虚空过程就是舒服的过程，一种纯粹的过程，在艺术品面前我们流连忘返、忘乎所以、深深激动、久久战栗。所以，艺术的非功利性可以给我们一种超越的眼光，纯粹的态度，认真的立场，执着的精神。一个人的思想上有这样的东西和没有这样的东西是大不一样的。纯粹是人的精神生活中很重要的境界，对一个人来讲，纯粹与不纯粹是不一样的，曾经纯粹与从来没有纯粹是不一样的。

第五，艺术具有治疗作用。波兰戏剧家格洛托夫斯基曾在戏剧中探讨艺术对社会的治疗作用，美国戏剧家理查德·谢克纳在环境戏剧中通过萨满教来讨论艺术的治疗问题。所谓艺术治疗就是病人通过使用不同艺术媒介来表达或解决身体或心理的疾患问题。在治疗过程中，艺术品成为一种个性化的陈述，也成为人们讨论、分析甚至自我评估中的一个焦点。1946年英国就开始设立艺术治疗职位，但艺术治疗作为一个行业一直到1981年才获得正式认可。目前，中央音乐学院设置有音乐治疗学本科专业。心理治疗中运用艺术来解决人的心理和精神的疾患也很普遍。随着社会竞争的加剧，艺术治疗将越来越受到人们的重视与欢迎。有时，听听音乐、看看舞蹈、蹦蹦迪、画个画就是一种轻微的心理治疗。

当然，艺术的作用远不止这些，艺术还可以完美人的人格，培养人的个性，等等。我就不一一讲述了。我的讲演就到这里。（掌声）

下面请同学们提问。

问：彭老师您好，我们都曾听人说过，艺术在生活中，常被很人为地划分为高雅的和通俗的，所谓阳春白雪和下里巴人。我想知道您如何看待这个问题？

答：谢谢你的提问！艺术在生活中的确被划分为阳春白雪和下里巴人，这是对待艺术时常常碰到的一个现象，在戏曲史上就有"花""雅"之争，在整个艺术领域，这种情形更为普遍，比如说音乐领域，有技巧非常高深的西洋音乐，这体现在无论是它的演奏技术还是发声技巧方面，都十分高深；同时也有十分流行的通俗的歌曲。在人们看来，高雅音乐曲高和寡，好像只是一种技术，与我们日常的喜怒哀乐联系不大。我们更喜欢听来自我们身边的一种流行的旋律和曲调，因为它是从我们生活中来的，切合了我们日常现实的生活情感。要说这两种形式，即阳春白雪和下里巴人，它有一种历史发展的阶段。在某一个时期它是阳春白雪，到了另一个时期它可能又成了下里巴人了，反过来说也是一样。所以这其中也有一个转化的、发展的过程。因此对于我们研究艺术的人来说，不管是阳春白雪还是下里巴人，只要它们能带给我们一种艺术的感觉、艺术的冲动、艺术的激情，我觉得我们就应该去欣赏它、去接受它。另外，对于高雅和通俗艺术的划分来说，雅到极处也就成了俗，俗到极处也就成了雅。比如说中国戏曲，它在清朝时期是非常俗的一门艺术，到了今天已成了非常雅的艺术，我们一般人接受不了，只有经过训练的人才能完全接受，这也就是一种延续，从极俗变成了极雅，它实际上也是在变化的。因此，就像我刚才讲的那样，不管是高雅还是低俗的艺术，只要能带给我们艺术的激情和艺术的冲动，我觉得就是我们可以接受的。我不知道这个说法是否能令大家满意？谢谢！（掌声）

问：彭老师您好，现在社会上普遍流行一种审丑的趋势，不知道您如何看待这一现象？

答：这个问题提得非常好，非常有水平！现在社会上的确有一种审丑的倾向。其实在美术史上也有这样的例子。比如我们看罗丹的雕塑，其中最著名的就是《思想者》，他的其他著名的雕塑还有《永远的青春》、《永远的偶像》、《吻》、《海神之女》等，这些都是非常美的作品，还有他的《青铜时代》，严格按照我们人体的比例尺寸来塑造一尊雕像，它是非常经典的，是雕塑史上最美丽的作品；但是罗丹还做过另外的雕塑，比如说《老娼妇》，塑造的是一个人老珠黄的妓女，身体干瘪了，乳房也下垂了，就毫无美感可言，但它却是艺术史上著名的雕像。其实，"美"和"丑"从来都是共存于艺术史上的。到了近代社会，尤其是当代社会，人们更倾向于审丑，这有它特定的历史原因。由于人所处的社会环境的变化，也促成了人的变化，再则，人们长期地接受某一种美的熏陶，一旦到了一定时期，我们所欣赏的，也就不一定再是这个美的东西，而可能是另外一种东西。因为人是不断地要超越自己的，而艺术也最反对单调的、重复的。如果人们长期地接触一件艺术品，天天看，就会麻木了，就会发问，美从何而来？因此怀疑就出现了，但是它确实也曾打动过你。这是什么原因呢？难道是艺术品的美感变了吗？其实是欣赏者的环境的和心理的变化。这是一种反叛，从而导致对另外的东西大量地接受。我们现在就常常喜欢以丑为美，曾几何时我们不以为然的东西，曾以为丑的东西现在却变成了美的。在艺术史上，对一类艺术的接受到了一定阶段，会产生一种背离，我们现在之所以能够更多地欣赏丑，是因为我们欣赏的环境和历史，以及我们欣赏的心理都发生了变化。这就是我大致要表达的意思，不知大家是否满意？谢谢！（掌声）

问：彭老师您好，说到艺术，我们在日常生活中经常接触到，有时它是一个名词，有时又是一个形容词，或者一个副词，比如我们经常说某个人很"艺术"地去做某件事。因此，对于我们大部分不是艺术专业的学生来讲，您是否可以讲一下什么叫做艺术呢？

答：这位同学非常善于回到自我来进行思考，我觉得很好。其实在开讲之前，我提出了一个有关于艺术的概念，我认为凡是能够唤醒我们生命冲动，或者引起我们惊讶或惊喜的一种感性形式，我们就称之为艺术。这其中包括音乐、美术、雕塑、戏剧、诗歌、电影、舞蹈等诸多领域，凡是这些能够引起我们惊奇、能够带给我们新意的东西，它是一种具有新意的感性形式，这两条我们必须把握住。也就是说，它能使我们耳目一新，感觉不同，比如说送花，第一个送花给女生的令我们惊讶，而其他送花的就不会使我们惊讶，哪怕送九千九百九十九朵玫瑰。我就见过这样送花的人，他送给一个女生，可这个女生毫不在意，看也没看，全送给了其他人。其实人做的任何事都可以是艺术。也就像刚才这位同学所说的那样，人做事达到一定程度后，可以通权达变了，也就可以称之为艺术。当领导的有领导的艺术，踢足球的有足球的艺术，而一个人说话很甜，我们则称之为有说话的艺术，等等。也就是说做某一件事，做到比较极致的状态，能唤起我们的某种惊异，这样的感性形式，就是艺术，不管它是不是艺术品。比如月亮、太阳，它们也并非艺术品，一朵白云也不是艺术品，但如果它引起我们的美感，唤起我们的惊异，它就成了一种艺术形式上的东西。因此艺术的定义有两个前提，一个是必须是感性形式，一个是能够引起我们惊异和唤起我们的生命冲动，我们就可以称之为艺术的。因此我们也就在日常生活中努力寻找能引起我们惊异的感性形式，比如说喜欢一个女孩，也是因为她带给我们惊异。我希望你能找到你的惊异，谢谢！（掌声）

问：请问艺术学系是否开设过有关于中国戏曲史和中国音乐史的公选课？因为我想更多地接触一些中国传统的艺术，而并非一味地接受西方的艺术，比如西方音乐。谢谢！

答：多谢你的提问！"中国音乐史"这门课我们以前也开过，授课的是一位来自香港中文大学的博士，这门课开了半个学期，后来因为这位老师调动工作到了另一所大学，因此这门课就没再开过。而我们现在的老师们开得更多的是有关西方音乐的课程。这位同学很热心，也很细心，我很感谢你对艺术学系的关心。你的这个问题也提醒了我们，我们应该加强对民族音乐和文艺的教育，以我们现有的师资，是可以承担这样的课程任务的，我也希望以后能有更多的机会开设有关音乐史的课程。而说到戏剧史的课程，系里是一直都有的，包括中外戏剧史和电影史，课程是比较多的。你可以查阅一下课表，它是在不同年级和不同时段开设的。由于我们系里有表演专业和音乐专业的本科生，因此我们会给他们开设有关中国音乐史，至少是中西音乐史的课程，这是他们的必修课。请你到时候留心一下我们的相关课表。请问你现在是几年级的学生？（答：我是研究生了！）研究生能不能选这门课，选了之后有无学分，我不太清楚，不过你有这样的兴趣爱好，我觉得很好。我会把你的这个意见带回给教研室的老师，希望他们能够面向全校开设中国音乐史的课程。谢谢！（掌声）

问：彭老师您好，我想请问您两个问题，第一个问题是您如何看待美和艺术的关系，第二个问题是您认为我们学生如何在日常生活中培养自己的艺术鉴赏力？谢谢！

答：谢谢！看来这位同学对我刚才的演讲听得很认真。关于美和艺术，在学术界对这两个概念也分别有一些定义，美学有美学的定义，艺术也有艺术的定义。说到美学，它的历史很长，从德国的鲍姆加通开始，可以梳理出一部美学的历史出来。你可以去看看蒋孔阳先生《美学研究的对象、范围和任务》这篇文章，可以得到一些关于美学的基本的了解。而艺术也是一个独立的概念，把艺术作为一门科学来对待的是德国的格罗塞，他认为艺术史和艺术哲学的结合就是艺术科学。然而具体在美学和艺术的研究上，则两者的研究对象和范围多有重复之处，而历史上的著名美学家也差不多都是艺术理论家。目前国内许多学者试图将美学与艺术学分离开来，使艺术学获得独立的发展；然而在实际操作中又很难将它们分离开来。我认为美学的范围比艺术学更大一些，艺术学更多指一种门类学，如音乐、舞蹈、绘画，等等，属于艺术的东西必然是属于美学的，但属于美学的不一定是属于艺术的。

现在回答你所提到的第二个问题，即有关于艺术鉴赏力的问题。我想如果我能告诉你培养艺术鉴赏力的诀窍的话，我就成大师了。鉴赏能力确实很重要，比如说你谈恋爱，找个女朋友就有个鉴赏力的问题，找个男朋友同样有鉴赏力的问题。但是对于什么样的艺术是高级的，什么样的艺术是低级的，那是萝卜青菜各有所爱。有些人觉得某人长得宛如天仙，但另外的人可能觉得不过如此，这样有人就会觉得你的鉴赏力有问题。因此这个问题不是那么好说，不过我想还是应该有一个基本判断的。艺术鉴赏力的形成，还是要求你多读、多看、多听，在实践中去摸索、去总结。俗话说熟读唐诗三百首，不会作诗也会吟。也就是说你的鉴赏力只有在实践中才能得到提高和锻炼。要说窍门的话，的确没什么窍门，只有平时多听音乐、多看戏剧和舞蹈、多欣赏绘画和雕塑，才能不断地在实践中提高自己的欣赏力。谢谢！（掌声）

问：彭老师您好，我有三个问题想请教您。第一个问题是关于艺术的定义，您刚才讲到，凡是能引起惊讶的都可以被称为艺术，我想提一个反例，即陈水扁在台湾搞台独，我听到后也很惊讶，那这个难道能被称为艺术吗？第二个问题是您提到应在全国各大高校开设艺术类的课程，那么是否有足够的、艺术修养比较高的老师来教授课程呢？第三个问题是我觉得艺术的学习也是技术性的，比如学习绘画的人整天就要坐在那里画，我想请您讲解一下这个问题。谢谢！

答：我觉得这位同学很善于思考，在我们武汉大学有很多这样的学生，他们具备很好的思维能力和水平。先说师资问题。我可以告诉你，我们目前还没有那么多师资，但是不能因此而不开办艺术类的课程，因为别人在发展，整个世界也在发展，所以我们应该同样一步步地去发展，通过若干人若干年的努力，而获得比较好的一个环境。这是对于这个问题的回答。

第二个问题，就是关于艺术定义的问题。所谓的惊讶其实是比较宽泛的，引起我们惊讶的，既有正面的，也有反面的。但是我的定义里还有一个关于感性形式的提法。如果从美学史的角度来讲，我可以给你讲一点。英国艺术家将艺术称为有意味的形式，卡西尔则称之为符号的形式。而我所提到的惊讶，也有两个人提到过，一个是亚里士多德，一个是20世纪的德国戏剧家布莱希特。这两位在探讨戏剧问题时，都提到了"惊讶"这个概念。如果我所接触到的东西，没有引起我的惊讶的感情，那么它是不会对我产生影响的。只有引起我惊讶的审美对象，才能对我产生比较大的影响。而你所说的陈水扁的例子，它不属于感性形式，它是个政治事件，而我的艺术定义里的两个前提是缺一不可的，一个是能唤起我们感性冲动的，另外一个，它必须是感性形式。对于一些丑恶的现象，是不能作为形式的，至少陈水扁事件是不会引起我们美感的（笑

309

声）。他也许会引起我的惊讶，但绝不会唤起我的美感。所以他不会进入我的审美系统。

第三个问题，我也曾考虑过。因为我今天所面对的听众，大部分是非艺术类的同学，而学艺术类的同学，艺术也就成了他的专业。学钢琴的，钢琴就成了他的专业。但我所要讲的，是一个人的素质问题。比如说爱因斯坦，六岁就拉小提琴，十二岁就学钢琴。艺术在他生活中扮演了很重要的角色。像你们现在的年纪，学习艺术已经有些晚了（笑声），最好的学习艺术的年龄是在十岁之前。因为我们要进行一代一代人的艺术培养。国外的儿童艺术教育是比较发达的；但国内，如果要一个女孩子去学习跳舞和钢琴，那是很苦的，一般的孩子都不会愿意去学，但是过了这段时间就好了。你们都是研究生，过两三年都会有孩子了（笑声），你们要让你们的孩子多学点儿艺术。在五六岁之前给予他们非常良好的艺术教育，这有益于他们的发展，你们到时候会感谢我的。若干年之后，说不定你的孩子就是诺贝尔奖获得者。年龄对于一个人的学习太重要了，过了一定年龄，学习就很困难。因此我在这里要说这一点，等你们有了孩子后，要对他进行艺术素质的教育。谢谢！（掌声）其实，对于以艺术为专业的人来说，他有时是把对艺术美感和专业素养结合起来了，他也可能会对别的领域感兴趣，他当不了艺术家但却可以成为别的领域里的专家。比如说一位舞蹈家，在他30多岁以后他就不跳舞了，但他还有半辈子要生活，他要去做别的事情，而艺术的修养对于他以后去做别的事情也是有帮助的。因此不论是作为专业的学习还是一种兴趣爱好，我觉得最重要的在于人的素质问题，我们要塑造一种全面发展的素质的人，既有良好的科学素养，又有良好的艺术素养，我希望我们的同学都能成为感性和理性均衡发展的完美的人，在以后的人生道路上取得更好的成就。谢谢！（掌声）

问：彭老师您好，我知道您开设了一门有关于西方电影的公选课，我有几次也想来听，但是每次都是人山人海，我想请问您关于一部经典电影我们究竟欣赏些什么？此外，刚才有位同学提到现在社会有种审丑的趋势，喜剧在现代社会也是很受欢迎的。那么现在人们如此地喜欢喜剧，是否可以说是现代人缺乏审美素质呢？谢谢！

答：不能这样判断。艺术的修养也是一个发展的、历史的阶段，喜剧在历史上也不是某一个时期就形成的，比如说意大利的即兴喜剧，演员没有剧本，上台就演，要求是非常高的，要求在很短时间里就能把观众吸引住，这些基本上都是搞笑的。很多搞喜剧的大师，他们自己的生活却往往不是喜剧性的，比如莫里哀。我觉得喜剧还是和一段时间里社会的发展有密切关系的。因此现代人喜欢喜剧，我并不认为这是由于一种审美素质的低下和滑坡导致的，而是因为现代的人们，由于某种情感的、心理的和精神上的需求，需要喜剧，需要审丑。喜剧更能充分地满足他们的心理，或者大致满足，除此之外他们便得不到满足。其实我年轻时并不喜欢看喜剧，再优秀的喜剧，比如法国的喜剧，我总觉得不来劲。我喜欢看悲剧，看那些能让人眼泪直流的悲剧。直到后来伴随着年龄的增长，我才慢慢地开始喜欢喜剧，而这并非素养的问题，而是心理的问题。由于环境的变化，我就产生了新的审美需要。在一个共同的精神的文化的环境里，人们也就有了一种共同的精神负担，需要另外一种东西来安抚、排遣和发泄，所以在这个时代大家选择了审丑，觉得很搞笑，很痛快。比如赵本山，他成了人们共同喜欢的精神的东西。这与人在特定历史阶段的心理活动、精神活动、生活情境密切相关。法国有位文艺理论家叫戈德曼，他说过一句话，即文学艺术作品的结构和它的社会经济结构具有一种结构上的同源性，我觉得很有道理。你可以体会一下他所说的话，然后把这两者关联起来，做一些思考，这是我对这个问题的解答。

至于你说到的电影课，这门课是我在教务部申请的，要求我连续上四个学期，我已连续上了两个学期了，最近忙得一塌糊涂，但是我还是要去上，这两个学期都有两百多个学生选了这门课，学生们比较喜欢听吧。至于经典电影我们要欣赏些什么，这个很难说。我上课时挑选的电影，经典的比较多，但是也有一些共通的东西，这个问题我在课程的第一讲里曾谈及。如果有兴趣的同学可以看看我发表的一篇文章《电影史中的电影大师》，发表在《电影艺术》上，里面告诉大家什么叫做电影大师，评价他们的标准是什么，这个就是我对于经典电影的大致的标准，你可以参考这篇文章。由于时间关系，我在这里不可能讲得很详细，请谅解，谢谢！（掌声）

征 稿 启 事

一、《珞珈讲坛》稿件征集范围为：我校专家学者在校内外所作的学术报告、讲演或讲座；校外专家在我校所作的学术报告、讲演或讲座。

二、欢迎具有学术性、前沿性、思想性的稿件，既重视视角新颖、选题独特、积淀深厚、富有创见的文稿，也重视老少咸宜、雅俗共赏、深入浅出的文章。

三、文章字数一般不超过 15 000 字。

四、来稿除文章正文外，请附上：

1. 作者简介：姓名、所在单位、职务或职称、主要学术兼职和学术成果介绍等（200~300 字），并附作者近照一张（演讲照片或其他照片、彩色或黑白照片均可）。

2. 讲座时间、地点。

3. 注释：一律采用脚注，并采用国际通行规范。

4. 数字：公历世纪、年代、年月日、时刻、图表序号均用阿拉伯数字。

5. 非引用原文者，注释前加"参见"二字。

6. 引用资料非引自原始出处者，注明"转引自"。年份请勿简写。

7. 凡引用同一文献两次以上者，依下例：①③《××××》第×、×页，××××出版社××年版。

8. 凡引文出自同一文献相邻两页或数页者，依下例：作者：《××××》第×～×页，××××出版社××年版。

五、作者文责自负，本编委会不对稿件的版权负连带责任。

六、为方便编辑印刷，请提交电子文本至：ssroff @ whu. edu. cn。

七、来稿一经采用出版，即付稿酬，并寄样刊两册。未用稿件，一律不退。三个月内未接用稿通知，作者可自行处理。

八、文稿如有不允许删改和作技术处理的特殊事宜，请加说明。

九、本征稿启事常年有效，欢迎赐稿。

编委会地址：湖北省武汉市武汉大学社会科学部

邮　　　编：430072

联　系　人：刘金波

电　　　话：027-68752647

传　　　真：027-87882011

图书在版编目(CIP)数据

珞珈讲坛. 第 2 辑/《珞珈讲坛》编委会编. —武汉：武汉大学出版社，
2007.1

ISBN 978-7-307-05300-7

Ⅰ.珞… Ⅱ.珞… Ⅲ.社会科学—文集 Ⅳ.C53

中国版本图书馆 CIP 数据核字(2006)第 132975 号

责任编辑：林 莉 责任校对：王 建 版式设计：杜 枚

出版发行：**武汉大学出版社** （430072 武昌 珞珈山）

（电子邮件：wdp4@whu.edu.cn 网址：www.wdp.whu.edu.cn）

印刷：武汉中远印务有限公司

开本：720×980 1/16 印张：20 字数：285 千字 插页：5

版次：2007 年 1 月第 1 版 2007 年 1 月第 1 次印刷

ISBN 978-7-307-05300-7/C·168 定价：30.00 元